建築家とファシズム

イタリアの建築と都市 1922-1944

Gli architetti e il fascismo

Architettura e città 1922-1944

Published 2014 in Japan by Kajima Institute Publishing Co., Ltd.
Japanese edition published by arrangement through The Sakai Agency

建築家とファシズム

イタリアの建築と都市 1922-1944

ジョルジョ・チウッチ＝著

鹿野正樹＝訳

鹿島出版会

Gli architetti e il fascismo

Architettura e città 1922-1944

Giorgio Ciucci

［目次］

緒言

この本は一九八二年にまとめられたフェデリーコ・ゼーリ編集による『イタリア美術史第七巻・二〇世紀』[*1]に収められたエッセイが元になっている。独立した本のかたちとして再版しようという申し出のなかで暗黙の了解だった当初の考えは、いくつかの間違いを訂正し、脚注を更新し、場合によっては数葉のページを付け加えようというものであった。こうした見直しを進めるうちに、実際には大部分が改変されてしまったのである。オリジナルのエッセイとしては、実質的な全体構成と基本的な論旨は変わらずに残っている。しかしながら文章はそのほとんどを書き直すことになった。こうして最後には、いくつかのページには一九八二年のテキストがそのまま残っているものの、ほかの多くの部分は多大な変更を受け、そのうえこの機会に新たに書き加える部分も出てきた。

この書き直しは、近年になって新しい試論が世に出ていることに対して必要であったばかりでなく、最初に書いたもののなかで表明したアイディアを再考するきっかけともなった。新しい原稿を書き進めるうえで拠りどころとしている本質的な意味づけはふたつあり、そのそれぞれが相互に関連している。ひとつは研究を進めるなかから生じてきたもので、当時浮かび上がっていたいくつかの問題を深め、そしていくつかの場合にはその狙い自体を修正することによってもたらされている。ふたつめの点は、元のエッセイ自体の局所的な性格と本としての特殊性との相違を見極めることにある。つまりエッセイとしては二〇世紀全体を扱う本のなかの部分として全体への補完となる局部的な性質を持つこと、そして本の特殊性としてはおそらくマニュアル的なものによってのみ提供され得る完璧なまでの完全性を求められ、それがかなわないまでも、少なくともふたつの大戦間のイタリア建築の複雑な出来事を特徴づける、数多くのもつれに着目することが求められているのである。この意味で初心に立ち戻り、タイトルを変えようと思い立つことになる。部分的に限定されたものとなっていた「ファシズムの建築と都市に関する議論 Il dibattito sull'architettura e la città fasciste」から、現在の『建築家とファシズム Gli architetti e il fascismo』とした。こちらの方が記された内容に確実に呼応しており、これこそが事実上は、ほぼ一〇年前のエッセイにおいて解こうと試みた結び目だった。そしてこれが新しい原稿を導くガイドラインとして残ったのである。

内容としては、ファシズム時代のイタリアの建築と都市の出来事を追うなかで、とくに建築家とファシズムの関係を見据えた議論を発展させたものである。記述は「統合的建築家」像を通して見るところから始めている。これはグスターヴォ・ジョヴァンノーニ[1]が新しい業態への要求に応えるものとして七〇年以上前に創り上げたイメージである。そこでは科学的で人文的な知識が建築プロジェクトや都市計画のなかで統合されることを求められており、将来の建築家を建築学部において育成することが当初から重要とされた。複雑な推移を再構築しようとするなかで、最初に都市をテーマとして取り上げる。生成されつつあった都市計画の規範を見据え、またトリーノやミラーノ、ローマにおける象徴的なケースや建築などに触れる。これらの都市では、明白に対立する派閥がつくられ、伝統と結びついた建築家たちと合理主義の若者たちが対峙する。この細分化された枠組みのなかで新たな接触と思いがけない対立が現れ出る。つまり「国家芸術としての建築」に関する論争がきっかけとなり、近代という語、伝統、合理性、古典という語、建築家や評論家によって示されたこれらの言葉の意味、つまり、ファシズム建築の表徴となるモメントにおいて、その意図が改変されてしまうことの重大さが再考されることとなる。数多くの登場人物による建築と著作は、これら

1 建築家、一八七三―一九四七、ローマ生まれ。土木系エンジニアとして活動を始め、その後美術史を学び、建築を教えるようになる。都市計画家でもあり、批評、建築史、建築修復理論などを通して、二〇世紀前半のイタリア建築界を構築した主要人物のひとり。詳細は第I章などを参照。

の名詞化された形容詞によって印され、当時はエドアルド・ペルシコ[2]ただひとりを例外として、つねにファシズムと同義のものとなっていた。

ファシズム時代の「様式」は、ローマを礎として構築された古典性のイデアと、ファシズムのものであると考えられていた近代性への希求とによって構成しようと意図されたものであり、これが当時の建築の実践と理論とを回転させる軸となっている。新しい公共施設のための建築のコンペティションや展覧会のパヴィリオン、都市規制計画、展覧会のインテリア、ローマ大学都市のような大規模事業、公営の集合住宅プロジェクトといったものは、体制側から建築家たちに提供されたさまざまな機会であり、これらが専門職としての実務と理論的に検証されてきたものの抽象性との間で揺れ動くことになる。しかしこの「様式」というものは、特段の違いもないままに「近代式」や「リットリオ式」として定義され、それ自身のうちに曖昧さを抱え込んでいる。これは建築を政治に受け入れてもらいたいがために与えられたものである。曖昧さは、これに続いて帝国宣言の際により鮮明に浮かび上がる。ここで建築に対して与えられた新たな課題は、もはや革命的であることを意図した体制のイメージではなく、帝国であることを目的とした国家のイメージなのである。本書で取り上げる最後の部分となるＥ42[3]の推移は、このことがさらけ出される重要なモメントである。古典性と近代性の「精神的」統合、形態としての合理性のなかに込められたもの、そこにこそ多くの建築家たちがファシズムのなかに見出していた「近代的」価値を代表させることが託されており、それが今や両刃の剣となったのである。ムッソリーニに否と言うのはあり得ないことになり、建築のなかにアーチや円柱を用いることが求められ、それが帝国のローマ性として認識され、時の流れのなかに留まりつづける象徴となるのである。抵抗しようとする者は、たとえ「敗北の栄光」のうちに生き永らえようとも敗退を余儀なくされる。それはまさにジュゼッペ・パガーノ[4]に起こったことであり、近代建築をファシズムの建築として定義しようというイデアのために闘い続けた一〇年間は結果として失敗に終わってしまう。抵抗するつもりのない者は、「転向者」と見做されることになる。

この「転向」というテーマは多くの建築史家にとってはとても身近なもので、道徳的な原理として捉えられ、彼らの判断を構築するためのほかのあらゆる考え方よりも重要なものである。なにも件の『聖職者の転向 Il tradimento dei chierici』を取り上げようというのではない。ただしこれは一九二〇年代と三〇年代のイタリア文化の一部としてとても重要なものであり、ジュリアン・ベンダが一九二八年に知識人たちを非難しつつ記し、彼らが彼らの使命と政治闘争とを取り違えているとしたものである。戦後の歴史家たちにとっては、それどころかファシズムの期間に建築家が採った形式的選択は政治的選択となるのであり、中心人物たちも自身がファシストであると明言することになる。こうしてこれらの選択は反レトリック的で「近代的」なものとなり、ひいては道徳的に正当なものとなる。そして彼らは表向きではないところで反ファシズムかつ民主主義となるのである。その反対にモニュメント主義とフランス・アカデミー的な古典主義は、ファシズム建築の固有性を示すことになる。

同種の解釈、このわれわれの総合的なまとめとは比較にならないほどの多くのニュアンスと含蓄を含む解釈のなかで、大戦間のイタリアでの出来事をまとめた最初のものは、ブルーノ・ゼーヴィの『近代建築史』[*2]で、一九五〇年刊行のエイナウディ社版である。ここでゼーヴィはこの後のほかの建築史家の多くが彼らの著作の中で踏襲することになるひとつの形式を示す。未来派をグルッポ7《セッテ》[5]のイデアや合理的建築のためのイタリア運動のイデアに直接関連させるのである。これらの運動からは三人の「破壊的な」中心人物たちが浮かび上がってくる。ジュセッペ・テッラーニ[6]、ペルシコ、パガーノである。しかしながら同じ一九五〇年に異なる分析が世に問われる。アーノルド・ヴィティック

2 著述家／批評家、一九〇〇—一九三六、ナポリ生まれ。イタリア近代建築運動を支える重要な批評家のひとり。展覧会の展示、インテリアなども手がける。詳細は第Ⅱ章以降を参照。

3 Esposizione del 1942（一九四二年ローマ万国博覧会）のこと、詳細は第Ⅹ章を参照。

4 建築家、一八九六—一九四五、パレンツォ（クロアチア）生まれ。次第に伝統的で記念碑主義的な建築が主流となっていくなかで、近代建築のあり方を模索。雑誌の編集や批評活動も活用しつつ近代建築運動を支援する。詳細は第Ⅱ章以降を参照。

5 一九二六年にミラーノで結成された建築家のグループ。ヨーロッパの近代建築運動をイタリアに導入しようと雑誌への寄稿や展覧会開催などの活動を行う。詳細は第Ⅲ章3節を参照。

6 建築家、一九〇四—一九四三、メーダ生まれ。近代建築をイタリアに普及させることを目指し、実作と理論により奮闘する。合理的建築を牽引する主要人物のひとり。詳細は第Ⅲ章以降を参照。

の『二〇世紀のヨーロッパ建築』[*3]である。ここではファシズム期のイタリア建築の「客観的」な再構築を示そうとしており、いくつかの若い建築家たちの仕事、なかでも彼らのヴィッラの作品に注目している。また体制の建築に着目し、この点については新しい都市や大学都市、E42を紹介している。

　これらの最初期のふたつのテクストに見られるように、大戦間のイタリア建築は異なる評価を持つものとして紹介されはじめるが、全史的な近代建築史の中では新しい解釈としての試論はあまり見られなかった。一九五二年にはT・ハムリンが四分冊の『二〇世紀建築の形態と機能』[*4]を出版する。鉄道駅を取り上げた章でミラーノの駅だけに言及がなされており、フィレンツェにあるネルヴィの〈ベルタ・スタジアム〉の数葉のイメージが添えられている。同時期にクリスティアン・スファェロスの『現代建築の機能主義』[*5]が出される。テッラーニの作品（コモのもの）、フィジーニとポッリーニ[7]の作品（イヴレアのもの）、そして、初登場となるBBPR[8]とフィジーニ、ポッリーニのヴァッレ・ダオスタの地域計画が掲載される。ネルヴィとテッラーニの作品はJ・ピーターの『近代建築の巨匠たち』[*6]（一九五八年出版）でも言及される。これはG・E・キッダー・スミスの本『建設するイタリア』[*7]（一九五五年）からの再録に近い形のものである。この本ではイタリア人ではない歴史家によって、ときには無邪気なものであっても、大戦間のイタリア建築の広大なイメージをまとめることが意図されている。さらに一九五八年にはヘンリー＝ラッセル・ヒッチコックの『建築――一九～二〇世紀』[*8]が出版され、アントニオ・サンテリア、テッラーニ、フィジーニとポッリーニ、ジョヴァンニ・ミケルッチ[9]、マッツォーニの作品が掲載される。ゼーヴィに倣って、ヒッチコックも未来派と合理主義を結びつけ、同様にユルゲン・イェディケの『近代建築の様相』[*9]もこれに倣う。この本も一九五八年出版である。「イタリア」という章がある中でサンテリア、ボッチォーニ、フィリッポ・トンマーゾ・マリネッティのほかにカッラとセヴェリーニを取り上げている。建築家のなかでは〈フィアット・リンゴット工場〉のジャコモ・マッテ・トゥルッコ[10]とテッラーニだけである。

一九六〇年は大戦間のイタリア建築研究の鍵となる年である。まずは『ラ・カーサ La Casa』[*10]〔住宅〕誌の特集号第六号で「イタリア近代建築」に関するものが出る。ほぼ全編にわたって大戦間の時期を取り上げており、大学都市の建設（ジャンフランコ・カニッジャ）、E42（アルナルド・ブルスキ）、建築のコンペティション（アルド・クッゼル）といった多岐にわたる推移に注意を向け、当時の中心人物たち（リベラ、ベッリ）の証言も掲載される。これは特別なものとして興味をひき、確実に研究の新しい時期の始まりとなるものであった。同じ一九六〇年には、レオナルド・ベネーヴォロの『近代建築の歴史』[*11]が出版され、後に数多くの言語に翻訳される。「独裁政権と政治的妥協との闘争」と題された章のなかで、ベネーヴォロはこの時期に対する新しい解釈を示す。未来派を支持しつつも、サンテリアが戦争で命を落とした後には建築面での影響力が失われたとする。〈フィアット・リンゴット工場〉は割愛され、そのほかには絵画と建築におけるノヴェチェント運動を差し挟んでいる。ベネーヴォロは一九二〇年代のミラーノの新古典主義や、三〇年代の「国家の新古典主義」におけるマルチェッロ・ピアチェンティーニ[11]の役割、グルッポ7からE42にかけての出来事などを考察している。彼の分析によって大戦間のイタリア建築の概観が枠取られることになる。ただしいまだに建築家たちは善玉と悪玉に分けられているが、それはあくまで道徳的な評価に基づいたものであって、意を砕いた歴史的分析によるものではなかった。

7 ルイジ・フィジーニ、建築家、一九〇三―一九八四、ジーノ・ポッリーニ、建築家、一九〇三―一九九一、ミラーノ工科大学で知り合い共同の設計事務所を開設。実作をつくるなかで近代建築運動を牽引する。著名なピアニストのマウリーツィオ・ポッリーニはジーノの子息。

8 ジャン・ルイジ・バンフィ、一九一〇―一九四五、ロドヴィーコ・バルビアーノ・ディ・ベルジョィオーゾ、一九〇九―二〇〇四、エンリコ・ペレッスッティ、一九〇八―一九七六、エルネスト・ナータン・ロジャース、一九〇九―一九六九、以上の四人の建築家の共同事務所。詳細は第VI章以降を参照。ロジャースは戦後も雑誌の編集などに関わり、CIAMにも参加するなど理論派として国際的に活躍。英国の建築家のリチャード・ロジャースとは従兄弟。

9 建築家、一八九一―一九九〇、ピストイア生まれ。フィレンツェを中心として主にトスカーナ地方で都市計画や建築設計を手がける。戦後のものでは有機的建築の影響がみられる一連の教会などが有名。

10 エンジニア、一八六九―一九三四、トレヴィ（フランス）生まれ。掲出の〈フィアット・リンゴット工場〉（一九二三年）は屋上に完成車の試走用テストコースがあることで有名。

11 建築家、一八八一―一九六〇、ローマ生まれ。ローマの建築家一族に生まれ、ファシズムの主席建築家的な立場を構築する。詳細は第I章以降を参照。第V章などに登場するローマの〈博覧館〉（一八八二年）は父のピオの設計。

同じく一九六〇年にレイナー・バンハムが『第一機械時代の理論とデザイン』[*12]を出版する。一九二〇年代の機能主義に対する批評であり、機械時代の建築に対する前提としてのアカデミーの生硬さを考察し、それがイタリアの未来派の再解釈へと導かれる。続く一九六二年の『近代建築ガイド』[*13]では、バンハムはイタリアに関してはテッラーニに言及するのみで、彼はいよいよこの時期の建築の真に唯一の主要人物とみなされていく。このことはニコラウス・ペヴスナーが彼の『ヨーロッパ建築序説』[*14]新版でも「イタリアにはコモの〈カーサ・デル・ファッショ〉以前には何もない」と定義することで示されている。この本は一九六〇年に「創立二五周年記念版」として再版されたものである。ペヴスナーはそれでも同書の中で、ピアチェンティーニのベルガモの新中心地区、リットリアやサバウディアといった新都市、一九三七年パリ万博の〈イタリア館〉（パガーノとピアチェンティーニのもの）、〈フォロ《フォーラム》・ムッソリーニ〉、〈フィレンツェ駅〉を取り上げている。国際的なレヴェルでのイタリアの現代建築への見識を拡げる必要性が一九六三年の『現代建築事典』[*15]（G・ハッチェ編、W・ペーント序文）の記載に見出せる。特に項目を立てている箇所の編纂はジュリア・ヴェロネージによるもので、アルビーニ、バルデッサーリ、イニャーツィオ・ガルデッラ[12]、ニッツォーリ、ジオ・ポンティ[13]の名前が見られる。興味深いことには上述の外国人による四冊のテクスト（バンハム、ペヴスナー、ペーント）はすべてロンドンで出版されている。この同時期に、英国やアメリカの雑誌にイタリア合理主義の記事が掲載され始めるが、その多くは未来派と合理主義のつながりに関するものである。一九六八年には合衆国でもヴィットリオ・グレゴッティの著した『イタリアの現代建築』[*16]が出版される。大戦間の推移が整理された資料で再構築され、一九二〇年代のミラーノの建築が適確に紹介されている。このミラーノの建築については同じくグレゴッティとグイド・カネッラの編集で一九六三年に『エディリーツィア・モデルナ Edilizia moderna』〔近代建物〕誌[*17]、第八一号ですでに詳述されたものである。この号自体は全体でノヴェチェントを特集している。

数年後の一九七二年には二冊の本が出版される。大戦間のイタリア建築の知識という点で最新の転換を記すもので、チェーザレ・デ・セータの『大戦間のイタリアにおける建築文化』[*18]とルチアーノ・パテッタの『イタリア建築一九一九〜一九四三——論争』[*19]である。この二冊は互いに出発点は異なるものの、この時期の建築家たちが活動する地平を全般的文脈としてより注意深く再構築しようという最初の試みである。なかでも多くのイタリア建築の基底にある形而上学的なものや、文学、絵画、建築、政治の間における関連性、パガーノやテッラーニといった建築家たちの違いを分析している。しかしながらデ・セータの本ではファシズムの悪い建築（古典的形態によって表現されるもの）と反ファシズムの善い建築（近代のもの）という区別への固執が見られ、このことは彼が続いて出した本にも引き継がれてしまっている。その本は彼がジョッリやパガーノといった人物への知識を深めようとしているものである。パテッタの著作は当時のテクストを膨大なアンソロジーとして紹介しており、直接の資料収集にかけた努力の一部をなすものである。これに先行するのは、エンリコ・マンテーロの『ジュセッペ・テッラーニとイタリア合理主義の都市』[*20]、そしてミケーレ・チェンナーモの二冊の連作、『近代建築分析のための資料』[*21]で、ひとつめが「第一回合理的建築イタリア展」（一九七三）に関するもの、次が「ＭＩＡＲ」[14]（一九七六）に関するものである。パテッタ自身はシルヴィア・ダネージとともに、一九七六年のヴェネツィア・ビエンナーレのために『ファシズム期の合理主義と建築』[*22]を取り上げた重要な展覧会を企画監修している。また一九七六年にはマンフレード・タフーリとフランチェスコ・ダル・コーの『現代建築』[*23]が出版され、ここにおいてイタリア建築の議論と内部矛盾の複雑で多様化した全体像が示される。この七〇年代後半には数多くの充実した研究が出されているが、そのなかで忘れてならないのは、ヘンリー・ミロンとリンダ・ノックリン編集の『政治への奉仕における芸術と建築』[*24]であり、このなかでスピロ・コストフはアウグストゥス帝広場に関するエッセイにより、ムッソリーニの政策における帝国的側面とシンボル的建築の利用との関係の研究に対する重要な貢献を築き上げる。この本でミロンは土地改良都市をテーマに分析している。これに対し、多くの読者を得

12 建築家、一九〇五—一九九九、ミラーノ生まれ。建築家の父アルナルドに協力するかたちで大学卒業前から精力的に設計活動を行う。土地の文脈や地場の伝統的な建築手法にも目を配りながら近代建築運動を進め、戦後はＣＩＡＭでも中心的に活動。

13 建築家、一八九一—一九七九、ミラーノ生まれ。ウィーン分離派の影響を受けて活動を始める。工業デザイナーとしても著名。詳細は第Ⅲ章以降を参照。戦後はミラーノの〈ピレッリ・タワー〉（一九五八年）の設計なども手がける。

14 Movimento Italiano per L'Architettura Razionale［イタリアにおける合理的建築のための運動］の略。詳細は第Ⅴ章参照。

た近代建築史の近年のものとしては、一九八〇年出版のケネス・フランプトンの『現代建築史』[*25]がある。すでに提示されている諸説を固めようというもので、例えばグルッポ7とノヴェチェントとのあり得べき関係性や、少々平凡ながらも「古典主義者」としてのピアチェンティーニや「合理主義者」としてのペルシコといった分類がなされている。総合的に見て一九七〇年代と八〇年代は、大戦間のイタリア建築に関する研究についていえば、研究の量の膨大さによって特徴づけられ、より意義深いもののみに言及することさえ難しいほどである。しかしながら個人としての建築家の分析、ときにはそれほど重要ではない人物の分析、または特殊な活動の分析に陥ってしまう傾向がある。ノヴェチェントをポストモダニズムの前提として取り上げることで歪めてしまうようなものなど、興味の分散を引き起こし、歴史記述の混乱を招いてしまっている。必ずと言ってよいほどそこでは全体の枠組みが参照されていない。オマール・カラブレーゼの編集による豊かな著作『イタリア近代』[*26]は、一九八二年から一九八四年にかけて三分冊として出版されたもので、第二巻で一九〇〇-一九三九年を扱っている。さまざまなエッセイに分けられ整理されているものの、ここでも全体的な総括に欠けている。

こうした近年の概観のなかで、一九八二年に出版された「ファシズムの建築と都市に関する議論」のエッセイは発表の一〇年前に始めた研究の成果として位置づけられ、それが現在の本書に結実している。こうした諸書の参照されるべき枠組みとしての価値を評価するに際し、それらの本を書いた方々に責務はない。しかし必要とされるものに気づくことで事実を記録することができる。時系列に沿った研究を再認するなかで、もう一度、より一般的な言葉でその推移を再考することが可能となるのである。これらの著者の方々も同様の意図をお持ちであることは理解しているつもりなので、これは喜ばずにはいられないことである。おそらく誰にとっても、いまひとたび、ファシズム期のイタリアの政治と文化の錯綜した推移を省察する時節が到来しているのではないだろうか。私自身についていえば、この省察は継続し通過すべきものであって、そしてだからこそ大戦間のイタリア建築のみに関わるものではなく、私が籍を置いている〔一九八九年当時〕ヴェネツィア〔建築大学〕の建築史学科の活動そのものに関わっているのである。この本は、二〇年以上にわたってこの学科のなかで活躍してこられた方たちとのつねに新鮮で熱意を持った絶え間ない精神的交感のなかでまさに培われたものである。この方たちすべてに謝意を示すと共に、それにもまして、私が研究を続けるに際して必要としていた家庭という安らぎの場も提供してくれたマリアに感謝を捧げたい。

［参考文献］

＊1 Federico Zeri
Storia dell'arte italiana. VII, Il Novecento, Einaudi, Torino 1982

＊2 Bruno Zevi
Storia dell'architettura moderna, Einaudi, Torino 1950

＊3 Arnoldo Whittick
European Architecture of Twentieth Century, London 1950

＊4 Talbot Hamlin
Forms and Functions of Twentieth-century Architecture, Columbia University Press, 1952

＊5 Christian Sfaellos (Charalambos Ath Sfaellos)
Le fonctionalisme dans l'architecture contemporaine, Vincent, 1952

＊6 John Peter
Masters of Modern Architecture, George Brazilier, New York 1958

＊7 G.E.Kidder Smith (George Everard Kidder)
L'italia costruisce (Italy builds), Reinhold, New York 1955

＊8 Henry-Russell Hitchcock
Architecture: Nineteenth and Twentieth Centuries, Penguin Books, Baltimore 1958

＊9 Jürgen Joedicke
Geschichte der moderne Architektur, Stuttgart 1958

＊10 *L'architettura moderna in Italia*, «La Casa», numero speciale 6, 1960

＊11 Leonardo Benevolo
Storia dell'architettura moderna, Laterza, Bari 1960
『近代建築の歴史』武藤章訳、鹿島出版会、二〇〇四

＊12 Reyner Banham
Theory and Design in the First Machine Age, Praeger, New York 1960
『第一機械時代の理論とデザイン』石原達二、増成隆士訳、鹿島出版会、一九七六

＊13 *Guide to Modern Architecture*, Architectural Press, 1962

＊14 Nikolaus Pevsner

An Outline of European Architecture, Jubilee (6th) edition, Penguin, London 1960
(Penguin, 1942. Revised edition 1945. 1st new edition 1948)
『新版 ヨーロッパ建築序説』小林文次、竹本碧、山口広訳、彰国社、一九八九

＊15 Gerd Hatje
Encyclopedia of Modern Architecture, Thames and Hudson, London 1963

＊16 Vittorio Gregotti
New Directions in Italian Architecture, George Brazilier, New York 1968
Nuovi orientamenti nell'architettura italiana, Electa, Milano 1969
『イタリアの現代建築』松井宏方訳、鹿島出版会、一九七九

＊17 Vittorio Gregotti e Guido Canella
Il Novecento, «Edilizia moderna», numero 81, 1963

＊18 Cesare De Seta
La cultura architettonica in Italia fra le due guerre, Laterza, Bari 1972

＊19 Luciano Patetta
L'architettura in Italia 1919-1943. Le polemiche, Clup, Milano 1972

＊20 Enrico Mantero
Giuseppe Terragni e la città del razionalismo italiano, Edizioni Dedalo, Bari 1969

＊21 Michele Cennamo
Materiali per l'analisi dell'architettura moderna, F.Fiorentino, Napoli
La prima Esposizione italiana di architettura razionale, 1973
Il MIAR, 1976

＊22 Silvia Danesi e Luciano Patetta
Il Razionalismo e l'architettura in Italia durante il fascismo, La biennale di Venezia, Venezia 1976

＊23 Manfredo Tafuri e Francesco Dal Co
Architettura contemporanea, Mondadori Electa, Milano 1976

＊24 Henry A. Millon and Linda Nochlin
Art and Architecture in the Service of Politics, The MIT Press, Cambridge 1978

＊25 Kenneth Frampton
Modern Architecture: A Critical History, Oxford University Press, Oxford 1980
『現代建築史』中村敏男訳、青土社、二〇〇三

＊26 Omar Calabrese
Italia moderna, Electa, Milano 1982-1984

はじめに

折衷主義的な推移

一九三五年のモスクワでのことである。ソヴィエト連邦在住のイタリア人労働者を対象に短い講座が開かれ、そこでファシズムの緻密な分析が行われた。パルミロ・トリアッティが「ファシズムのイデオロギー」について説明をはじめるに際し、「このイデオロギーを分析することでそこに何が見出せるでしょうか?」と問いかけ、続いて以下のように答えている。

すべてです。折衷主義的なイデオロギーなのです。ファシズムのあらゆる運動の要素は、いずれにせよ、どこにでもあり、国粋主義のイデオロギーを悪化させた(……)ものなのです。この要素のなかに、ほかのところに起源を持つ断片が数多くあります。例えば社会民主主義といったものです。協同体主義のイデオロギーは、例えば、社会階層の協働の原理に基づいています。これはファシズムによる発明というわけではなく(……)社会民主主義によるものなのです。イタリアでは、組織としての基本要素を与えることによって、資本主義を克服しようということが言われています。こうして社会民主主義の基本に戻っているのです。また、計画という概念のように、共産主義から取り込んだものもあります。ファシズムのイデオロギーは一連の異種の要素を含んでいるのです。われわれはこのことを肝に銘じなければなりません。なぜなら、この特質によってこそ、このイデオロギーが何に役立つかということが、われわれにも理解できるようになるからなのです。[*1]

長い引用になったが、まさに『ファシズムについての講義 Lezioni sul fascismo』そのものからの抜粋である。これは、ふたつの大戦間における都市のテーマ、建築のテーマを読み解く際の手助けになる。それはイデオロギーとしての折衷主義的な位置づけのものが膨大に蓄積されている中でのことで、そこにトリアッティの言う「断片」を見出すことができる。また同時に、この分析を導いてくれることになるふたつの様相を明確にする助けともなる。ひとつは、まさに「異種の要素」を理解することである。もうひとつは、つねに見えているものではないにせよ、都市政策上の選択を裏付け、かつ条件づけるものであり、もしくはファシズムの「真の」建築と「真の」都市計画に関する論議を方向付け、影響を与える様相である。こうした選択や論議は「イデオロギーの断片」によって導かれていた。これらの断片は、いくつかの部分からなり、そして確固とした目的を持って再構成されたものである。こうした目的は、たとえば、国家の芸術としての建築や計画を基盤とする政策といった主張として表され、外部からの条件の変化に応じて敏感に変容していくものである。

トリアッティに再び戻ると、

私は、ファシズムのイデオロギーが、しっかりと構築され、完成した均質な何ものかであると考える傾向を警戒しています。ファシズムのイデオロギーはカメレオンのようであるという以外の何ものでもありません。ファシズムはその確固たるイデオロギーによって確固たるモメントに到達しようと提案をしているのです。その目的に目を向けることなく、ファシズムのイデオロギーを眺めていてはいけません。[*2]

彼はファシズムのイデオロギーがひとつの固まりのようなものであると考えようとしているわけではなく、また別の問題提起をしようとしている。つまり、発端と終局というふたつの精確な日付は確定されているものの、時間の流れのなかではあまり確実性のあるものではないということである。ムッソリーニに関するレンツォ・デ・フェリーチェによる堂々とした著作を始めとして、そうしたものはすでに存在する。権力を掌握したファシズムを、期間ごとに切り分けて見ることで時間の流れを整理しようというものである。実際には、事績や問題、選択といったものが絡み合っているために、それぞれをうまく適切な時期に当て嵌《は》めていくことは難しい。そのうえ、そこには都市と建築の特殊な変遷を、ファシズム・イタリアの社会生活、政治、経済、あるいは包括的な文化的生活が発展的に展開するなかへ、機械的に挿入してしまうという危険も伴われる。このため、期間に分けること、つまり「ファシズム建築」や「ファシズム都市」としてあまりにも包括的に定義されてしまいかねないかたちに分けてしまうのではなく、ここでは意義のあるふたつの年時を示しておきたい。それは多くの面で、章を開き、論議を展開し、ある期間の終わりを印すものである。

最初の年時は一九二八年、トリーノにおけるファシズムとサヴォイア家〔イタリア王家〕による象徴的な会合において、〔第一次世界大戦〕戦勝の一〇周年が祝われた。この出来事に少し触れておきたいのは、そこに、より明らかな形式的様相を見ることができるからである。このときのヴァレンティーノ公園博覧会で、ファシズムの建築と都市に関する論議における将来の登場人物のひとりに光が当てられる。ジュゼッペ・パガーノである。この一九二八年には、エドモンド・ロッソーニが全国組合協同体連盟から除名され[1]、下院と上院によって大評議会「設立」のための法案[2]が承認

され、そして一九二五年一月三日のムッソリーニによる有名な演説に始まる〔独裁体制への〕過程がついに達成される
に至っている。つまりその演説でムッソリーニがマッテオッティ事件[3]の「政治的、道徳的、歴史的責任」を引き受けることを表明し、力による新しい行動を開始したのである。こうして再びファシズムのために新たな場所が開かれることになる。

一九二八年は、知事たちの決定的な「ファシズム化」が印される年でもあり、都市行政の運営管理が行政長官《ポデスタ》によって完全に掌握される。ここで決定的なものとして行われた事績については、もう少し後で見ていきたい。同年、ローマでは第一回ローマ研究全国会議が開催され、そのなかで将来の全国都市計画協会の母体がかたちづくられる。一方でムッソリーニは『イル・ポポロ・ディイタリア Il Popolo d'Italia』〔イタリア人民〕紙に「都市を解体せよ」と題する記事を掲載し、ファシズムの都市政策の大要を示す。そしてこれに続くのが統合的土地改良事業に関する法律である。この法律は農村部に打撃を与えた一九二七年に始まる危機に対する景気対策であり、そして一九二九年の経済危機によって計画経済の政策へと変容していくことになる。

このほか一九二八年には、ミラーノでふたつの雑誌が創刊される。『ラ・カーサ・ベッラ La Casa bella』[4]〔美しい住宅〕と『ドムス Domus』〔ラテン語で住宅、建物などの意味〕で、建築の分野において、応用芸術との実践的な橋渡しを務めるものである。そしてローマでは、第一回合理的建築イタリア展が開かれる。ル・コルビュジエの主催によりスイスのラ・サラで会合が開かれる三ヵ月前のことである。この会合から近代建築国際会議として有名なＣＩＡＭへの道が開かれ、この当時のイタリア近代建築の大部分にとって重要な参照点となっている。

一九二八年は、このようにファシズムが安定へと至った到達点として、そして政治活動を大きく拡げた年、次の一〇年間を示す年時として現れる。新規事業が開始され、もはや確定的に全国的なものとなった政治のなかで、すべて

1 自身が創設者のひとりであった。
2 ファシズム大評議会を政党としてのファシスト党の最高機関から国家の最高機関へと移行するためのもの。
3 一九二四年六月、ファシズムに批判的であった社会党の議員、ジャコモ・マッテオッティが暗殺される。ファシスト党の関与が叫ばれ、ムッソリーニが国民の支持を失う最大の危機を迎えていた。
4 後のCASABELLAの前身。詳しくは第V章原註17参照。

の国民が体制による決定的な主張のために働くことを求められている。このことを反映しながら、一月一日の下院での演説においてムッソリーニは推測を伴いつつ、次のように予告する。

諸君にお知らせしたいのは、すでに用意された活動計画によれば、一九二八年も、またしてもなすべきことの多い年となるであろうということである。ファシズムの故国は、またもうひとつ前へと跳躍することになるだろう。そしてこの体制は、イタリア人民の意識のなかに一段とより深く根を下ろすことになるだろう。[*3]

ふたつ目の意義ある年とは一九三六年である。アディス・アベバ[5]の占領、そして五月九日になされた帝国の設立宣言によって、ムッソリーニは威信の絶頂に達する。しかしながらこの年には経済面での新たな問題が浮かび上がってくる。心理的な衝撃を受けるほどのものではないながらも自給自足《アウタルキア》政策が公式に導入される。これは「次のファシズム時代におけるイタリア経済の規制計画」[*4]の一部として発表されたものである。一〇月には、リラの切り上げがなされる。これは一九三四〜三五年の会計年度で資本投下が最大に達した後のことで、土地改良事業にはブレーキがかけられざるを得ない。それでも、新しい都市の建設は続けられる。[*5]同じ一九三六年にはアドリアーノ・オリヴェッティ[6]がヴァッレ・ダオスタ[7]の都市規制計画を企画立案し、「民間企業による前衛」のイメージを形成する。リッカルド・グァリーノ[8]の事例が単に私的なものに留まっていたこととは異なり、「建築的な前衛」としての構造的な関係も築き上げることになる。

一九三六年の初めにはエドアルド・ペルシコが没する。その数ヵ月後、帝国の設立宣言の興奮のうちに、ミラーノの第六回トリエンナーレが開かれる。イタリア学士院《アカデミー》を代表するマルチェッロ・ピアチェンティーニと「合理主義者」ジュゼッペ・パガーノとの間の調停、イタリアの「近代」建築の特質に関する調停は、そこに政治的な空気をも帯びる。これはE42、つまり万国博覧会、「文明のオリンピック」の始動によって確定されたもので、「革命二〇周年」に付随してローマで開催されることを、ムッソリーニがこの同じ一九三六年に勝ち得たのである。そして計画の開始に際しては、ふたりの建築家が初めて協働するところを見ることができる。ただしその実施の過程では深刻な衝突をすることになる。この衝突の様子についても、とても象徴的で決定的であるために後ほど見ていきたい。E42は、イタリアの建築家たちにとっては、自身がファシストであるかどうかという意味を深く再考しはじめる印となる。短いながらも精力的であるE42の経緯に触れて、本書を終えることにしたい。

一九二八年には、国家の政治と行政の構造変革の時節に都市の新しい発展のための前提が確定され、そしてイタリア建築において将来を担う登場人物たちの立場が明確にされるのであるが、一九三六年にはファシズムが、単に確固とした揺るぎない体制としてだけでなく、帝国として、そして統一された国家として達成されたものとしても明確な姿を現すことにより、「近代」のイデア、つまりファシズム国家によって主導された社会的かつ経済的状況の更新の表現としてのイデアと、職業面での現実、経済的側面のみの「近代性」、つまりまさに建設コストが安く済むということへと矮小化されてしまうような現実との間で、建築における妥協が可能になったのである。祝祭的なテーマについては芸術に委ね、「あらゆる（保持すべき）荘重さにおいて、独占的に宗教と国家とが大きく飛翔する時期に、われわれは自分たちの種族の徳性を称揚しなければならず、そして興奮し、感動し、喝采し、賞賛しなければならないのである」。これはピアチェンティーニが、彼の主宰する雑誌『アルキテットゥーラ Architettura』〔建築〕に、一九四一年七月になって書くことになる記事による。[*6]

このふたつの様相において、そしてこのふたつの年時において、都市の役割に関する論議と建築の意味に関する論

5 北アフリカ、エティオピアの首都。

6 企業家、一九〇一―一九六〇、イヴレア生まれ。イタリアで最初にタイプライターを製造したオリヴェッティ社創業者の子息。社を継ぎ、事務機器の世界的メーカーに育てたばかりでなく、労働環境改善の新しい考え方などを実践した。詳細は第Ⅸ章などを参照。

7 イタリア北西部の自治州。スイスとフランスに隣接する。

8 企業家、一八七九―一九六四、ビエッラ生まれ。演劇や音楽、映画、美術などへのメセナ、美術品のコレクションなどで知られる。詳細は第Ⅱ章を参照。

議が闘わされる。それは燃え盛《さか》るほどの記録すべき論議であり、「揺り戻しと豹変」[7]、そして公的な立場の獲得に向けた議論なのである。この最終結論は支配する調停者としての姿勢を見せるムッソリーニに委ねられる。『聖職者の転向』容疑の嫌疑をかけられた者が憔悴していくのはこれらの年のことである。ペルシコも、いかなる「合理」をも理解しないまま、ある精確な意図へとそれを応用しているだけにすぎないとイタリアの建築家たちを叱責することになる。建築家たちは、対立と内部矛盾のなかで、「特定領域の知識人」となり、「普遍的な知識人」としての危機を激しく生きることになる。[8]誰にとっても、たとえ少数の例外はあるにせよ、ファシストであることは、この危機によって生じた矛盾をいや増しにしてしまうように思われ、彼らの知識人としての特定領域性は、ファシズムの「普遍性」において解決されるように見える。多くの者たちにとって、カトリック教徒であること（そのままファシズムへの反感を意味するわけではなく、その点に関係があるのはペルシコの場合だけである）は、幻想の崩壊と惨劇の後で再び立ち上がるための救済へのひとつの道となる。

　知識人によって生きられた矛盾は、一九三〇年代の間に幅を利かせるようになる。それは国家の芸術としての建築に関する論争において、イタリア的、ファシズム的、合理的という語がとくに建築へと応用された際の「真の」意味の探求において、そしてひとつの国家としての境界を越えることを渇望する体制を賞賛するための、イタリア建築の全国共通の含蓄を探るなかで生まれてきた衝突におけるものである。ひとつの国家の様式としての建築と、そしてひとつの体制のイメージとしての建築との二面性のなかで、ファシズムの建築と都市のイタリアにおける論議は空回りをしてしまう。

[原註]

＊1 P.TOGLIATTI, *Lezioni sul fascismo* (1935), Roma 1974, p.14.

＊2 同書、p.15。

＊3 B.MUSSOLINI, *Gli auguri ai deputai*, in *Opera Omnia di Benito Mussolini*, a cura di E. e D.Susmel, Firenze 1957, vol. XXIII, p.87.

＊4 前掲書所収、B.MUSSOLINI, *Il piano regolatore della nuova economia italiana* (1936), vol. XXVII, p.241 e sgg.

＊5 第IX章も参照のこと。

＊6 MARCELLO PIACENTINI, *Onore dell'architettura italiana*, in «Architettura», n.7, luglio 1941, pp.272-73.

＊7 パガーノとピアチェンティーニの妥協に際して、ジュセッペ・テッラーニはこのように述べている。この妥協は一九三一年以降に開始され、一九三七年に乱暴に中断されたものである。一方で同様の記事のなかで、パガーノは一九四一年にイタリアの多くの建築家はピアチェンティーニの権力の誘惑に負けたと非難している。以下を参照のこと、G.TERRAGNI, *Lettera al Direttore*, in «Case d'Oggi», IX, gennaio 1939, pp.42-44, 近著では以下に所収、E.MANTERO, *Giuseppe Terragni e la città del razionalismo italiano*, Bari 1969, pp.172-174 ; G.PAGANO, *Occasioni Perdute*, in «Costruzioni-Casabella», XIV, febbraio 1941, n.158, p.7、近著では以下に所収、G.PAGANO, *Architettura e città durante il fascismo*, a cura di C.De Seta, Bari 1976, pp.142-45.

＊8 これらの語を用いる際には、以下の著作を参照したい。M.FOUCAULT, *Microfisica del potere. Interventi politici*, a cura di A.Fontana e P.Pasquino, Torino 1977, pp.20-28.

I
都市の形態としての建築物と地域のためのモデルとしての都市計画

1 統合的建築家

一九一六年にグスターヴォ・ジョヴァンノーニは、建築家の伝統的な姿である「好事家《ディレッタント》」としての形姿を「完全な建築家」へ、つまり彼自身の定義によると「統合的建築家」へと変えていかなければならないと主張する。このとき、彼はこの新しい専門職としての姿が一九一九年に設立されるローマ高等建築学校のプログラムのなかで形づくられることを想定している。そして一九二三年に、まずは技師《エンジニア》と建築家の登録が認可され、次いで一九二五年には、全国建築家組合が組織されることになる。

ジョヴァンノーニによって提唱された「統合的建築家」は「真の建築家であり、芸術家かつ技術職として体現化されるもの」[*1]であり、高等建築学校の創設当初から、「芸術と科学技術を見据えた完全な建築プロジェクト」[*2]を最終的な目標とするものとして特徴づけられている。

学校設立の際には「市民建築」という講義が導入されることにより、将来の職業的な専門家として、つまりすぐにも建築家＝都市計画家とよばれることになる職能の担い手として注意を払うべきテーマの広大さが示される。これは四年前にチェーザレ・ナーヴァによって提案された法律の素案にはなかったもので、この部分は一九一九年の条文で改編されることになる。[*3] すでに五年にわたってローマ高等建築学校の校長を務めていたジョヴァンノーニは、一九三二年に、より完全な「統合的建築家」の形姿の定義を行う。それは「例えば芸術というものを心に描くなどの着想といった、建設に際するより困難な問題に対して準備ができていることや、また例えば都市計画的な作品としての意味を持つ記念建造物《モニュメント》の検討にいつでも対処できるようでなければならないとする。[*4]

この定義の改変、「統合的建築家」から「建築家＝都市計画家」へ、そして「市民建築」から「市民の建築と庭園の芸術」を経て「都市計画」へといたる改変[*5]によって、一九二〇年代における、建築の概念および都市の概念の画期となるような極端なまでの更改が印される。その結果現れてきたこととしては、新聞紙上にも登場するような論議が生まれ、ひいてはこうした議論が専門家たちの限られたサークルから抜け出し、観念《イデオロギー》的でより広汎なメッセージを広めるまでにいたっている。

このように「統合的建築家」は、工科学校の技師の理想的姿――「科学者」――とそれよりも理想的なものである芸術アカデミーの建築家としての姿――「人文主義者」――との間の統合体として着想されたものであり、こうした論議のなかでその位置づけが確定されていく。都市が発展していく経過のなかで、「合理的」モデルの理論家として、もしくは経済力や政治力からの要求を注意深く翻案する者としての立場を形成していくのである。

しかし、幾度も引用され、そして大多数の人びとからも強調されたことは、全国ファシスト建築家組合の

書記長であるアルベルト・カルツァ・ビーニ[1]が主張したように、操作することの必要性であり、それは、

> われわれのものであった建築、そしてわれわれのものへと取り戻すであろう建築において、件の第一のものへの回帰のため〔の操作〕、たとえその調べの古典的な均衡と自然な徳とが、そのままわれわれの民族の偉大なる美点であるとしても（……）。建築家たちは、行き過ぎた空想に起因することや、または教理にただ付き従うために生じることから、次第に自由になる術《すべ》を知るようになる。それは彼らの芸術が完成された表現へと至るためであり、それによってファシズム時代の刻印を幾世紀にもわたって残すことが運命付けられているのである。[*6]

イタリアのものとして「特徴的な」芸術に対する主張は、ファシズム革命への賞賛と緊密に結びつけられる。建築家はこの課題のために召喚され、一九二七年にジョヴァンノーニは「先行してファシズムの」ローマ高等建築学校の設立を確定するにいたる。[*7] そして数年後には、この学校の誕生というかたちで「ファシズムの建築面における大きな政治的広がりを持つと言い得るものの出発点」を見ることになる。[*8]

こうしていまや建築家は、ファシズムを代表するものとして新しく突きつけられた要求を理解していなければならない。そして同時に、それらの要求を経済界の持つ政治的局面とも協調させなければならないのである。モニュメント、新しい居住地区、歴史的都市の伝統と再利用は、都市再整備の全体的枠組みのなかで対処すべきテーマである。この三つめのテーマには、国家の介在を再組織化する意図、そして土地への介入を合理化する意図が込められている。一九二〇年代に建築家は、中規模の都市を席巻しつつある変容、つま

り地域の全体的な再組織化の結節点となっている都市の変容のなかに、仕事の新しい可能性を見出していく。

一九一〇年代からイタリアの建築文化では、今まで顕著であった遅れを取り戻す取り組みが行われてきた。それは、産業面でより発展している他の国々と比較した際の、都市の発展に対する対処の遅れである。英国、ドイツ、フランスは、それぞれの経験が異なったものではありながらも、都市成長の問題に対処するために進むべき道はいかなるものかを示していた。それは経済的な問題や社会的かつ象徴的な問題を有機的に関係づけるものであった。イタリアで実施された再生事業は、少なくとも理論的な面では、すべて経験に基づく都市運営の方法のみによる点が特徴となる。これは旧市街に対する介入行為に基づくもので、部分的な問題を解決するために場当たり的に決められるものであり、まさに一九世紀末のヨーロッパの拡張計画の手法によっている。そこでは新しい都市の成長は、中心地区の周囲の核を足し合わせたものとして形象化されるに過ぎず、中心地区自体とのいかなる関係性も考慮されないものであった。

「統合的建築家」という職能の発明は、従って、より整理され合理的な都市介入の際に必要となるもの、少なくとも調整と合理性の仮説に従うものであり、発展しつつある経済力から、そしてその内部の旧態然たる矛盾とともに表される要求から切り分けられるものではない。一九二六年から一九四二年の間に、大都市や中小都市のための都市規制計画に対する一八〇を超える数のコンペティションが募集され、併せて数多くの特別な都市整備のコンペティションが行われている。[*9] これらはこの新しい関係、つまり都市運営上の様々な権力間で確立されようとしている関係のより明確な結果であり、均衡のとれた発展が探求されている。数百もの建築家たち、多少なりとも「統合的な」者たちが、都市に「形を与える」ために招聘される。都市問題への伝統的なアプローチを本質的な方法で変更し、そして介入の実践、まさに都市規制計画に目標を定める

1 建築家、一八八一―一九五七、ローマ生まれ。最初期からのファシスト。主に庶民住宅や教育関連の建築に従事。近代建築を支持する。

こと、少なくとも理論として、これが新しい「都市計画的科学」の実働上の手段として現れてきている。

さて、この都市計画的科学について少し見ておかなければならない。実際、たとえ一方で「統合的建築家」が、新しい芸術的＝科学的職能という名の下に都市のデザインに対して介入できる分野を広げ得るよう要求をしたとしても、もう一方で、いくつかの地方行政は、自治体の技術＝職員を育成する必要性、つまり確固とした科学的なテーマ、まさに美学的なものではない都市成長のテーマに対処できる体制の必要性を訴えている。この二つの立場の間でイタリア都市計画の運命は揺れ動くことになる。一九二六年のシルヴィオ・アルディによる提案――彼は最初はヴェルチェッリ市の書記であったが、後の一九二七年からはジェノヴァ市の書記となっている。彼の提案は、都市を管理する技術者に資格を与えるための高等教育学校を創設することで、これは特に都市の発展に対する技術的かつ行政的な面を目指したものである[*10]――は、一九三〇年の全国都市計画協会の創設〔第V章一節および原註7参照〕によって早くも葬り去られてしまい、この結果、建築家＝都市計画家たちの勝利が確定する。まさに都市規制計画のためのコンペティションが実施され、一九三〇年代には広範囲に普及し、「統合的建築家」の主張が、自治体の技術者に対して布告されるのである。

諸外国で行われてきたことをみると、そこでは科学的な内容にも対応可能なほどに都市計画の知識が成熟しており、そうした彼らの経験に対する遅れに鑑みて同程度の結果に到達するためには、いかなる都市の文化を特別な基準点とするべきなのかが問われている。加えて、いかなる行政組織が都市計画プランを承認し、またはその方針を決めるのか。いかなる都市計画政策の方向性が、常にそれはあったものであろうが、介入を指示したのか。そしていかなる経済上の推論が重要視されたのか。これらの疑問にはある回答を与えることができる。それは多様な面がつながることや、様々な時点が相互に依存することを考慮し、そしてそれに続く段階の関係性を考えることによる。

2 科学として、そして芸術としての都市計画

二〇世紀最初の二〇年間に現れてきた需要、つまり経済的かつ社会的な発展に対する都市とその周辺地域の機能的な組織化の需要に対処するなかで、イタリアの建築文化は、自治体の技術職から支持される「科学的」側面を持つ仮説と、建築家たちからの提案による美学的な要求との間で揺れ動く。二〇世紀の最初の数年間のイタリア都市計画の系譜は、より複雑で分岐した異なる立場からの表明となる。[*11]

当初の全体的な指標としては、最初のものでありながら後の発展のために決定的な選択となったと思われるもの、つまりドイツの都市計画文化に向けられたものへと収斂される。シュテーテバウ（stätebau）という用語が取り入れられ、相当するイタリア語として、都市の構築（costruzione della città）という訳語があてられている。この語には往々にして美学的な含蓄が付加され、都市を構築する芸術は技術的な知識と芸術的な感受性が必要とされる表現となる。二つめに着目しておくべきことは、英語のタウン・プランニングがその反対にイタリアではあまり広く受け入れられてはいないということである。アングロサクソン系の地域では、ある形態の都市空間を建設することよりも都市を構成している社会構造に注目し重きを置いている。そしてアメリカの格子状の都市、タウン・プランニングというよりはシティ・プランニングという規模にまで拡大されている都市に見られるような効率性と比較すると、ドイツでは運用面で容易に介入ができるような緻密なマニュアルによって技術的な確実性が与えられ、そこに形としての表現をする余地も残されているのである。

その上、こうしたマニュアルによって、区画や住宅に対して規模に応じた技術的な規制をかけることができ、そこで交通計画や法制化が扱われるに留まらず、都市空間の美的な側面も考慮されている。[*12]

実際にイタリアの研究者のうちの多くの者たち、このなかにジョヴァンノーニもいるわけだが、彼らは技術的側面よりもこの後者の美的な面に大きな興味を抱いている。それはまるで都市への介入の政治的かつ経済的波及効果に対して、ただ道具だけで立ち向かうようなものである。例えば、借家人連帯《インクイリーニ》のトップであるアレッサンドロ・スキアーヴィは、第一次大戦後に、「無関心な」小規模不動産所有者に対して決定的な政治的行動を起こしている。それは、英国の田園都市の社会的側面や脱中心化の問題などに関心を向けたものであるが、[*13]その一方でジョヴァンノーニはただ形態上の問題だけに絞り込んでしまおうとしているようにみえる。それはあくまで「動きと対比の多様性」にとどまり、「プロポーションの意味」や、地区のデザインガイドとなるべき規則と絵画的景観に関する形態の問題なのである。ジョヴァンノーニのイデアのなかには、特に「美的な静謐さ」がその基礎的な部分にある。これは彼が、カミロ・ジッテとそのスクールの研究のなかに見出したもので、それをイタリアの状況に合わせて調整している。直進する街路や「格子状の地区」、まさに北アメリカの都市プランの「幾何学主義」的なものと、ジッテの提案による「曲がりくねった街路や不整形な広場、視線が断続されることの遊び[*14]」との間に、イタリアの伝統を踏まえた上での調整の方法を見つけ、そこから次のような「軋轢」の整理をしなければならない。

それは、一連のものと個別のもの、車と人、平凡な規則性と生活の雑然さ、そして知性と芸術的感性との間にある。この芸術的感性は、均等化に反し、そして並外れた予測できない世界に息づくものである。[*15]

しかしながら技術者的な起源を持つマニュアルとカミロ・ジッテの仮説との間を調整するなかで、マニュアル的なものの志向する中心となるイデアが失われてしまうわけではない。こうして都市の成長をコントロールするための技術的方策が「〝純粋な〟自由経済主義的都市のダイナミズム」の基礎となる。これは「都市の際限ない発展への可能性において、そして居住環境と労働環境とのよりよい関係性における見通しのなかで、収益による立場だけを〝自然なもの〟として認めるものである」[*16]。

ジョヴァンノーニにとっては、この収益の論理は、都市から離れた田園地区を建設する際には、唯一「評価できる貢献」に値するものとなる。一九三一年には次のように記している。ローマにあるモンテ・サクロの田園都市は、

不適切なほどの費用がかかり、もちろん収益に見合ったものではない。ただひとつだけ評価できる貢献があるとすれば、線路伝いに運行する路面電車による連絡路の終着点が示されたことで、ノメンターナ街道[2]に沿った中間部分の評価が容易になったのである。[*17]

最終的には、都市の中心地区を改変し郊外地区を形成することまでを見込んだ経済的要求に対し、都市の歴史と美に結びついた「文化的」仮説に基づいて、形態としての整備を行うことが意図されている。つまり一方は、人間中心主義的文化に属する歴史的地区であり、限定的にしか介入できないものとの想定である。そして他方は、ある居住人口のために想定された近代的技術の実験としての場所、主に工場労働者や、もし

2　旧ローマ街道のひとつで北東にある都市Nomentumまで延びていた。サラーリオ、トリエステ、モンテ・サクロなどの郊外住宅地をつなぐ。

職人のための場所であればさらによく、または商業活動に「特化」された場所として、中心地区との関係が特に必要であるとは考えられていないかのようである。

とにかく、考え方の基礎には、中心部がひとつでコンパクトかつ適切な密度を持つ都市のイデアがある。そして、それをイタリアの都市の特徴として維持しようとしているのだが、実際のところ、イタリアの大部分の都市には、脱中心化が必要なほどの多大な産業の集中化はまだ生じていない。

『旧い都市と新しい建築物』は、ジョヴァンノーニが一九一三年に書いた記事であり、このタイトルは一世を風靡した。一九三一年には本にまとめられ、手直しをされることになる。[*18] 現実的に、旧い都市と新しい建築物とは、相互にバランスを取らなければならず、それがゾーンに区分けされる都市のそれぞれの部分の均衡に参与する。社会的かつ環境的な「価値」を保全したいという都市への郷愁は神話的でもあるが、そのためには都市の発展に対する機能的な問題への解決策を準備することが必要である。そしてそこでようやくそれらの「価値」を保全することができるのである。いかなる調整においても、この二つの側面が考慮され、ふたつの言葉に統合されることになる。それは「価値」の表現である建築と、ジョヴァンノーニが「大きな量塊の建築、住宅群をその構成物として有し、空間をその支配するものとして有している」と定義した建築物である。[*19]

ジョヴァンノーニは、都市組織を統一的に捉える観点に立っており、それは中心地区と郊外地区という二つの要素だけに限られたものではなく、プランの統合へと至るための適切なツールによって分析されるべき多様な様相の集まりとして見ている。それが「芸術としての形態」である。

こうして「統合的建築家」は、科学――技術を生産するもの――と文化――芸術において表現をするもの

――とをまとめるものとして、この「近代都市」というイメージの最大の創造者となっている。彼らは都市組織に介入し、都市の発展の過程に分け入り、示されるべき誤謬を指摘する能力、そして均衡を保全するために準備されるべき解決策を示す能力を身につけている。ジョヴァンノーニの目論見のなかでは、技術的介入のために想定されることと建築的解法を用いることにより、都市の発展を実践的に運営する点で、自治体にも為すべきことが十分に残されている。ところが実際には、既に建築愛好家芸術協会[3]によりイタリアの都市の成長と変容の様態に批評が向けられたことに始まり、文化的な責務の遅れ、そして地方行政による介入の実践を主導している技術的―法的な側面の遅れに対する批判がなされるにいたっている。こうして基準となる全体的な枠組みが形成され、そこでそれぞれが自身の立ち位置を見出すことになる。

こうして「統合的建築家」には、その専門性が更新されることにより、都市における矛盾を統轄し構成する可能性が提示される。歴史的文化と芸術的感性、そして技術的知識は、こうした矛盾に立ち向かうための武器となる。これらの矛盾は、「近代的生活」が加速度的に都市中心地区に襲いかかっていることの結果として読みとれるものであり、旧い都市核となっている地区の質を再び形態的かつ機能的に高めることによる解決の可能性が見込まれている。

ジョヴァンノーニの仮説である疎開化では、旧い中心地区を「事業所と簡素で豪奢ではない住宅との質素な混在地区へと縮小化する」にいたるまで慎重に「再清掃」しなければならないとしており[*20]、これは破却をすることとなくこれらの地区の経済的な質を再び高めることを意味し、まさに住宅に隣り合って事務所を配置するものである。このように旧い都市核は新しい生活に対して開かれるべきであり、新しい中心地区から切り離されてしまうようであってはならない。そのそれぞれが都市の部分なのであり、相互に機能的につなが

3　一八九〇年にローマで結成される。当時はエンジニアが主体であった建築業界において建築家の立場を強化する目的でつくられた。一九一〇年からはジョヴァンノーニが会長。

るゾーンに分けられることになる。

都市計画のテーマは、一九二〇年代の終わりにはこのように主張されており、これは都市の成長と規制化に対する最初期の仮説から直接もたらされたものである。地域を組織化する「都市の科学」を確定する必要性は、地域のなかにおける特殊で美学的介入が必要とされる地区として、都市の中心地区を配置することの緊急性と切り離せないものである。この意味において、建築家＝都市計画家の形姿はこの一九二〇年代に明確化されてきており、それがジョヴァンノーニの提案による「統合的建築家」を理論的に展開してきたものとなっている。都市は、ジョヴァンノーニによって「広大で複雑な芸術作品のようなもの」*21として考えられたが、それがいまや、「都市規制計画に示される都市計画的〝構成《コンポジション》〟」を通して組織され、建築家＝都市計画家によって編纂されるもの、「美しく、健康で、快適で、かつ経済的でもある（……）都市生活」を提供するためのものとされる。これは一九三〇年代の半ばに、『イタリア大辞典』の都市計画の項に、ルイジ・ピッチナート[4]が書いているものである。ジョヴァンノーニによって「都市を構築する芸術」と「市民建築」との調整が実現され、そしてピアチェンティーニにより「市民建築」から都市計画への橋渡しがなされたとするなら、ピッチナートによって都市計画は、「科学と芸術」というふたつの面を獲得し、ピアチェンティーニからというよりもジョヴァンノーニから、その要素を獲得していることになる。

一九三〇年前後、まだローマの高等建築学校に都市計画コースが開設される前に、「都市的」な問題に関する意義深いいくつかの展開が見られる。一九三〇年には既に触れた全国都市計画協会が設立され、雑誌『ウルバニスティカ Urbanistica』〔都市計画〕も出版される。一九三一年にはジョヴァンノーニによって都市計画に関する本のシリーズがつくられ、最初の巻は、ジョヴァンノーニ自身のもので、まさにそのタイトルは『旧い都市と新しい建築物』である。またローマでは、一九三二年に都市計画と社会工学の大学院が設立される。もはや、誰もが都市計画について語っている。しかしこの用語のもとに、全てが均質というわけではない立場やイデアが集められ、いずれにせよ急速に変わっていく。ピッチナートの仮説が、ある範囲では、ジョヴァンノーニの考え――ドイツの都市計画の原典からの直接の知識によって強化されたもの、そしてその最大ではないにせよ重要な功績としては、都市計画が政治的な実践の技術であるという知識を成熟させたもの――からの進化を示しているなかで、もう一方では都市に対する論議の中心人物として、マルチェッロ・ピアチェンティーニが、一九一六年から一九二八年にかけて、その立場を本質的に変えていくことになる。当初の試論、つまり中心地区におけるあらゆる介入を除外するという点で絶対的な厳格さを想定した仮説に始まって、ピアチェンティーニは、ブレシアの中心地区で、広大な建物の改変を計画することになる。壊し屋という題の皮肉な風刺詩、これはミーノ・マッカーリが一九四二年に、あるイラストへの注釈のために書くことになるものであるが、このなかで、ある建築家、明らかにピアチェンティーニと識別できる建築家が、家々を取り壊しながら、その活動を閉じることになる。そこで彼はまさに永遠に「ズヴェントラトーレ」〔壊し屋〕というタイトルの栄誉に浴することになる。

飽くこともなく建設するのは
彼のもの
新たな空き地を常に求める建築家
酷《ひど》いものはひとつとてなしとはこれ如何に

4　都市計画家／建築家、一八九九―一九八三、レニャーゴ（ヴェローナ）生まれ。実践と教育によりイタリア建築界を牽引する主要人物のひとり。戦後は有機的建築に関連し、都市を生きた組織として捉え「オープンプラン」を提唱する。

呆《あき》れることには、ふたつともなり[*22]

しかしながら、ここでは道徳主義という観点が深く刻み込まれた判断を克服しなければならない。ピアチェンティーニが常に帯びているように見られているのは、主として「取り壊しへの天命」であり、彼はあらゆる罪とあらゆる非道を被らされている。そうではなく、彼の有能な職能の意味、確かにマッカーリのいう「金銭欲」によって、そしてそれにも増して権力欲によって導かれた職能の意味を分析するために、おそらくより有益なのは、これらの取り壊しに同意が与えられる理由、「あの」手の職能に居場所が与えられることの理由を理解しようとすることである。

3 旧いものと新しいもの

「さあ、旧い都市、今いるところを後にしよう。よその新しいところへと発展しよう」、ピアチェンティーニは、一九一六年にローマについてこのように書いている。加えて「旧い都市のヴィジョンは完璧な想い出でなければならない」[*23]。この時点での彼は、旧市街の疎開化を注意深く行う必要性を支持しているジョヴァンノーニの立場よりも強硬な姿勢を取っている。ピアチェンティーニは、保存的な保護という面からの純粋で簡潔な必要性に応じて動いているわけではもちろんない。それよりも、新しい都市に利益を集中させるという目的はあるものの、旧い都市核は捨て去られなければならないということへの確信によって動いている。一方でジョヴァンノーニにとっては、都市は本質的に健康を回復しなければならない年老いたものであり、そこに新しいものを従属するかたちで付け加える対象である。

ここで同様のこと、つまり建築愛好家芸術協会の発行した記事によって着目された全般的イデアが現れる。旧い都市は固有性を持っており、歴史的な都市組織を改変することで変えられてしまうべきではない。新しい都市は、併置されるべきで、旧い都市に重ね合わせてしまうべきではない。一方で、効率的な交通網および通信網によって、「二〇世紀の居住地」と過去のものとが、迅速なやり取りによって機能的に補完されるようにしなければならない。

ピアチェンティーニによって一九一六年に提起された仮説は、一九〇八年のベルガモ[5]の計画のための第二次コンペティションで彼が編纂したプロジェクト[図1]の前提となっているもので、一九二〇年代のローマにおける推移に対処していくなかでその展開を見ることができる。ピアチェンティーニはベルガモに介入することで、この仮説を構築し、次いで一九一四年から一九一九年の実施計画においてそれを検証していく。彼の仮説では、中世の旧市街であるベルガモ・アルタ〔丘上のベルガモ〕を元のまま残しつつ、見本市《フィエラ》の場所に新しい都市を建設する。これは都市を代表する場として、モニュメンタルな広場の周囲に展開される。そしてこの広場は旧市街と周辺地域とをつなぐリングとして形象化されるのである。

「完璧な想い出」という点で共有されているために変えることのできない古くからの都市に対する仮説には、それ自身の内に根深い曖昧さが含まれている。それはまるで「歴史的中心地区」だけが都市文化の表出であるとするようなものである。この曖昧さによって、実際には、経済的活動により表明される中心地区に対する介入の要請と、「ルネサンスの遺産」としての文化的生活の神話とそれを単なる債務としかみないものとの調整が必要となる。同様の曖昧さによって、この後、ファシズム体制が「帝国的」なものを必要とするな

5 Bergamo　ミラーノの北東約四〇キロ。

かで、考古学者たちがその研究の根拠を古代ローマに置くようになり、そのことが、あらかじめ決められた象徴的な全体計画に組み込まれていないローマの一部分が破壊されてしまうことへの合意となる。

ベルガモに話を戻すと、見本市会場の建物は、その重要性においてヨーロッパでは有名なもののひとつで、一七三一年から一七三九年に恒久的なものとして建設された。ところが、この建物の除却は、一九世紀末にはあり得べきこととなっており、それはロベルト・パピーニが『生まれ変わったベルガモ』に次のように書いていることから窺える。

活気とその重要性を失い、決定的な終わりが近づいている。見本市会場は貧しい人びとの巣窟となっており、うす汚れて悪評の高いある種のスラム街に変わってしまった。いずれにせよ、平野部の都市が鉄道駅のほうへと拡張すること、旧い郊外地区《ボルゴ》が拡大すること、新しい建物群が建ち上がることによって、平野部のベルガモの生活が変革された。そして見本市会場は市民の活動が拡大していく中でいよいよ狭苦しさを感じるものになっていった。[*24]

計画に際して適用された衛生上の合理性は一九世紀の「衛生技師たち」によって既に形づくられたもの[*25]を引き写したかたちであり、この後に続いて適用されていったものとそれほど異なるわけではない。同様に、ジョヴァンノーニの疎開化の仮説においても、美学的な配慮に併せて衛生上の合理性が示されている。こうした合理性によって新しい街路を開くこと、そして新しい展望を創造するために都市の一部を破壊することが正当化され、それは概ね必要なことであるようにみられている。「閉じられた地区に通気と日照をもたらす」

と後の一九三一年にジョヴァンノーニが思い起こしているように、このことは「漸進的な経済的評価と美学的評価にも」いたる同意となる。[*26]

基底には前に指摘した曖昧さがあるにもかかわらず、ベルガモに対するピアチェンティーニの提案は、脱中心化の仮説に対する検証となっている。このことについてはジョヴァンノーニも語っており、中規模都市において進んでいる改造の過程において生じている問題として幾度も繰り返して提起している。提案された都市モデルは伝統的な都市の境界を拡げるもので、これには大多数のための利益が附随し、質的なものと並行して量的な拡張が行われることを期待されている。市民生活の中心を移設することは、まさにピアチェンティーニの実践的提案のなかに、そしてジョヴァンノーニの理論のなかにもあった仮説であるが、これを軸として転回される都市的な介入事業において、中心地区に住む庶民階層を居住地区に充てられた郊外

［図1］マルチェッロ・ピアチェンティーニ、ヴィットリオ・ヴェネト広場のスタディ、ベルガモ、1908年

地区へと押し出す試みが志向される。この郊外地区は、旧市街からも新市街からも、機能的かつ質的に区別されたものとなる。

ベルガモでは、新しい中心地区は古い都市の足もとにつくられている。新地区は美学的な必要性と地価に応じた規模の基準、そして機能としての基準に則ったもので、旧い都市核の市民にとって、彼らの活動が類型的かつ形態的な地区構造に対して十分に馴染むように配慮されている。郊外地区は、その一方で、純粋に機能的な基準に応えることを求められている。

荘重で国粋的な特性を持った象徴的な建築と、庶民住宅や産業の建物に充てられた機能的な建物、または新しい施設と結びついた新しい類型の建物との間の区別は、この中心地区や郊外地区といった街区ゾーンの区分けのなかで明確にされているわけではない。このゾーンはそれぞれが形態的に特殊な表現によって特徴づけられている。建築としての「種類」間での調整は、ピアチェンティーニの提起によるもので、その背景には建築と建物との間の理想主義的な分別があり、それがイタリアの「伝統」という環境、そして「近代の」需要という情況のもとに再び読み込まれる。同様の曖昧な調整が試みられるのは、ファシズムが主体となっているもので、イタリアの文化と政治の伝統の価値を想起することと革命として宣言された行動[6]の「近代性」との間の調整である。

未来派のマリネッティが王立イタリア・アカデミーのフェルーカ帽を冠っているイメージ[7]は、あからさまなまでにこの矛盾が未解決であることを示している。これは二つの大戦間の建築と都市に関する全ての論議に通底するもので、ファシズムのイデオロギーが折衷主義であるとするトリアッティの批判、本書のはじめに参照した言葉が思い起こされる。「ファシズムのイデオロギーはカメレオンのようだという以外の何ものでもない」。
「統合的建築家」はこのカメレオンの子供である。伝統という衣装を身にまとうことで近代を表すことができ、またはその反対に伝統を尊重するために近代の衣装を身につけることもできる。どちらの場合にも変更可能な条件に適合することができるのである。

一九二〇年代に、都市のイデアは、伝統と近代との統合として、明確な分節化によるモデルおよび簡潔で見事に定義づけられた概念に基づくモデルというかたちで形象化され、集大成される。このモデルにおいては、都市計画的に「提起された」解決法が、政策全体の方向性に沿って集約され、比較される。この方向性は、地域と都市との関係性を全般に再組織化しようとする意図のもので、脱中心化や人口移動のコントロールの仮説と密接なつながりを持つ。つまり都市の内部では、限られた地区を評価することを意味し、地域においては、産業配置のための選択の自由を制限することなく、広大な農業地区の生産性を回復させることを意味している。

一九二〇年代末にピッチナートが発表した提案は地域計画のためのもので、その内部で都市の発展を組織化し、「脱都市化」を実現するための全国的な計画である。[*27] そしてファシズムによって提起された都市政策の仮説を自然な形で発展させたものである。同時に、ローマ都市計画家グループ〔GUR〕が、ローマの新しい建築学校の若い卒業生たち——最初の「統合的建築家たち」——によってピッチナートを頭に形成され、[*28] 彼らは、「先生たち《マエストロ》」の理論と実践の活動から湧き起こった、おそらくもっとも代表的な成果と考えられ得る。

このグループは、一九二七年の国内コンペティションで発表されたパドヴァ[8]の都市拡張規制計画のスタディにおいて、または一九二八年のフォッジア[9]の都市規制計画のコンペティションのプロジェクトにおいて、

6 ファシズムによる政権奪取にはじまる一連の行動。
7 一九二九年に伝統色の濃い時代がかった制服が制定された。
8 Padova ヴェネツィアの西約四〇キロ。
9 Foggia ナポリの北東約一〇〇キロ。

［図2］

［図3］

［図4］

ローマ都市計画家グループ（ジーノ・カンチェロッティ、エミリオ・ラヴァニーノ、ルイジ・レンツィ、ルイジ・ピッチナート、アルフレード・スカルペッリ、チェーザレ・ヴァッレ）、フォッジアの都市規制計画のためのコンペティション最優秀賞プロジェクト：（上から）駅のスタディ、大劇場のスタディ、フォーラムのスタディ、1928年

こうしたことを吸収し熟成させてきた。パドヴァのものでは、公的行政の都市計画面における精神性の遅れをプランによって揺り動かそうとしており、現行計画の改変というかたちの予見的計画のなかで「適正な」方向性を指示している。報告書には図版が伴われ、明快で要を得たものである。都市の旧い部分を改造したいという要望に無理に固執せず、その周囲に新しい中心地区を再創造することでより便利になるように導いている。この新しい中心地区は、単純に新しい広場の周囲に着想されたものというだけではなく、基盤としているのは、

より一層近代的なもので、街路のシステムと広場のシステム（に……〔基づいており〕、そこには……）パラッツォや店舗などを建ち上げる手法が用意されている。そして、広場は都市に必要とされている公共施設によって気高いものになり得るのである。

新しいシティは都市の東側に置かれ、そこにおける主体となり、そしてより重要なものは交通幹線である。これは旧い都市核と鉄道駅[10]との間を結ぶもので、当時の現行計画で布置が見込まれていた産業地区と労働者地区をより東側へと押しやる。計画者のグループによれば、この布置を前提とすることで、ようやく都市の古い部分について語ることができ、そこで「真の」健全化というものを「建物の疎開化の手法によって」理解することができる。「衛生面と街路網の必要性のみに従うことで、こうしたものが実際に効力を発揮するのである」[*29]。

フォッジアの計画において、ピッチナートのグループは、より大きな注意を払って、ピアチェンティーニがベルガモのために提起した仮説を採用している。新しい都市は、フォロ《フォーラム》広場の周囲に組織され、旧市街、駅舎、スポーツ地区と緊密に接続されなければならない[図2〜4]。そしてルチェーラ、チェリニョーラ、ナポリに向けた大きな連絡幹線を通して開かれなければならない。歴史的都市は「近代生活の需要に適うようにする」ために、いくつかの開削が始められたばかりなのである。[*30]

「脱中心化」によって、これらの計画のなかで、都市境界が地域全体へと拡散する結果になっていることは明らかである。戦略としては、従来の拡張計画において見込まれていたものよりも、旧市街の外側にある膨

10 旧市街は運河で囲まれており、駅は北側の運河を越えて五〇〇メートルほど先に位置している。

大な量の土地の評価への同意を得ようとするものである。数年にわたって実行に移されている官僚的な脱中心化の手法が表しているものは、都市計画との完璧な同時進行のもとで、行政的な集中化がどのように想定されているかということなのである。

4「都市を解体せよ」

ここで話題を変えて、一九二七年五月二六日にムッソリーニによって下院で行われた演説に少しばかり触れておきたい。有名な昇天祭の日の談話であるが、その本質的な様相をいくつかまとめてみたい[*31]。

ファシズムも五年目の時点となり、ムッソリーニは、国内に対し、そして諸外国に対して、国土の再組織化を喧伝しようとする。これは三つの主要な面によって提示される。都市化、そしてそこに附随するあらゆる原因と結果、ひいては地域占拠の問題。行政の整備、つまり地域の運営管理の問題。政策としての都市の発展の方向性、つまり地域コントロールの問題。様々に分節されたこの三つの方向において、農業のタイプ、そして発展させるべき産業のタイプによって、地域のなかの都市を包摂するものとしての県《プロヴィンチア》の役割が厳密化されていく。この県自体は、一九二三年から一九二六年にかけて再組織化されたもので、知事の「ファシズム化」によってコントロールされる。そして最後に自治体《コムーネ》におけるポデスタ――一九二六年から自治体の議会、協議会、市長と置き替えられていった――、ムッソリーニの言葉を借りると、この「市民の第一行政官」の職務が厳密化される。このポデスタは地方権力のコントロールを中央へと取り戻すために創設されたものである[11]。

これらの選択の結果は、様々なところに見えてくる。それは都市の自然な成長を阻害することなく、コントロールされていない都市の発展（農業から産業への広範囲な移民に起因するもので、このとき再構築中であった産業は当面のところはこの労働力を吸い上げることができないでいる）を制限することに始まり、都市と農業の均衡のための前提として、県のなかでの人口配分のコントロールや、そして、ポデスタによる介入を経たとしても、地域的な特色を持つサーヴィス網を整備する公的事業の実現などである。これは道路や鉄道ばかりでなく、郵便局や裁判所、警察署、県庁も含む。手短かに言うと、ムッソリーニは、地域の行政的かつ物理的な再整備計画の図式を提案する。それは農業と産業の再組織化として機能するもので、この図式を始めるにあたって、あるひとつの部門、つまり建設部門の活用を提案するのである。

建設と地域経済整備、都市発展と行政再組織化の部門は、ひとつの全体的なものとして融合して見える。それは経済の生産面の再組織化に向けた第一歩を代表すべきものである。忘れてはならないのは、一方では、一九二五～二六年の経済的に困難な局面に立ち向かう必要性であり、他方では一九二五年一月三日に始まる政治の安定化[12]を維持し続ける必要性、そしてパラッツォ・ヴィドーニにおける産業界とファシズムの協定[13]の承認を前進させる必要性である。この協定は同年の一〇月二日に署名されることになる。

次いで昇天祭の談話のなかに、ムッソリーニがもっと後になってから定義をすることになるものの前提を読み取ることができる。それは都市計画用語から言葉を拝借した「イタリア経済の規制計画」である。

一九二八年一一月二二日に『イル・ポポロ・ディイタリア』紙に掲載された記事のなかで、ムッソリーニは、産業と農業の体制による新政策において都市に与えられた役割を明確化する。タイトルに既にその基礎となる概念、つまり都市の発展を導かなければならないという概念が表現されている。それが「都市を解体

11　ポデスタ―ファシズム期の自治体の首長にあたる役職で、選挙による選出ではなく内務省からの任命による。名称自体は中世の都市行政長官《ポデスタ》から。

12　ムッソリーニが政治的および道徳的責任をとることを宣言。独裁制へと大きく舵を切る。

13　自由な労働組合が規制されるなど、労働者をコントロールしようとするもの。

せよ」[*32]である。ここで語られていることの他にも、制度上のコントロールの政策の方向を打ち出している。それは、労働者のコントロールを実施するための基盤となるもので、再建中の産業界としては要求せずにはいられないものである。都市は軸芯であり、そこを中心に様々な地域整備の提案が転回される。農業問題、産業配置の問題、国内移民、失業問題であり、これらのなかに、建築家＝都市計画家の役割や都市計画の原理に関するより狭い範囲の専門的な論議からの影響を見ることができる。

建築家は、都市計画家の様相を身にまといながら、都市と地域に生じつつある問題に着手するという課題を担う。ピッチナートがよく参照するイメージによれば、「オーケストラの指揮者」、つまり介入を行う様々な部門の数多い専門家たちの分担をコントロールする能力を持つものとして、従事するのである。この建築家像は、何かのついでに言われたもののようであるが、第二次世界大戦の後でも、そして一九六〇年代に至るまで、大いに人気を博することになる。

都市計画は、このように、経済政策としての介入案に対して技術的な解決策を与えること、そして一九二九年以降には、まさにムッソリーニがいうところの「プラン」への改変を試みる選択の表現となることが必要とされる[*33]。

建築家＝都市計画家たちにとって、もはや、彼らのテーマは「市民の建物」に限られたものではない。分析技術と地域運営に対する研究が始められつつあり、そこでは同時に小規模の介入においてもイデオロギー的な意味づけが行われる。

では、いったいなぜ〔建築家＝都市計画家たちが〕駆り出されることになったのだろうか。そこには機能面での可能性と広範囲にわたる同意が、少なくとも理論上ではあるが、地域の再組織化の仮説のなかで与えられている。このことは昇天祭の談話および『イル・ポポロ・ディイタリア』紙の記事で提起され、そして「プラン」による解決策がより今日的な都市計画文化に基づいて提供されてはいるものの、その解法では効果的に実現されるまでには至っていないこと、そしてもし実践前に受け入れられたとしても、実際には、必ずしも提起された仮説に従って実現されるとは限らないプランの実践者としての都市計画家の、そうした基底にある曖昧さから決して逃れられはしないのである。この疑問への最初の回答は、建築家＝都市計画家たちが不足していること、または彼らの都市規制計画への観点が狭く目的的でありすぎたことはさておいて、行政組織が更新されたことのなかに見出せる。彼らは、中心地区で実現された発展過程に対して、極端なまでに準備不足であることを露呈してしまい、それに次いで経済活動からの要求、土地の「合理的」利用、建設活動、居住者の現実的な要求、資金調達の可能性、都市計画技師の提案といったものの調整を行う能力がないことを見せてしまうのである。

自治体と県の行政は、上部組織によって決められた介入の優先順位を一度ならずも受け入れること、これらは付加的な動機と結びついたものであるが、これらを受け入れることに慣れてしまい、そしてその上、決定的に遅れたものになってしまっている都市計画に関する法制化を進めるために迅速に動けるわけではなく、あるいは限られた選択を迫られることになる。しかし、忘れてはならないのは、中央レヴェルで数度にわたって提起された「計画」の仮説が、大筋では堂々巡りではない流れに従っているということよりも、イデオロギー的なイメージとして地域における公的な介入政策の支えとなっているに他ならないということである。

一九二〇年代初頭の経済ブームの後、生産活動が全般的に失速したことで、政府は国内市場に対する態度を変えることになる。その上イタリアからの輸出品に関連して、それらをイタリアよりも安価に生産できる国々の世界市場への参入が考慮される。〔英国のポンドに対して〕「価額九〇《クォータ》」[14]にリラを切り上げることによって、公的需要の再評価を促す新しい態度が決定される方向へと進み、次いで大局的には、産業システムへの公的な支援がもたらされることになる。

一九二九年の危機によって、この経済政策の方向性は加速される。一方では、ファシズムの強大で宣伝的な手法が導入され、多くの政策への補助が課されることになる。ムッソリーニが、アメリカの危機を周期的なものや流動的なものではなく、「制度上のもので、文明の危機[*34]」であると解釈することになるのは、偶然ではない。金融市場の再組織化として、一九三一年のイタリア動産公社（ＩＭＩ）の創設、そして一九三三年には産業復興公社（ＩＲＩ）、それに続く植民地の拡大は、自給自足政策の確立にいたるまで、支持獲得活動としての顕著なモメントとなる。そこでは地域整備の異なる形、その全般的な選択の役割における「特殊化[*35]」が求められているようである。

原因と結果の連鎖はもちろん存在しない。むしろ、農業問題や産業配置の問題、都市問題、国内移民、失業問題に対する地域のイデアと活用法の全面的な変換を目の当りにしているのである。地域《テッリトーリオ》は、一九三〇年代にファシズムによって、これらの諸問題が位置を占める場所、そして計画の物理的な基盤を定義するために介入する必要のある場所としての役割を担うことになる。そして実際に、地域全域に介入することになるのである。作物を変更し、もしくは土地改良をすすめ、インフラストラクチャーを整備し、または停滞した地区に梃入れし、大都市における都市機能を中小都市の場合と同様に特化する。[*36]

都市計画は、これらの介入に対する技術的解決策を与えるため、そして政策的選択の表現となるために招来されるものの、実際には、全てがコントロールできるわけではないことが明らかになってしまう。こうして都市の発展の実態と介入モデルとの乖離が実証されることになる。特に都市計画モデルの位置付けははっきりせず、次第に建築の学派における特別な「原理」の表現として理論的に定義された形姿を負うことになる。「全国的な都市計画」という大きなテーマは実践的には規模を見直され、ときには即興的な実験（アグロ・ポンティーノの土地改良や新しい都市の事例のようなもの）に限られ、多くの場合には（一九三〇年代に承認されたほぼ全ての都市規制計画のためのもののように）純然たる量的な拡張の論理によって導かれた都市規制計画の形成へと矮小化されることになる。もしくはたとえ都市と地域とを補完する仮説におけるものであっても、（ブレシアのように）ファシズムの新しい「面」を代表しようという意図のもとに取り壊しが進むというかたちでの解決策となる。

5 ブレシア「モデル」

一九二八年にマルチェッロ・ピアチェンティーニは、新しい都市規制計画作成のためにブレシア市[15]技術局顧問の仕事を受けている。前年にはこの計画策定のための国内コンペティションが実施され、ピアチェンティーニ自身が審査員となる。一等はアスキエーリ・グループ、二等はローマ都市計画家グループであったにもかかわらず、市当局の決定は直接ピアチェンティーニに最終的な計画の作成を依頼することであった。実際にはこの市当局の決定はＰＮＦ（全国ファシスト党）の書記長でブレシア出身のアウグスト・トゥラーティの意見によるものである。

ピアチェンティーニの提案による介入は、広大な広場を中心とするもので、その場所は建物に覆われた都

14 外貨に対するリラ高策。一ポンド＝九〇リラを目標として国内中間層の経済的安定を目指した。
15 Brescia　ミラーノの東八〇キロ。

市の旧市街地を一万九〇〇〇平方メートルにわたって破却することによって得られたものであり、中心市街から主要連絡網へと向かう都市間交通の中心となっている。この勝利《ヴィットリア》の広場は、銀行、保険会社、様々な事務所、ホテル、郵便局、市場によって周りを囲まれたもので、大聖堂《ドゥオモ》広場、ロッジア広場、市場《メルカート》広場を含んでいる中心区域全体は、この勝利の広場を実現するための取壊しというかたちでの資本投下を受けることになる。[*37]ピアチェンティーニは、冷淡なまでの現実主義と専門職的能力を働かせ、都市の成長に対する機能的な解決の擦り合わせの必要性を完璧に理解し翻案している。そこでは既にジョヴァンノーニの疎開化の仮説により、旧市街に「差し込まれる」新しい権力を表現するイメージが求められていることに焦点が当てられる。「フォロ《フォーラム》」こそが、勝利の広場によって再創造されつつあるものとして、まるで件のファシズムの広大なイメージのようであり、イタリアの新しい面を表象しようとするものでありながらも、伝統の内部にとどまり、それどころか伝統と融合されている。

ピアチェンティーニの提案は、中心市街自体と、中心と地域との連携を根拠とするもので、コンペティションに勝ち残ったグループの仮説を転換したものである。当選案は中心市街への介入を抑制し、郊外地区の発展を見込んでいた。それは一九二七年のコンペティションの提唱者であり、出資者のひとりでもあるブレシアの企業家ジュリオ・トーニによって条件づけられた要綱のなかにある綿密な指示に従ったものであった。

ピアチェンティーニの計画は、実施の段階でもたらされる大きな問題はさて置き、[*38]主にトーニ産業に代表される地元の経済的権力で郊外地区の多くを所有しているもの、それとトゥラーティに代表される政治的権力で国政レヴェルでの利益を伴うもの、これらの要素間の対立を引き起こしてしまっているようである。実際には、ピアチェンティーニの介入は質の低下した中心地区の再生を可能にするものであり、土地市場に再導入されはするが、それによって郊外地区の利用が阻害されるわけではない。このプログラムは、中心市街をすっかり新しく創造しなおすことと比べても、より野心的な計画として発表され、ローマ都市計画家グループの支持も得る。そしてジョヴァンノーニが支持し、またピアチェンティーニ自身も支持していた都市地域のゾーニング化も視野に入れている。

勝利の広場の建設は、こうして、部分的ではあるにせよ、地元の経済的権力の利益を満足させ、特に成長著しい新しい金融資本を表現するもの、そして地元のファシズムのあこがれを表現するものとなる。実際に中心地区の一角を占める一方で、質の低下した地区の再生に結びつけられた経済的優位性ばかりでなく、ブレシア地域全体に拡散していた金融および商業取引を集中化させることに成功している。また一方では、地方自治行政は、膨大な支出を負わされることにはなりながらも、ピアチェンティーニのプロジェクトが帯びている国家との接点を利用できる力を持っており、それによって、施策に対する少し厚かましいまでの補助と、そして都市における未解決の矛盾に対しても少なくとも補助を得られることになる。これら全てを確証することとしては、ブレシアでは、まず〔一九二九年都市規制計画によって〕勝利の広場が実現されたこと自体が挙げられ、次いで真に自前の都市規制計画が開始されたことを考えておきたい。この規制計画は一九五四年になって企図されるのであるが、相変わらず当初の取り壊しの視点に立ったものであった。この初動を皮切りとして、ブレシアでは、他の都市と同じように、新たな取り壊しの動きが採用されていく。これは「再建」という論理のもとに実行され、多くの地区において、ファシズムのレトリックである「新しい相貌」への取替えが進められていくことになる。

ブレシアや他のイタリア諸都市では、当初から、第三次産業とそこに結びついた国のサーヴィスの発展が必要とされ、取り壊しと再建はこの発展に呼応し、〔郊外地区として〕傍らに併置されるのではなく、都市組織の内部に呼応したものとなる。公的な官僚部門の改革とより効果的な民間サーヴィスの組織形成に関する問題は、都市の中心地区においてのみ解決されることが想定されている。中心地区は周囲の地域に対して建設行為というかたちでも再生され、それはブレシアの場合には屋内公設市場の建設として現れる。

ブレシアは、当初からひとつのモデルとして表象されている。特に中規模の都市において、同種のものとして再利用され、拡張され、理論化されていく。これらの都市はファシズム期に地域再建の柱となっていく。しかし、このピアチェンティーニの計画は悪用されてしまう面もある。彼の名において、都市計画家が都市規制計画の整備という課題を引き受けようとすることが数多くあり、こうした再建という大義名分が、地元の投機的利益の理想的な隠れ蓑となってしまうのである。

しかし、一九二八年に施行される都市への移住に関する法律と通達によって、都市人口の集中化に制動がかけられていることを考え合わせると、都市規制計画で想定されているほどの成長予測と一致する発展は見出せない。一方には「都市を解体せよ」という至上命令がありながらも、その一方では制御《コントロール》されていない発展による利点《アドヴァンテージ》を地元の経済的権力が、断念することはない。そして実際に、多くの都市規制計画が、いかなる実効的な合致も見えない成長の仮説に熱中し、多様な発展への可能性が投げ出されたままになってしまっている。ムッソリーニ自身が間接的にではあるが、『イル・ポポロ・ディィタリア』紙上で、一九三四年に短い記事の中で断罪しているのは、人口減少に対するものであり、

この現象は（……）都市に限ったことではなく、地方でも起こっている。最初は田園地方を荒廃させ、

次いで大都市を不毛へと導く。イタリアの一部では、今日に至るまで他人の棺桶の空きをゆりかごの残金で償っているところがある。その上、疲弊と頽廃の徴候にも気づかされる。それでも、今こそがまさに大都市や小都市が、多少なりともあの素晴らしき都市規制計画を見せびらかしているモメントなのである。これはいわゆる都市計画家たちの特殊な骨折り仕事である。特殊すぎて役に立たない骨折り損というべきだろう。生きるか死ぬかの選択に際し、人民がこの後者の道を選択するのであれば、そこには常に拡張されつつあり、合理的なものとされる「都市規制計画」という墓場に埋葬されるよりほかにないのである。[*39]

この批判は、一九三七年の第一回全国都市計画会議の際に再録され、明確化されている。都市規制計画は、地方自治体の現実的な需要や可能性と比較してみると、あまりにも多くの事例においてその規模を超え過ぎてしまっていることが明らかにされる。[*40] 詳しくは後述するが、この会議において、都市計画家たちによって進められる理論的な請願、つまり多かれ少なかれ計画の公的な仮説と関係するものと、日々の活動の実践との乖離、そしてこれらの請願とはつながりを断たれてしまった現実に導かれた実践との分裂が認知されることになる。都市において確実な実施が見込まれる計画の一部は、何よりもまず、金融資本、独占企業グループ、地元の経済的権力によって望まれ運営されるものであろう。計画のこの部分は、時に建築家＝都市計画家たちの「合理的な」展望と一致することはあるものの、彼らの提起した理論的な提案によって条件づけられるものとなることは全くといっていいほどないのである。

ブレシアでは、初めて、財界と政治権力の活動による駆け引きが成功したものの、行政が支払った代償は大きい。その上、建築物が、それ自体で既に合理的である操作を合理化するためというよりも、資本を評価するための道具となっているのである。ピアチェンティーニのモニュメンタルな提案は、政治的かつ社会的なものである「指令」、またはそうでありたいと願っている「指令」を翻案したものである。そして同時に伸展しつつある経済グループにその表象となる統一感を与え、資本の集中化操作のグローバル性を表現しようとすることに同意しているのである。

　ピアチェンティーニによって用いられた建築言語は、「新しい」モニュメンタルな性質の表現であり、新しい時代のシンボルである。一方では、過去の価値との連続性を示唆しているものの、近代化された「還元主義」によって、古典にとっては取り返しのつかないまでに断絶が押し広げられてしまっている。柱廊《ポルティコ》、アーチ、円柱は、古典的レパートリーから抽出された要素として現れ、線状に配列され透視図的な景観を構成することを通して生活の中で意図的にそれらを想起させ、旧市街の他の要素に反映されていく。[図5] ムッソリーニ塔の下のアーチは、大聖堂の側面の扉口を軸線上に枠取り、〈ファシズム時代《エラ・ファシスタ》〉の彫刻のある泉水は、勝利のガレリアと司教館へと続く街路の軸線上にある。全国保険機構の高層ビルの向かいにある柱廊からは、パラッツォ・デッラ・ロッジアの側面を垣間みることができる。旧いものと新しいものの調停こそが、ピアチェンティーニが与えた課題であり、これはブレシアの勝利の広場の計画だけにとどまるものではない。この広場はこうしたことを形式化したものなのである。同時期に彼は次のように書いている。

　今日の生活に、材質として精神として、完璧に同調すること、たとえそこに環境の条件を考慮に入れるとしても。そして普遍的であること、現代文明に相応しいものを認めること、そこにヨーロッパの芸術活動における、われわれの固有の性質を移植し、われわれの気候に応じた特徴的な必要性を考慮しながら。これこそがわれわれの課題なのです。私には、われわれの現代建築が、大きな貫禄をもって、そして完璧な尺度において正当な立場におかれているさまが見えるようです。[*41]

ブレシアの中心地区の再整備は、政治的―制度的な新しい形態のための新しい建築言語を措定するまでに至っている。中心地区は金融資本の公的空間のイメージとなり、それは私的な都市の内部に、そして政治的権力の内部に配置されたもので、ファシズム国家の概念を物理的な形において表現しようというものである。ピアチェンティーニは、これらの要求を「古典的精神」と「近代的態度」の間の調停、「環境条件」と「今日の生活」の間の調停を通して翻案している。この点において、ブレシアはまさにモデルなのである。

［図5］マルチェッロ・ピアチェンティーニ、ブレシアの勝利の広場、1929-32年

6 イデオロギーと生産

ここまで両極について述べてきた。一方は、都市整備のイデオロギーであり、これによって合理化が望まれることになり、都市とそして地域における資本と労働との対立の調停が切望される。そしてそれは一九三〇年代を通じて、共同体都市計画と共同体都市の建築家たちによって提起された形式において表現されることになる。もう一方は、都市への介入に際してのピアチェンティーニの確固たる活動、加えて彼の提案する経済的利益と政治的展望、そして文化的立場との間の調停、それらは「全国的な近代芸術」を希求するものなのであり、その上、「これほどの驚くべき覚醒」を経た時に、「(……)美というものを再発見するための最も確かな道程」[*42]を指し示すものなのである。

ブレシアが既に成功を収めた先例であるとすれば、ローマは、ピアチェンティーニによってまとめられた一九三一年の計画、一九三〇年代に中心地区で完遂された介入、そしてE42のプロジェクトの存在により、次第にピアチェンティーニによる提案が応用される最良の実験場として、かつ絶対的なモデルとしての姿を見せることになる。この最良のケースについても後述することとしたい。まずは、一九三一年の計画の前提と、そして一九二〇年代のトリーノとミラーノで並行して進んでいく推移について見ていきたい。この三つの事例によって、われわれの視野は拡げられ、現実として確定された都市の発展とそれぞれの立場における建築的文化から提起された仮説との間の関係性の複雑さが測られるにいたる。トリーノ、ミラーノ、ローマは、この順に、第一次世界大戦の戦後の数年のうちに、卓越した三つの代表となる。時には対峙しながらも、社会的かつ文化的状況は常に活動的である。

他の大きな都市、ジェノヴァやボローニャ、パレルモやバーリも、重要な変容を受けている。ただし、ある意味では文化的な等級が少し下がる。ヴェネツィア、フィレンツェ、ナポリは、いくつかの文化的分野において十分に中心的ではあるけれども、イタリアの三大都市において形を取りつつある建築的論議ほどには、政治的、文化的、社会的、経済的な絡み合いの複雑さを表現できていない。エドアルド・ペルシコのような知識人が、一九二〇年代後半にナポリを出て、ピエロ・ゴベッティ[16]のトリーノとの関係性を抱えて入り込むこと、そしてそこで建築を「発見する」ことは、偶然ではない。もしくは、フィレンツェの文化的生活が特殊な現実にあまりにも結びつきすぎていること、例えばアルデンゴ・ソッフィチ[17]が、オットーネ・ロザーイ[18]について書いているように、「もしフィレンツェに、彼のような輩がいないとすると、それではまるで街を特徴づけている〔大聖堂の〕大クーポラがなく、車の爆走がないようなものだ」。こうして都市の地域としての特質、そして画家の全国における特質が再確認される。[*43] 同様に、ヴェネツィアのビエンナーレに対して、モンツァの装飾芸術ビエンナーレを併置することで、職人的な生産から産業としての生産への移行を確認できることも、偶然とはいえない。また、ミラーノで『ラ・カーサ・ベッラ』や『ドムス』といった雑誌が発刊され、それがモンツァのビエンナーレにおいて生産の世界が自身の方向性を示すことと結びついている。なかでも一九二七年開催のものは特別である。その上、ローマでは『アルキテットゥーラ・エ・アルティ・デコラティーヴェ Architettura e Arti Decorative』〔建築と装飾芸術〕誌が、一九二七年に全国ファシスト建築家組合の機関誌となり、一九三二年にはイタリア建築の「公的な」雑誌へと決定的に改変されるが、編集長は常に変わらずピアチェンティーニである。

16 著述家、一九〇一―一九二六、トリーノ生まれ。イタリアの政治と思想の変革を唱える思想家。宗教改革の欠如、政治として適切な指導体制を欠いていることなどを理由にファシズムを批判する。弾圧の中、パリ近郊で客死。

17 著述家、一八七九―一九六四、リニャーノ・スル・アルノ生まれ。美術批評を中心に活動。フィレンツェにおける未来派の雑誌『ラチェルバ』を創刊したことなどで有名。キュビスムやセザンヌをイタリアに紹介する。

18 画家、一八九五―一九五七、フィレンツェ生まれ。フィレンツェを中心に活動。郷土派(ストラパエーゼ)の画家といわれ、著述家としても知られる。

一九一〇年代から三〇年代の北部の中小都市の発展は、ベルガモ、ブレシア、パドヴァの例に見られるように、トリーノとミラーノの役割との関係において特徴づけられる。トリーノ―ミラーノ間の高速道路は一九三二年に開通し、ミラーノ―ベルガモ―ブレシア間は一九三〇年に竣工、ヴェネツィア―パドヴァ間も同時に建設され一九三〇年から一九三二年の間に実施されている。これらが経済の発展の脊柱となる。その数年間に、北部の「大ブルジョア」は、第一次世界大戦を経験し、自身の立場と目的とが明らかになった後に、ローマで形成されつつあった「国家のブルジョア」から決定的に身を引いてしまう。そして、この「国家のブルジョア」が国の政治的運営を目指し、イデオロギー的支配、政治的―文化的な社会化をねらっていく。大きな産業都市は生産合理性の仮説を試行する場となり、それが産業界の再構築を意味するものとなる。こうして民間企業は合理的仮説の発展に寄与することのない政治的プロジェクトには興味を示さず、自分たち自身による運営管理を表明する。そして経済的および社会的分野において国からの介入を受け入れるとしても、それは危機的時期を凌ぐためだけの方便であるということを意味している。

建築文化はイタリアの大都市に限定される状況と本質的に結びつく。合理的で近代的なものへの希求は、最初はトリーノで、そして次いでミラーノで表明され、活発になりつつあった産業合理化と絡み合う。それを受け入れるか拒絶するかということが問題なのではなく、より高い次元の抽象的な合理性の名のもとにその希求を明らかにすることが重要なのである。ローマの環境の粘り強さは、公的な面のレトリックと「近代的」発展の需要との妥協のなかに再び見出せる。そしてピアチェンティーニが、この妥協の支配者となり、管理者となることに成功するのである。

［原註］

＊1　G.GIOVANNONI, *Gli architetti e gli studi di Architettura in Italia*, Roma 1916, p.12.

＊2　Art.5 del R.D. 2 giugno 1921, n.1255, che approva il regolamento per la Regia Scuola Superiore di Architettura in Roma, in «Gazzetta Ufficiale», 29 settembre 1921, n.229.〔一九二一年六月二日勅令第一二五五号、在ローマ王立高等建築学校に関する規則の認可について、第五条、『官報』、一九二一年九月二九日 第二二九号〕

＊3　この法律の素案はチェーザレ・ナーヴァ議員による。一九一四年七月三日の下院での審議を経て、同年一二月のロサーディ法に引き継がれたもので、ローマ、フィレンツェ、ヴェネツィアの各美術学校における高等建築学校の設立をうたう。同種の法令のうち短期日に施行されたのは唯一ローマのもののみである。一九一五年五月のコロンボ、ナーヴァ、マンフレーディ、リッチ、ビラーギの署名による法案、そしてようやく以下の勅令として結実する。il 31 ottobre 1919 il R.D. n.2593, che istituisce in Roma una Scuola superiore di Architettura. 一九二〇年二月二日同第二六号も参照のこと。ローマの学校は一九二〇年に開校される。建築学校の長い準備期間については以下を参照のこと。L.COMPAGNIN e M.L.MAZZOLA, *La nascita delle Scuole Superiori di Architettura in Italia*, in *Il razionalismo e l'architettura in Italia durante il fascismo*, a cura di S.Danesi e L.Patetta, Venezia 1976, pp.194-96.

＊4　G.GIOVANNONI, *La Scuola di Architettura di Roma*, Roma 1932, p.9.

＊5　「市民建築 edilizia cittadina」はローマの学校設立に関する一九一九年勅令のなかで教科として現れる。学校の規則認可に関する一九二一年六月二日勅令において、この科目は「市民の建築と庭園の芸術 edilizia cittadina e arte dei giardini」へと改変される。一九三二年にこの教科は、イタリアのすべての建築学校において「都市計画 urbanistica」に統合されることになる。ローマでは当初から正教授職の座はマルチェッロ・ピアチェンティーニに割り振られていた。

＊6　*Il discorso di Alberto Calza Bini per l'inaugurazione dell'anno accademico della Scuola Superiore di Architettura di Firenze ed i suoi rapporti con recenti polemiche*, in «Architettura», XI, marzo 1933, fasc. 3, pp.196-99.

＊7　以下を参照のこと。G.GIOVANNONI, *Discorso commemorativo* (per la morte di Manfredo Manfredi), in «Annuario della R.Scuola di Architettura di Roma», 1927-28, Roma 1928, pp.19-34 .

＊8　前掲書、G.GIOVANNONI, *La Scuola di Architettura di Roma*, p.7.

＊9　以下を参照のこと。A.CAMPEDELLI, *I concorsi di urbanistica in Italia durante il fascismo*, tesi di laurea, Venezia 1987.

＊10　以下を参照のこと。P.NICOLOSO, *Competenze e conflittualità nelle prime proposte sulla figura del tecnico urbanista*, in «Urbanistica», n.86, marzo 1987, pp.38-41.

＊11 以下を参照のこと。G.ZUCCONI, *La città contesa. Dagli ingegneri sanitari agli urbanisti (1885-1942)*, Milano 1989, 特に第Ⅲ章 *I teorici dell'espansione.*

＊12 以下を参照のこと。G.PICCINATO, *La costruzione dell'urbanistica. Germania 1871-1914*, Roma 1974, 特にアンソロジーのなかの次の部分、J.STÜBBEN, *L'urbanistica, manuale di architettura*, parte IV: *Progettazione e regolamentazione degli edifici.* これは、次の伊語訳版、*Der Stätebau, Handbuch der Architektur*, parte IV: *Entwerfen, Anlage und Einrichtung der Gebäude*, tomo IX, pp.257-371.

＊13 以下を参照のこと。A.SCHIAVI, *Villaggi e città-giardino in Inghilterra*, in «Nuova Antologia», XLIV, 1° aprile 1909, fasc.895, pp.405-26.

＊14 G.GIOVANNONI, *Vecchie città ed edilizia nuova*, Torino 1931, p.118.

＊15 同書。

＊16 M.TAFURI e F.DAL CO, *Architettura contemporanea*, 2ª ed., Milano 1979, p.42.

＊17 前掲書、G.GIOVANNONI, *Vecchie città ed edilizia nuova*, pp.195-96.

＊18 最初の記事は以下の表題で掲載されている。*Vecchie città ed edilizia nuova e Il «diradamento» edilizio dei vecchi centri. Il quartiere della Rinascenza in Roma*, in «Nuova Antologia», XLVIII, 1° giugno 1913, fasc.995, pp.449-72, e 1° luglio 1913, fasc. 997, pp.53-76.

＊19 前掲書、GIOVANNONI, *Vecchie città ed edilizia nuova* (1931), p.64.「都市を構築する芸術」と「市民建築」との調整、そして「市民建築」＝都市計画への移行に関する問題については以下を参照のこと。G.BOTTI e G.MALAGOLI, *Il concetto di urbanistica durante il fascismo*, tesi di laurea, Venezia 1978.

＊20 前掲書、GIOVANNONI, *Vecchie città ed edilizia nuova* (1931), p.460.

＊21 同書、p.456.

＊22 諷刺詩は、以下に掲載されている。*Lunario di Documento*, Roma 1942, a illustrare il mese di marzo. ピアチェンティーニに対するマッカーリの論争、そしてロンガネージのものは、『イル・セルヴァッジォ Il Selvaggio』〔未開人〕誌上で一九二六年に始まる。一九四二年には同誌にマッカーリの他の諷刺詩が掲載される。家々がこの同じ建築家に対して「治療のためのつるはし」を振りかざしている描画に添えられたコメントである。「イタリア 建築家を建設す／彼は金銭欲からイタリアを壊す／叫びたまえ言祝ぎの寿歌を／『貴君に死を我に命を』」。以下を参照のこと。C.TONELLI, *Il Servaggio, Piacentini e razionalisti*, in *Mino Maccari*, catalogo della mostra, Siena 1977, pp.23-32.

＊23 M.PIACENTINI, *Sulla conservazione della bellezza di Roma e sullo sviluppo della città moderna*, Roma 1916, pp.11-16.

＊24 R.PAPINI, *Bergamo rinnovata*, Bergamo 1929, p.30.

＊25 以下の前掲書第Ⅰ章を参照のこと。G.ZUCCONI, *La città*

contesa.

＊26 前掲書、GIOVANNONI, *Vecchie città ed edilizia nuova* (1931), p.248.

＊27 以下を参照のこと。L.PICCINATO, Il «*momento urbanistico*» *alla prima Mostra Nazionale dei Piani Regolatori*, in «Architettura e Arti Decorative», IX, gennaio 1930, fasc.5, pp.195-235.

＊28 このグループは一九二六年にガエターノ・ミンヌッチとルイジ・ピッチナートにより結成されたもので、当初はフゼッリ、エミリオ・ラヴァニーノ、ルイジ・レンツィ、チェーザレ・ヴァッレ、次いでエウジェニオ・ファルーディ、ジーノ・カンチェロッティ、アルフレード・スカルペッリ、ジュゼッペ・ニコロージ、エウジェニオ・モントゥオーリが参加している。

＊29 GRUPPO URBANISTI ROMANI, *Relazione al piano regolatore di ampliamento della città di Padova*, relatore L.Piccinato, in «Architettura e Arti Decorative», VII, settembre-ottobre 1927, fasc.1 e 2, pp.17-30.

＊30 同誌の以下を参照のこと。P.MARCONI, *Il concorso per il piano regolatore della città di Foggia*, IX, otobre 1929, fasc.2, pp.72-99.

＊31 昇天祭の談話は小冊子として出版され、大いに広まった（以下の前掲書を参照。*Opera Omnia*, vol. XXII, pp.360-90.）。

＊32 同書に再録されている。vol. XXIII, pp.256-58.

＊33 以下の書評を参照のこと。B.MUSSOLINI, *Roosevelt e il sistema* a F.D.ROOSEVELT, *Looking Forward*. これは、合衆国の『Universal Service』紙と『Il Popolo d'Italia』紙一九三三年七月七日号に掲載されたもので、近著では以下の前掲書に所収。*Opera Omnia*, vol. XXIV, pp.22-24．また、以下も参照のこと。B.MUSSOLINI, *Sintesi del Regime* (discorso pronunciato a Roma il 18 marzo 1934), vol. XXVI, pp.185-93. その他、もちろん以下の前掲書も参照のこと。B.MUSSOLINI, *Il piano regolatore della nuova economia italiana*.

＊34 前掲書、B.MUSSOLINI, *Primo discorso per il Decennale*, in *Opera Omnia*, vol. XXV, pp.134-36. テーマは以下の前掲書に同じ。*Roosevelt e il sistema*.

＊35 これらのテーマについては以下を参照のこと。G.TONIOLO, *L'economia dell'Italia fascista*, Roma-Bari 1980, 第V-VI章 および、P.GRIFONE, *Il capitale finanziario in Italia*, Torino 1973.

＊36 以下を参照のこと。L.BORTOLOTTI, *Storia della politica edilizia in Italia*, Roma 1978, parte seconda.

＊37 ブレシアの都市規制計画に対するトゥラーティの役割および、ピアチェンティーニの介入に関する推移については以下を参照のこと。R.MAIFRINI e L.MASSOLETTI, *Tecnici ed amministrazione: i piani di Brescia tra le due guerre*, tesi di laurea, Venezia 1982. 関連する推奨文献と資料が添付されている。

＊38 なかでも顕著なのは技術＝財政的問題で、土地収用に絡むもの、土地の譲渡を伴うもの、都市化案件、そしてミラーノの監督局によって提起された問題である。

＊39 B.MUSSOLINI, *Cifre*, in «Il Popolo d'Italia», 27 febbraio 1934. 近

著では前掲書、*Opera Omnia*, vol. XXVI, pp.173-74.

＊40 以下を参照のこと。V.TESTA e A.MELIS, *Relazione generale sul tema: Vantaggi economici del piano regolatore*, in *Atti del I Congresso nazionale di urbanistica*, Roma 1937, vol. I, parte III, pp.3-13. また同書の以下を参照。COMITATO DI REGGENZA DEL GRUPPO URBANISTI DEL SINDACATO INGEGNERI DI ROMA, *Proporzionamento del piano regolatore*, relatori V.Civico, P.Rossi de Paoli, S.Tadolini e M.Zocca, pp.61-63.

＊41 M.PIACENTINI, *Architettura d'oggi*, Roma 1930, pp.62-63.

＊42 この言葉でピアチェンティーニは、以下の前掲書を締めくくっている。*Architettura d'oggi*, p.64.

＊43 この文章は、一九三三年一二月のロザーイに関する会議で、ペルシコによって引用される。以下に概要が掲載された。«Domus», VII, gennaio 1934, n. 73, pp.46-47. 近著では以下に所収。E.PERSICO, *Tutte le opere (1923-1935)*, a cura di Giulia Veronesi, 2 voll., Milano 1964, pp.182-83.

Ⅱ

一九二〇年代のトリーノ──「生活の断片」の質と株式会社の合理性

1 独特な都市

社会的な対立、これが第一次世界大戦直後の数年間におけるイタリアの情勢を特徴づけるものであるが、その点においてトリーノは、イタリアのどこの都市よりも、産業機構の力と労働者世界の力との対立が最大のレヴェルで表出される場所、そして同時に最も政治的かつ文化的に進捗した成果を示す場所となる。多様な社会構成体が、工場内部での閉塞した対立というかたちで対峙し、一方、その外部、つまり都市では、上流ブルジョアの文化的論理と労働運動の政治的論理との間を補完する新しい形態が措定されようとしている。二〇世紀最初の二〇年のうちに、トリーノにおける産業の発展により、イタリアで唯一のものとなる社会主義的な現実が規定される。つまり、躍動的で効率主義者である企業家たちの世界には、生産合理性の新しいかたちをとりまとめ、応用できる力がある。そして組織として新たに躍進する力を示す労働者に対抗するのである。[*1] これらのふたつの構成体の対立のなかに、ブルジョア出身の知識人が引き受ける立場、間違いなく独自なものであるこの立場が存在する理由が見出され、そして熟成される。この知識人たちは、一方では産業界で培われてきた合理性に則した自分たちの要求を行使し、もう一方では政治的かつ文化的プロジェクトを社会的な力が発展していく全体的な枠組みのなかで形象化していく。

一九三〇年に、「ある種の大学の自由主義的なブルジョアとある種の労働者的要素との間をつなぐ数多くの連通管、そして密かに大衆を指導するもの」がトリーノでどのように存在するかについて、クルツィオ・マラパルテ[1]がムッソリーニに宛てた報告書に書いている。[*2]このことはトリーノのブルジョアの側から見た労働の現実に対する認識を経て、そこから既に提起された様相へと統合される。この認識は、一九二九年から一九三一年の間にアウグスト・モンティのもとで学ぶ若者たちの政治かつ文化の形成を導くものとなる。彼らは、ベネデット・クローチェ[2]、ゴベッティ、アントニオ・グラムシ[3]を読み、批評的知識を持ち、反ファシズム主義者としての理想において妥協をしない熱い闘いにのめり込んでいく。[*3]マラパルテはトリーノの知識階級の変遷における特別なモメントを切り分けてみせ、それはそのなかのあるものたちにとっては、全般に自由主義的だった立場から自他ともに認めるマルクス主義者として従事することへの移行というかたちで表れる。

一九二〇年代の知識階級のトリーノでは、労働環境の実状と近代的かつ能動的であろうとする企業側のプログラムとがいまだ平衡状態にある。知識階級グループの観点では、労働階級の社会的機能はゴベッティの「労働者主義的」イデアへの熱烈な共感を通して受け入れられ、あるいは新しい社会秩序の創造のための革

1　著述家、一八九八—一九五七、プラート生まれ。最初期からのファシストで辛辣なジャーナリストとして著名。地方の伝統的民衆的社会と文化を活性化させるものとしてのファシズムを信奉。カプリ島にリベラの設計で有名な住宅を建てる。

2　哲学者、一八六六—一九五二、ペスカッセローリ（アクィラ）生まれ。歴史主義的な社会認識の方法を取り、民主主義とマルクス主義を否定する精神の学としての哲学体系を構想。反ファシズム思想の中心人物となる。

3　政治家、一八九一—一九三七、アレス（カリアリ）生まれ。社会党から分かれてイタリア共産党を設立したメンバーのひとり。反ファシズムの危険人物として逮捕され、病没前の約一〇年にわたる収監中に書かれたノートや書簡によってその思想が整理構築された。

命闘争において固有のものとなる。一方で、企業家の能力は、労働の合理的な組織化、そして管理や指揮といった機能性という語において評価され、あるいは産業や新しい金融における近代的主導者の社会的確実性という語において評価される。ただし、一方では激しい労働闘争の攻撃性に対して資本側の計画性に起因する合理性が対立し、その一方では多くの知識人、つまり野心的な社会変革のプロジェクトに魅了されている者たちにとって、これらの語は重ね合わされ、混交されることになる。

この動揺するトリーノで、一九二〇年代に、文学者、芸術評論家、画家、建築家といった、イタリアのあらゆる地方から集まって来た者たちが出会うのである。ヴェントゥーリ、ペルシコ、カゾラーティ、パウルッチ、ガランテ、パガーノ、ディゥルゲロフ、アルベルト・サルトリス[4]、彼らは都市生活の「質」に形を与えるためにトリーノの若者たちと共に働くことになる。多くの者たちにとって、触媒となるのはリッカルド・グァリーノである。彼自身が近代的なビジネスマンを体現しており、教養があり進取の気勢に富む人物である。彼はメセナとしての衣装をまとい、文化的地域主義を忌避したい世代である動揺する知識人たちをまとめる力を持ち、トリーノのブルジョアの閉鎖的で貴族的な雰囲気の中に、パリに表されるような劇場的で形象的な文化の新しさを導入することができるのである。[*4] グァリーノ邸に集う知識人グループは、「近代」社会に実体を与えるために招かれていると感じる。その社会とは労働と個々人の能力に基づいたものであり、そこに実体を与えるというのは、そうした近代性に呼応するイメージを構築することを意味し、同時に新しい時代の「趣向《グスト》[5]」の形成に貢献することを意味する。これらの知識人たちは、新しい社会の建設者の役割を引き受けるというよりも、形成途上にある社会の解釈者であろうとする。彼らは、時代の要請するこうした落ち着きが社会にもたらされるよう、大衆を教育するために招かれ選ばれた者たちの限定されたグループの一員であるとの思いを抱いている。趣向に応じて教育をするというこのイデアのなかにこそ、大衆文化という意味において、そして近代の様式を表現することの可能性において、この知識人グループが信じているものが存在する。従ってそれは、社会変革を指導することの可能性において、ゴベッティの跡を追うなかで作業をしながら、しかし「労働者主義的」な含蓄からは純化され、そしてリオネッロ・ヴェントゥーリ[6]の思想を通して受け入れられたものである。この原初《プリミティヴ》の趣向[7]の再発見は、リッカルド・グァリーノの「芸術コンサルタント」[*5]でもあるこのヴェントゥーリによってなされ、既に述べられているように[*6]、より広汎な社会参加の表現として、無名性の趣向を引き受けることを意味している。もし文化を歴史的状況としてのモメントが市民的かつ道徳的態度の形成をもたらすものとして意図するのであれば、「無名性の趣向」というこのイデアによって、これらの知識人たちの現実の抽象性、つまり様式の問題として表された現実の抽象性もまた明らかにされるのである。

この「実験室としての都市」トリーノに、ナポリから一九二七年にエドアルド・ペルシコがやってくる。彼は心の底から宗教的な精神の持ち主なので、ここで感じている孤立性から彼が脱け出すためには、安らぎが見出されることを信じ、そしてゴベッティの「自由主義革命」によってそこに対峙することが必要である。しかし、彼のトリーノでの滞在は、彼の思想がゴベッティのものとも遠くにあるということが明らかになることで終熄する。加えて、古典的秩序《オーダー》のなか、つまりペルシコがFIAT《フィアット》の労働者たちのなかに深い印象として見出したもののなかには、グラムシの新しい秩序《オーダー》の軌跡すら見当たらないどころか、時間に左右されない秩序、「人間の意思によって表現されるものではない」もの、つまり神の意志による秩序が屹立している

4　建築家、一九〇一―一九九八、トリーノ生まれ。スイスに拠点を持つ近代建築運動の推進者で第一回CIAMの設立に関わる。イタリア合理主義建築の理論家として機能性と合理性を重視する。

5　環境としての文化において芸術を選択し好みを示す解釈としての概念。

6　美術史家、一八八五―一九六一、モーデナ生まれ。視覚的概念を主観化する際の純粋可視性とは、創造的精神の魂の状態のヴィジョンでなければならないとする。歴史学者で反ファシズムのレジスタンス運動を闘ったフランコの父。

7　一四～一五世紀の芸術の神秘的価値と純粋さを理想とするもの。

のである。[*7]

一九二〇年代後半のトリーノに、ペルシコは、この都市が提示している文化と一体になった現実とのやりとりを開始するために到着した。しかし自身の厳格な道徳的観念のなかに捉えられてしまい、プレッツォリーニや、サルトリス、ラーヴァといった、他の「天命のために孤立したものたち」と短期間のあいだは精神的に近いところにいる。[*8] つまりある意味では、グァリーノの周囲を取り巻く雰囲気からは遠いところにあり除外されているのである。こうしてブルジョアの精神と都市の労働者の精神は彼を置き去りにしてしまう。

最初に示したような、トリーノ知識階級の独特な状況には、企業家のプログラムと労働者の現実とが含まれており、都市とその地域の都市計画の変遷がそこに対照される。この頃の都市計画は、規制のためおよび公的介入のための現実的な手法がないことが特徴で、トリーノはいまだに通関所のある市壁のなかに閉じ込められたまま都市域をはっきりと限られ、人口が停滞している周辺地域と拡張しつつある中心都市との乖離が強調されてしまっている。[*9]

一九〇八年に都市に適用された規制計画は、最も中心となっている歴史的地区だけに関するもので、一九二〇年に時代遅れになったものを更新した計画、よりよくいうと適正化された計画では、一部は既に大きな進捗を見せている産業の変革に対応しているものの、一部は計画中のものがただ反映されただけに過ぎない。都市の装飾という基準に沿ってゆっくりと更改される歴史的核と、産業労働者、資本家、不動産業者たちが活動する制御し得ない場所と考えられていた郊外との分離がこうして繰り返される。そして意味深いのは、一九二〇年代の終わりから三〇年代の初めに、状況が変わり、中心地区がかなりの改造を受けた後になっても、一九三八年の都市規制計画は、結局のところ何の結果ももたらさなかった。計画についてはまた先で触れるが、そこには面積と住民の数が三倍になった郊外地区があり、そして一九五八年のことまで続いて書いてしまうと、そこでようやく新しい都市規制計画が整備されるのである。しかし、当面の間は、何もなされない。[*10]

こうしてトリーノでは、計画改定という既に限界のみえている都市計画手法の他には何もないままに数十年が過ぎてしまう。そこには経済発展の効率性や合理性は見込まれていない。この時には静的な目的論であり、企業戦略活動にとっては地域計画のなかで行使できる選択肢が自由に開放されていることが必要なのである。

こうした介入を調整するプログラムの不在のなかで、これはたったひとつの企業からの表明というわけではなく、そして一連の証券の交配と企業の共同参加を通して経済力が組織化されていることに対する表明というわけでもないが、都市は周囲の地域へと、既存のアクセス道路に沿って蜘蛛の巣状に拡大していく。トリーノの社会は、通関所のある市壁のなかにのみその貴族的な相貌を保持し、そこに世界大戦前のトリーノの伝統的なイメージに縛りつけられた都市の様相を保持しようとしている。個人の生活と公的イメージとの分離が確立されてしまい、グァリーノの活動を持ってしてもそれを打ち砕くことはできない。

ジャコモ・マッテ・トゥルッコによって、一九一六年から一九二一年に建設された〈フィアット・リンゴット〉の新しい施設によって提示された合理的でダイナミックなイメージでは、[*11]単に生産的な効率性と進歩した技術のことのみが語られる。ジョヴァンニ・アニェッリ[8]と子息のエドアルドは私的な建築を建てる際にはジョヴァンニ・シェヴァリエの様式を擁護する。[*12]

グァリーノは、一九二二年以前には、〈チェレセート城〉に籠もることを愛していた。これは一九一三年

8　企業家、一八六六―一九四五、ヴィラール・ペローザ（トリーノ）生まれ。軍務に就いたあと、機械に興味を持ち、自転車製造の会社に投資。その後一八九九年のＦＩＡＴ（トリーノ・イタリア自動車製造所）創設者のひとりとなる。

［図6］ジュゼッペ・パガーノとジーノ・レーヴィ・モンタルチーニ、グァリーノ事務所ビルヂング、トリーノ、1928-29年（写真、Chomon-Perino, Torino）

にヴィットリオ・トルニエッリの設計で建てられたもので、

記念碑的な作品で——彼自身が書いているところでは——一五世紀末のピエモンテ—ロンバルディア様式によるもので、これはピエモンテで流行していた戦前の趣向と再結合したトリーノの中世の城《カステッロ・メディエヴァーレ》から生まれたものである。[*13]

グァリーノの周りに集まる「晩餐会」が形成されるのは、スニア・ヴィスコーザ[9]の生産する人工絹が主要市場において認められていくことと並行する。リッカルド・グァリーノは個人的な生活モデルの優雅さを抽象化することを意図しており、それはカゾラーティの指揮のもとで行われたトリーノの住宅のリニューアルにより、近代的生活のより一般的で全体的なシステムの様相のひとつとして強調される。そしてもうひとつの様相である公的な面は、〈グァリーノ事務所ビルヂング〉であり、一九二八年にジュゼッペ・パガーノとジーノ・レーヴィ・モンタルチーニが設計している。[*14][図6] もちろん、依頼者の合理性に対するモニュメントであり、同時に大衆化された無名性の「趣向」の指標モデルでもある。第一印象としては、彼の自邸で形成された「晩餐会」とは分けて考えることはできないようである。

一方では、パガーノとレーヴィ・モンタルチーニ設計の建物は、都市のなかで、趣向を繊細化するための道程を指し示すイメージとして発表されており、選ばれた者たちの生活において表現される質、その質の理解へと導くものである。この完全に内部的な質は、同じ一九二八年のトリーノにある壮大ではあるが無味乾燥なヴィッラでも示される。これはグァリーノがクレメンテとミケーレ・ブジリ・ヴィーチの設計に基づいて建設を始めたものである。[*15]

2 建築の実験室

一九二〇年代のトリーノの現実社会が、総合的で多面的な特徴を持っているなかで、現代イタリア建築が経験してきたいくつかのより興味深いきっかけがこうして可能となる。トリーノは「近代」イタリア建築の最初の実験室であり、そこに「個人的に」建築に興味を持つ者たちが対照される。彼らは画家、彫刻家、理論家や好事家であり、そして特別な専門性を探し求める者たちでもある。〈グァリーノ邸〉の入口、夫人のためにつくられた個人的な劇場である〈テアトロ・スクリーベ〉[*16]は、ジジ・ケッサの装飾による一九二五年のもので、その美学的社会の形成に合致するモメントを意図する一連の建築を代表している。[図7・8]〈テアトロ・スクリーベ〉に対してエミリオ・ザンジが一九二六年に書いたことを援用すると、この美学的社会からは、

9 一九一七年にグァリーノとアニェッリの設立した運輸会社を母体とする。一九二〇年に織物生産への事業転換に成功。

そのヨーロッパ的な趣向のために「営利主義、趣味の悪さ、陳腐でのしかかるような凡庸さ」[*17]が滲み出ているとする。これらのプロジェクトは、幾人かの画家によって主導された研究により特徴づけられ、それは生活をあらゆるその表現とあらゆるその瞬間のなかに包み込む包括的な研究である。

［図7］

［図8］

フェリーチェ・カゾラーティ（アルベルト・サルトリスと協働）、グァリーノ邸の小劇場の内部とエントランス、トリーノ、1922-25年その他の面、職業的な面で、建築家たちは、自身の専門職的な活動において本質的な合理性を証明しなければならないと考える。エウジェニオ・モッリーノ、アンニバーレ・リゴッティ、そしてレーヴィ・モンタルチーニ、マリオ・パッサンティ、アルトゥーロ・ミダーナ、パオロ・ペローナ、ウンベルト・クッツィといった人物が、建築学校の産物であり、彼らが職業に従事するなかで熱心かつ鋭敏に形態的研究が進められる。公的な記念碑性と社会的かつ経済的な新しい組織を反映することのできる合理性との間で揺れ動きつつ、それでも都市の記念碑性と生産的合理性とを補完することが意図される。

印象主義者と抽象との間の趣向において、まずはある雰囲気をつくり出しながら、それがメトロポリスを支配する可能性を意図しており、次いで一貫性のある合理的な職業的活動の生産品としてのメトロポリスのイメージがそこに重ね合わされる。

「グァリーノ・サークル」を動かしている研究の方向性は、一九二七年の第三回モンツァ・ビエンナーレのピエモンテ部門において完璧に表現される。それは、その後の一九二八年のヴァレンティーノ公園の戦勝一〇周年記念博覧会の際の「職業的合理性」の方向性と対比されることによって明らかとなる。これはジョヴァンニ・シェヴァリエの庇護のもとで、ジュゼッペ・パガーノの指揮によるものである、パガーノは当時、博覧会事務局の局長であった。

このビエンナーレで、トリーノの建築文化の「アニマ」のひとつを暗示している都市のテーマが、「商店街」において表現される。これは、カゾラーティとサルトリスの介入《プロジェクト》によるもの、フランチェスコ・メンツィオのもの、テオネスト・デ・アバテ、エミリオ・ソブレーロの介入によるものである。彼らの介入は「集合的作品」として発表されてはいるものの、統合されたカテゴリーとしての趣向の価値によってまとめられた主観的な興味と研究の表現である。[*18]

同じような統合はこの第三回モンツァ・ビエンナーレにおける混成的な特質によってさらに強化される。そこでは展覧会の新規性――ロベルト・パピーニが強調しているように前二回の展覧会よりも百科事典的な性質において、よりアンソロジー的なもの[*19]となっており、そしてそこに付け加えられるのは、生産の世界におけるものから選択されており、もはや職人の世界からの選択にはなっていないという点で、――に対して、いまだに用語の混乱がある。「建築的精神」は、伝統的な装飾芸術を覆い尽くし支配しており、そしていまだに概括的な「古典的精神」として、よりうまくいっている事例においては、生産物としての要求に対して深みを与えることを目指している。ミラーノとローマの建築家たちが本質的に古典のイデアの周りで動きまわり従事していることに対し、トリーノの者たちの近くに、その攻撃性はかなり異なってはいるものの、建築家ではない他の者として、フォルトゥナート・デペーロが対置される。彼の本のパヴィリオンによって、建築は広告的な印を生み出し、愉快で未来派的な都市空間の隠喩、建築的超施設《スーパーアトラクション》の激突の場所となる。[*20]

ラッファエッロ・ジョッリは、この同じ一九二七年に、芸術の自律性、次いで建築の自律性を、ジョヴァンニ・ムツィオ、[10] ピアチェンティーニ、ジオ・ポンティ、ジュセッペ・デ・フィネッティ、カルロ・カッラ、ケッサと手を携えて宣言する。[*21] 彼ら自身が芸術家としての興味や力も多様ななかで、ときには対立しながらも、この時には選択を優先させること、そしてひとつひとつが似通っているディテールの遊びの形象化を開始すること。それは伝統を忘れることなく建築的に新しいものを表現するための方法の研究に他ならない。判別する方法は、この後、いかなる方式であるか、つまりどのような「様式」であるかということとなろう。

ロベルト・パピーニが、一九二七年のストックホルムの近代的居住に関する展覧会のために、イタリアの

「近代的」様式のもっとも代表的な建築家たちを選ぶにあたり、トリーノからは用心深くサンテリアをサルトリスと並べて選んでいる。ミラーノからはグルッポ7《セッテ》、ローマからはアルベルト・カルツァ・ビーニのアスキエーリ・グループ、モイゼ・トゥファローリ、アルフィオ・スジーニ、インノチェンツォ・サッバティーニ、そしてアダルベルト・リベラ[11]、ヴェネツィアからはドゥィリオ・トッレス、ブレンノ・デル・ジュディチェ[*22]。興味深い選択であり、全てがちぐはぐなわけではない。そして翌年、第一回合理的建築イタリア展においてより大きなパノラマとして発表されるかたちで、このことが広範に再確認されることになるのは偶然ではない[*23]。

一九二七年のモンツァ・ビエンナーレは、展覧会の創設者であるグイド・マランゴーニによる最後の回であり、注目され始めていたポンティやマリオ・シローニ[12]といった者たちにとっては最初の回となる。この過渡期にあるビエンナーレ――このときに初めて公社や団体が、意図してそのために用意された部門のなかで活動的かつ目的を持って参加しており[*24]、この展覧会の商品学的な特質を、商務局からの後押しや、生産の世界とのより確定的な関係を通して強めている[*25]――において、ピエモンテのグループがひとまとまりの組織として登場するが、やがて解体してしまう。ここでのサルトリスの未来派的な要望は、カゾラーティの精肉店[図9]の薄められた純粋主義のなかに溶け込んでしまい、ケッサの薬局[図10]の量塊的な家具は、「職業の伝統」を通してメンツィオの菓子店[図11]の造作家具の要素のなかで甘く穏やかなものになる。ソブレーロのバール[13]「ノヴェチェント[図12]」は、デ・アバテのスティーペル店舗の家具のための背景ともなり得るものとなる。

10 建築家、一八九三―一九八二、ミラーノ生まれ。「ノヴェチェント（二〇世紀）」運動の建築家の第一人者として知られる。アカデミズム的な装飾を排しつつ、古典性と近代性を融合させようとした。第Ⅲ章を参照。

11 建築家、一九〇三―一九六三、ヴィッラ・ラガリーナ（トレント）生まれ。合理主義を代表する建築家のひとり。構造と形態の関係性を探求。第Ⅴ章1節などを参照。

12 画家、一八八五―一九六一、サッサリ生まれ。芸術活動としての「ノヴェチェント」の主要人物のひとり。簡潔さや永遠などへの回帰により、大衆に直接訴えかける芸術を志向。

13 立ち飲みカウンターのある小規模の喫茶店。

［図9］第3回モンツァ装飾芸術国際展の商店街、1927年。フェリーチェ・カゾラーティ（アルベルト・サルトリスと協働）、精肉店

［図10］第3回モンツァ装飾芸術国際展の商店街、1927年。ジジ・ケッサ、薬局

フェルディナンド・レッジォーリはこれらの店舗によって引き起こされている「幻想」について次のように書いている。これらは、

そうあるべきようにしたままのところが良い。まるで建築による静物画のようである。動かないもの、客の来ないモデル。それぞれが大きく異なる条件、そして実生活から要求されるものを解釈し、その実効的な価値のうちの大部分が失われてしまっているようである。[*26]

［図11］第3回モンツァ装飾芸術国際展の商店街、1927年。フランチェスコ・メンツィオ、ウニカ菓子店

［図12］第3回モンツァ装飾芸術国際展の商店街、1927年。エミリオ・ソプレーロ、バール

実際に、これらは売るもののない店舗であり、住むものの居ない都市の要素、建築家ではないものによるプロジェクトである。これらの芸術家の都市は、個々人の趣向が集団的な趣向を定義するにいたる場所としてイメージされており、美学的な雰囲気を体感することが可能なところなのである。これらの店舗

は、同時に「売ることの美学」を高め、選択の趣向を教育する場でなければならない。[27]「商店街」全体は、ある「趣向」を認めさせるものとして明らかに統一性のある結果を見せている。それは新しい時代を知らせることのできる「人間性の文化」としての表現を意図したものであり、それはヴェントゥーリが書いているように、

建築の人間性の文化は、その時代の生活全体を生きることだけでなく、特に感じること、画家や彫刻家が感じているように、「彼の」時代の趣向を感じさせるようなものでなければならない。

このテーマは、この後にペルシコによって再び取り上げられる。一九三五年にはヴェントゥーリのこの言葉[28]が再び持ち出され、「画家たちが建築の新しい趣向の形成において持っていた[29]」決定的な役割を断固として信じている。彼の表明にはその経路が透けて見える。それは彼の経てきた路、つまりサルトリスとラーヴアとの最初の短い友情の後、グルッポ・デイ・セイ《六人グループ》（メンツィオとケッサの他に、ジェシー・ボズウェル、ニコラ・ガランテ、カルロ・レーヴィ、エンリコ・パウルッチ）[30]の結成に貢献し、次いで『ラ・カーサ・ベッラ』と協働をする。パガーノが改変しようとしていた雑誌に対して彼自身が提案をした「合意」では、一九三〇年五月に始まった連載「様式」のなかで、カゾラーティ、ラウレンチン、ケッサ、ルオーの作品、そして建築的環境と形態の間、純粋芸術と応用芸術の間で、同様の「合意」が様式の問題のもとで対比されている。それは生活の様式、居住の様式、都市の様式である。

「商店街」は、トリーノの文化のこの部分が初めてトリーノの外でまとまった形で表現されたもので、ペル

シコは、慎重な批評的構築を擁して枠組みをつくりその内容を深めることに貢献している。しかしトリーノのグループは、都市の雰囲気を呼び起こそうとしながらも、産業的メトロポリスとしての自身の相貌が定義されつつある都市というものの、確固とした問題に対するあらゆるつながりを拒絶することに終わってしまう。試みとしては、グァリーノの二つの精神の間、より一般的にいうと都市の二つの精神の間のあり得ない統合に到達しようとすることである。その結果としては、「使うための形」が形而上的に宙吊りにされたものとなってしまう。

一九三一年には、ペルシコが『ラ・カーサ・ベッラ』で「新しくなる都市」(後の一九三二年には「都市」)の連載執筆を始め、特に店舗、バール、レストランのショーウィンドウとインテリアを提示することになる。これらは都市生活の質を予示するオブジェとして、イタリア諸都市の現実においては、実体のないものとして否定され、退けられてしまう。[*31] 同じような心づもりで、ペルシコが『ラ・カーサ・ベッラ』で紹介した映画的建築の事例がある。一式の膨大なイメージで、住宅や店舗のインテリア、公共空間を再現するものである。シーンには人影はなく、ある種の乖離を生み出しており、同時にあり得べき現実との結びつきを確立している。ペルシコは、カルロ・レーヴィとエンリコ・パウルッチのデザイン監修による「パタトラック」のインテリアを紹介しつつ、次のように書いている。

一九三一年の都市のスペクタクル、改善された生活の光景の本当に興味深いものである。今回は、外国の芸術家によるものではなく、あるいはイタリアの建設者の趣向がクライアントの作品であることに忍従しなければならなかったような制限のあるものでもなく、イタリアの芸術家によるもの、虚構性を持ちながらも後には現実となるものである。[*32]

映画的な虚構性は、メッセージとして、現実よりも一層本当のものとなる。映画のためにつくられたイン

［図13］ヴァレンティーノの戦勝10周年記念博覧会、トリーノ、1928年。アルベルト・サルトリス、手仕事活動のパヴィリオン

［図14］ヴァレンティーノの戦勝10周年記念博覧会、トリーノ、1928年。ジュゼッペ・パガーノ（ジジ・ケッサと協働）、化学パヴィリオン

テリアは「〝舞台装置的〟なものではなく、活き活きとして現実的なもの」であり、「映画のシーンから生活へと移行する」ことのできるものなのである。シーンのなかの家具はミース・ファン・デル・ローエのトゥーゲンハット邸に見られるものと同じで、同時期に『ラ・カーサ・ベッラ』誌上でペルシコによって紹介される。[*33]

そこに対置されるものとして、パガーノの指揮のもとで、一九二八年にヴァレンティーノで実現された作品群がある。二二のパヴィリオンが建設され、そのうち一〇棟の大きなものはパガーノとそして後に彼のいつもの協働者となる建築家たちによって実現される。レーヴィ・モンタルチーニ、エットレ・ピッティーニ、ペローナ、クッツィ、ジーラである。[*34] ひとつは未来派のプランポリーニ、フィッリア、ディゥルゲロフのプロジェクトによる。その他の五つが手仕事の部門を構成しているもので、モンツァの「商店街」の登場人物たちによる作品である。カゾラーティは簡素で「原初的な《プリミティヴ》」〈織物のパヴィリオン〉[図13]、ケッサは〈写真家のパヴィリオン〉、サルトリスはふたつのパヴィリオン、鍛鉄のものと木の芸術のパヴィリオン（後に〈手仕事活動のパヴィリオン〉と〈農産コミュニティのパヴィリオン〉と呼ばれることになる）、これらは形態としての表現は異なるものの、既に一連の家具において実験されていたヴォリュームと平面の構成を大きなスケールで取り上げていることにおいて共通点がある。そして最後にデ・アバテの陶芸家とガラス作家のパヴィリオンでは、その表面とヴォリュームがそれぞれの工芸品の形態を翻案したものとなっている。これらの「装飾芸術家たち」の幾人かは、より大きなパヴィリオンでの協働にも呼ばれ、ケッサは、パガーノによる〈化学のパヴィリオン〉[図14]のファサードに帯を描き、デ・アバテは、〈祝祭とモードのパヴィリオン〉[図15]でパガーノとレーヴィ・モンタルチーニと共に仕事をしていて、また彼らはいくつかのスタンドの仕事もしていて、カゾラーティはス

［図15］ヴァレンティーノの戦勝10周年記念博覧会、トリーノ、1928年。ジュゼッペ・パガーノとジーノ・レーヴィ・モンタルチーニ、祝祭とモードのパヴィリオン

ニア・ヴィスコーザ、つまりグァリーノの会社のスタンドや、ミーラ・ランツァ〔ろうそく・石鹸などのメーカー〕のスタンドを設計する。*35

　ヴァレンティーノで、パガーノはオーガナイザーとして、そして文化の生産者としての能力を初めて明らかにし、生まれつつある「近代」建築のより質の高い代表者として立ちあらわれている。作業全体を確信を持ってコントロールするなかで、彼はトリーノの画家のグループ——境界的な役割に追いやられ、本質的に「装飾的」なもの、間の空間の装飾家となり、そして主要なパヴィリオンのインテリアの装飾家となっている——の詩興と、一新された専門職的質の表現として建築を行うこととの違いを強調する。パガーノの行動はイタリアにおける「近代」建築のリーダーシップへと至ろうとするもので、このことから、既にヴァレンティーノの博覧会のなかで、立場は異なるもののまだ両立し得る者たちの間の一連の調停が彼によって始められることになる。これと並行して、道具立ては異なり、また体制の職業主義という名のもとではあるが、ピアチェンティーニも既に認知されている優位性を主張するための活動を行う。パガーノにとっては、必然的に、この最も抜け目がなく力を持ったローマの建築家と対峙する時が来ることになる。この二人はある種の協働へと至り、それはローマ大学のプロジェクトからE42の事業の初期の段階まで、一九三二年から一九三七年まで続くことになる。ピアチェンティーニのローマ流の粘り強さと政治的なつながりは、最後には、パガーノの能力と野心に対して勝利を収めることになる。

しかしこのことは、この最初の形成の数年間の後に続く話である。しかしながらパガーノとピアチェンティーニの妥協における相違が強調されることによって、「合理主義」建築家たちの間に亀裂が生まれることになる点には注目しておきたい。実際にはその相違と分裂は既に明らかである。ヴァレンティーノの博覧会での企画調整は、パガーノによってなされたものであるが、そこで明確になったことは、生産の世界に合理的なイメージを与えようとした言語と合理性の美学への熱望との間には距離があるということで、それどころか、これはプロジェクトそのものが平面の作品として発表された時点で既に明らかになっている。前者は、パガーノ「グループ」のもので、トニ・ガルニエとミシェル・ロー＝スピッツの建築を思わせる透視図によってデザインされたもの、後者は、トリーノの画家たちのもので、家具の要素として発表されており、この同じ技法で家具や工芸品のオブジェもデザインされているのである。

その一方で、建築的な異なる概念があるという点で、二つの様相が明らかにされる。最初のものは、一九三〇年にパガーノが、レーヴィ・モンタルチーニ、ピッティーニ、ペローナと出版した『七つのパヴィリオン』という本で、ヴァレンティーノで建築家たちが設計したもののうち、七棟だけについて取り上げている。二つ目は、サルトリスが一九三二年の彼の本『機能的建築の基本要素』のまえがきのなかで発表したもので、どちらもパガーノの設計による〈祝祭のパヴィリオン〉のデザインと〈化学のパヴィリオン〉の写真に対し「偽物の近代建築の事例」[*36]とする。このようやく一九三〇年代に入ったところで、それぞれの立場は決定的に明確になってくる。

『七つのパヴィリオン』の書評のなかで、ペルシコは、クッツィ、サルトリス、ケッサ、カゾラーティのパヴィリオンが欠けていることについて述べ、「出版された建築家たちによって博覧会における近代のグループが構成され、そして都市において、ロベルト・ダロンコ[14]による改革の最初の試みを見ることができる」としている。[*37]ペルシコの異議申立てと、出版された七つの建物を賞賛するなかで彼が用いた少し公的で第三者的な調子とは、異なる文化による雰囲気の兆候であり、それは彼がもはやミラーノにすっかり浸ってしまっていることを示している。トリーノでの経験は、その相違と多様性を伴ったひとつの想い出となっている。ペルシコにとって、残っているものはといえば、彼がそこで暮らすことを選択した新しい環境における時代の「様式」を形成するための闘いを適正なものとすることの必要性である。トリーノで、当初、ペルシコとパガーノを分け隔てていた大きな距離は、いまや『カーサベッラ』での共通の仕事を始めたことで縮まってきているようである。とはいえ彼の連載の「新しくなる都市」のなかで、ピアチェンティーニによるミラーノのミッソーリ広場にある〈社会保険信用金庫ビル〉に「ミラーノの建物の更新の事例」との〔パガーノによる〕紹介が付されるのを見るのは容易なことではなかったはずである。この建物は、一方ではピアチェンティーニの疑いのない建築的な能力を物語るものではあるが、もう一方では写真のコメントとして置かれたキャプションには価しないようである。

基部はオルナヴァッソ産の花崗岩磨き仕上げで、上部のオーダーの壮大な堅固さを支えている。この真に「巨大な」荘厳さが、パッラーディオ風の建築に取り付けられ、一方でマルケルス劇場の第二のオーダーが取り入れられ、その優美さを新しい手法で見せている。[*38]

パッラーディオに「取り付ける」ということや「マルケルス劇場」というところに、繊細でとても秘かな皮肉を見分けることもできるだろう。おそらくマルチェッロ・ピアチェンティーニは、こうした皮肉を捉えることができたであろうし、それがパガーノの意図であったかどうかは確かなことではない。少なくともバルディが憶えていたこと、つまりパガーノが彼に書いたのは「ピアチェンティーニはベートーヴェンの頭を持っている」[*39]ということである。

3 断片は消散する

一九三〇年の終わり、『ラ・カーサ・ベッラ』にピアチェンティーニのプロジェクトが掲載された頃、リッカルド・グァリーノは逮捕され流刑地に送られてしまう。トリーノの芸術的かつ建築的文化を特徴づけていた活き活きとした時節は急速に失われていく。

トリーノでは、一九二八年にファシズムが、マス・コミュニケーションの最も重要な道具のひとつであり、同意の組織化の重要な道具、つまりLUCE機関〔教育映画協会〕の宣伝キャンペーンの開始を指示している。そして一九二九年には、EIAR〔イタリアラジオ放送局〕の重要なステーションが開局される。[*40] このもはや「フ

14 原著者のペルシコはロベルト（Roberto）と書いているが、引用者はそこに疑問を付している。以下のライモンド（Raimondo）のことだろうか。建築家、一八五七―一九三一、ジェモナ・デル・フリウリ生まれ。一八九四年のイスタンブール大地震の震災復興に尽力。ウィーン分離派に影響を受け、イタリアのアール・ヌーヴォーであるリバティ様式の先駆者となる。

［図16］

［図17］

ジュゼッペ・パガーノ、ウンベルト・クッツィ、ジーノ・レーヴィ・モンタルチーニ、オットリーノ・アロイージオ、エットレ・ソットサス、ローマ通り再整備プロジェクト、トリーノ、1931年

ァシズム化」された都市は、一九二九年の経済危機による不意打ちを受ける。トリーノの産業の多くは機械産業分野なので、そのため強大な失業が生み出されてしまう。建設部門における介入プログラムの開始は、トリーノにとっても、イタリアの他のところと同様に、ファシズム国家の存在を強化するばかりでなく、就業という意味において危機に対する伝統的な解決策を提供することにもなる。スタジアム、市場、そして特にローマ通りの再整備が[図16・17]、公共事業による介入の重要なモメントを代表する。

ローマ通りの推移は、建築的な環境として表現されたヨーロッパの息吹からくる多様な文化的要求と、都市と地域整備の現行の運営管理との間で確かなものとなった避け得ない分裂の標章《エンブレム》的なものともなる。この分裂の最初の印は一九二九年のことである。ペルシコとサルトリスがトリーノを去り、前者はミラーノへ、後者はスイスへと向かう。パガーノもこれに続いて『ラ・カーサ・ベッラ』の編集に参入することでミラーノにおける環境との関係を強め、結局のところ一九三一年にはミラーノに転出してしまう。この頃には、六人グループは既に思い出のものとなっている。マルコ・ロッシが指摘したように、知識人たちは、産業の集中したトリーノ、そして大衆が最初に集住したトリーノに背を向けて離れていく。彼らは「芸術」と生産的構造との関係性の問題に着手することはなかったのだが、ファシズムはそこに対峙するのである。知識人たちの多くは様式の問題に絡めとられたままである。[*41]

ローマ通りの再整備は職業的に重要な機会であり、パガーノに率いられたトリーノのグループは、新しい建築の「合理性」を経済的な面も含めて主張するためにこれを最大限に利用しようとする。グループ自身が、自治体の公的な計画への対案としてまとめたプロジェクトの発表に際して書いているのは、「近代様式のなかに、われわれのデザインを動かしている精神と意図を持って」導入された実現化だけが、次の四つのものに応えられ、それは、

> 新しいローマ通りの外観に従わなければならない公準、一、その勝利に満ちた通りの何よりも代表的な特徴を（……）維持し高めること。二、その商業的な特性を（……）保持し増大させること。三、近代トリーノの統合を表象し、同時に、その親近感からこれまで中心地区の市民のお気に入りの通りであったという（……）特徴を保持すること。四、素晴らしく洗練された一連の構築物が保証されるという方法により（……）資本の善き活用とすること。[*42]

記念碑主義、商業的特性、都市のイメージ、施行の収益性は、ファシストにより宣言されたこのプロジェクトのなかに含まれ称揚されている。これはムッソリーニが次のように主張した印のもとに生まれた建築の事例である。

われわれは新しい資産、つまり古い資産に対置すべき資産を創造しなければならない。新しい芸術をつくりださねばならない。われわれの時代の芸術、ファシズムの芸術を。[*43]

このフレーズについては、後述するが、イタリアにおける合理的建築のための運動(MIAR)によって、この少し前にローマで開催された第二回合理的建築展覧会の前提となるものとして、既に採用されている。この同じフレーズがトリーノのグループによるプロジェクトの透視画のなかで強調され、カステッロ広場からの新しいローマ通りへの入口に置かれた二つの建物のうちのひとつの頂部に刻まれる。その対称にあたる部分にはもうひとつの記述が浮かび上がる。

全ての様式の大安売りでは、あらゆる文化主義、アカデミズム、古物が競売にかけられる。

巨額に及ぶ金融募集は、この示唆をもってしても集まることなく、一九三三年のコンペティション、聖《サン》カルロ広場とカルロ・フェリーチェ広場を含むローマ通りの続きの部分に対する都市規制計画のプロジェクトのコンペティションの結果に対しても提供されることはない。[*44] 全体的なデザインに従うこと、つまり意図的な活用の需要を案件毎に自由に考慮できる可能性を制限してしまうであろうデザインに服従することよりも、数多くの不動産会社へと分割することによって成し得るであろう利潤の最大化のほうに心が砕かれる。ピアチェンティーニによる専門的な意見としてはファサードのリズムを決め、平面配置上の分節化によって調整された格子を規定するもので、それを隠れ蓑にして、建物は、トリーノの専門家たちのスタディによって提案されたプロジェクトに基づき、ひとつまたひとつと生み出される。ただ、シェヴァリエとボナデ＝ボッテイーノによる建築〔〈ホテル・プリンチペ・ディ・ピエモンテ〉（一九三六）〕の脇に挿入されたものは、アルマンド・メリス、アンニバーレ・リゴッティと若者たちを設計者として、または監督者としての仕事によるものである。この若者たちはパガーノに近いところにいた者たちで、パッサンティ、デッズーティ、オットリーノ・アロイージオ、アッリーゴ・テデスコ・ロッカである。

トリーノの合理的建築は、金融資本の「合理性」に対する脆弱さを見せはするものの、確固とした、そしてイデオロギー的ではない意味、「資本の善き活用」のために従事しようというパガーノの要請の意味をつかみ取るのである。

［**原註**］

＊1 このテーマについては以下を参照のこと。P.SPRIANO, *Storia di Torino operaia e socialista. Da De Amicis a Gramsci*, Torino 1972.

＊2 以下の展覧会カタログからの引用。V.CASTRONOVO e N.TRANFAGLIA, *Organizzazione del consenso e comunicazioni di massa*, in AA.VV., *Torino tra le due guerre*, Torino 1978, pp.46-60.

＊3 アウグスト・モンティの教え子には、マッシモ・ミーラ、ジャンカルロ・パイエッタ、ジュリオ・エイナウディ、ヴィットリオ・フォア、チェーザレ・パヴェーゼ、レオーネ・ギン

ズブルグ、ノルベルト・ボッビオ、フランコ・アントニチェッリらがいる（以下を参照のこと。A.MONTI, *I miei conti con la scuola*, Torino 1965)。

＊4 以下の自伝を参照のこと。R.GUALINO, *Frammenti di vita*, Milano 1931. 以下の新版には未発表の部分と次の記事が付け加えられている。«La Famija Piemontèisa», Roma 1966; M.BERNARDI, *Riccardo Gualino e la cultura torinese*.

＊5 グァリーノのコレクションは、一九二二年に始められたもので、一九二八年からは部分的にリオネッロ・ヴェントゥーリが関与する形で拡大される。このコレクションについては以下を参照のこと。L.VENTURI, *La Collezione Gualino*, vol.I, Roma-Torino 1926; L.VENTURI, *Alcune opere della Collezione Gualino esposte alla R.Pinacoteca di Torino*, Milano-Roma 1928. 加えて一般的なものとしては、以下を参照のこと。*Dagli ori antichi agli anni venti. Le collezioni di R.Gualino*, Milano 1982; A.DRAGONE, *Le arti figurative*, in AA.VV., *Torino 1920-1936. Società e cultura tra sviluppo industriale e capitalismo*, Torino 1976, pp.109-10. その他以下を参照のこと。R.GABETTI, *Riccardo Gualino e la Torino degli anni 20*, in «Studi Piemontesi», Centro Studi Piemontesi, Torino, XI, fasc.I, marzo 1982, pp.13-27, e, a cura di L.FERRARIO e A.MAZZOLI, *Riccardo Gualino: architetture da collezione*, Roma 1984.

＊6 前掲書。P.FOSSATI, *Venturi, Persico e i futuristi*, in AA.VV., *Torino 1920-1936*, p.36. ヴェントゥーリは一九二六年に以下の本を出版。*Il gusto dei primitivi*, Bologna. G.C.アルガンの前書きを付した再版は、Torino 1971.

＊7 ペルシコは一九二七年に以下の記事を«Motor Italia»に寄稿。*Fiat automobili. Via Nizza 250. Torino*, 後に以下に改題、*La Fiat: operai*. そこでは「人間の意思によって示される秩序ではなく、まずは律法に従う叡智により表される秩序」について語られる。工場労働者たちはこの秩序に従い、彼らは「生活の糧よりも秩序を必要としている」。続いて、「終業のサイレンが鳴るやいなや出口へと向う工場労働者たちは、軍旗に従って隊列を組む壮大な部隊のようである。彼らを率いるのは目には見えない旗であり、そこには人間が時に忘れてしまえるような無情な言葉が記されている。しかしながらそれは神のご意志により、真の羊たちの集団、つまり人びとの良心の深いところに印されたものなのである。遥か昔にお命じになられた従うべきこととして」（近著では以下の前掲書に所収。E.PERSICO, *Tutte le opere*, vol.II, pp.3-5). C.DE SETA, *La cultura architettonica in Italia tra le due guerre*, Bari 1972, では、このペルシコの全く宗教的な「秩序」を新しい社会的な秩序と看做している。それはペルシコの希求する「秩序」と「権限」とが「いわゆる企業主義」を助長するものと誤解されかねないとの懸念による。デ・セータはそこにグラムシの新秩序と同じものを見ているのであるが、この場合にはペルシコの考えを変形してしまっていることを、ここで指摘しておきたい。その他に以下を参照のこと。C.DE SETA, *Il destino dell'architettura. Persico Giolli Pagano*, Roma-Bari 1985, cap.I, *Edoardo Persico storio-*

grafo in nuce del movimento moderno. そこではこのナポリの批評家〔ペルシコ〕の思想の矛盾が明らかにされている。

*8 一九二八年一月にペルシコはFratelli Ribet出版社を離職、そこでは進行することが不可能な定められたプログラムを任せられていた。そのすぐ後で、エドアルド・ペルシコのイタリア文学館に没入する。これは一九二七年の九—一〇月には既に構想を始めていたもので、第1巻は、一九二八年の三月から六月の間に出版される。一九〇七年のG.Prezzolini著『*Il sarto spirituale*』の再販である。第2巻は一九二八年一一月三〇日発行の、L.Venturi著『*Pretesti di critica*』。彼としては、ムッソリーニに宛てたソレルの手紙や、アルベルト・サルトリス、カルロ・エンリコ・ラーヴァの著作も出版するつもりであった。しかしながらこれに続く本を出すことは叶わず、出版社は業務を停止してしまう。

*9 一九〇一年の国勢調査ではトリーノの人口はピエモンテ州全体の一〇%を数え、二〇年後の一九二一年にはその一七%を数えるまでになり、州全体の産業の三分の一が集積している（以下を参照のこと、A.REPACI, *La città di Torino attraverso i censimenti*, in «La riforma sociale», 1926, pp.276-305）。

*10 以下を参照のこと。G.ASTENGO, *Torino senza piano*, in «Urbanistica», XXIV, 1955, n.15-16, pp.110-17.

*11 以下を参照のこと。M.POZZETTO, *La Fiat-Lingotto. Un'architettura torinese d'avanguardia*, Torino 1975. また、以下では、デトロイトで行われてきたこととの誕生当初からの比較において、この施設の効率性を批評していることも参照のこと。R. BANHAM, *A Concrete Atlantis*, Cambridge (Mass.) 1986, pp.236-53.

*12 シェヴァリエはジョヴァンニ・アニェッリ上院議員のためにジァコーザ通りの住宅の増築と内部装飾（一九一八—一九）を実施し、エドゥアルド・アニェッリ弁護士のためにはマッテオッティ大通りのパラッツォの増築、内部装飾、家具コーディネート（一九二〇および一九二八）を手がけている。以下を参照のこと。*Giovanni Chevalley architetto*, a cura della Società degli ingegneri e degli architetti di Torino, Torino 1951.

*13 前掲書、GUALINO, *Frammenti di vita* (1931), p.176.

*14 以下の前掲書を参照のこと。A.LEVI MONTALCINI, *Architettura moderna e architettura razionalista*, in L.FERRARIO e A.MAZZOLI, *Riccardo Gualino: architetture da collezione*, pp.57-71.

*15 以下の前掲同書を参照のこと。*Intervista ad Antonello e Giancarlo Busiri Vici*, a cura di A.Mazzoli, pp.72-87.

*16 〈グァリーノ邸〉の入口と劇場はフェリーチェ・カゾラーティの設計による。以下を参照のこと。«La Casa Bella», I, gennaio 1928, n.1, p.32; G.LEVI MONTALCINI, *L'ingresso*, ivi, dicembre 1928, n.12, pp.46-51; E.PAULUCCI, *Felice Casorati architetto*, ivi, II, novembre 1929, n.11, pp.20-25. 近年では、アルベルト・サルトリスも寄与していることが知られている。以下を参照のこと。M.POZZETTO, *Alberto Sartoris e il teatro privato di casa Gualino*, in «Studi piemontesi», III, novembre 1974, fasc.8, pp.331-34. グァリーノ邸の劇場に関する文化的活動については、以下の前掲

書を参照のこと。GUALINO, *Frammenti di vita* (1931), pp.151 sgg. e 181-82; BERNARDI, *Riccardo Gualino e la cultura torinese*, pp.172-78; DRAGONE, *Le arti figurative*, pp.97-151, 特にpp.108-11. マリオ・ソルダーティはグァリーノ邸の雰囲気と文化的夕べに参集した人びとの様子を以下の小説の中で暴露的な手法で記述する。これらの夕べの実際の登場人物たちは、変名や名前のイニシャルのみで示されるところから窺えるだけである。*Le due città*, Milano 1964.

*17 E.ZANZI, *Cronache torinesi: il Teatro di Torino*, in «Emporium», LXIII, gennaio 1926, n.373, p.57. トリーノの劇場については以下の前掲書を参照のこと。M.BERNARDI, *Riccardo Gualino e la cultura torinese*.

*18 この時点から数年後に、六人グループがケッサとメンツィオ、その他のグァリーノ邸の環境と強く結びついたメンバーで結成される。註30を参照のこと。このグループのカゾラーティに対する態度は後になってパウルッチにより「性格の不一致」と要約されることになる。以下参照のこと。E.PAULUCCI, *I sei di Torino*, Catalogo della mostra, Torino 1965, p.20.

*19 R.PAPINI, *Le arti a Monza nel 1927*, in «Emporium», LXVI, luglio 1927, n.391, p.86. このビエンナーレおよび先行するものについて、またこの後のトリエンナーレについては以下を参照のこと。A.PICA, *Storia della Triennale 1918-1957*, Milano 1957; A.PANSERA, *Storia e cronaca della Triennale*, Milano 1978; G.POLIN, *Le Biennali-Triennali di Monza e il dibattito in Italia su architettura e arti decorative 1918-1933*, tesi di laurea, Venezia 1980.

*20 デペーロは次のように書いている。「世界を吃驚仰天させてやろうではないか。そしてそこに建築的なスーパーアトラクションを用意しようではないか」、*Depero futurista 1913-27*, Milano 1927, 新版では、Firenze 1978, p.85.

*21 ラッファエッロ・ジョッリの編集による以下の雑誌を参照のこと。«1927. Problemi d'arte attuale». また彼の以下の記事も参照のこと。*Cronache milanesi*, in «Emporium».

*22 以下を参照のこと。E.PAULUCCI, *Gli architetti italiani all'Esposizione di Stoccarda*, in «Illustrazione del Popolo», Torino, 2 novembre 1927.

*23 この展覧会にはモイゼ・トゥファローリとブレンノ・デル・ジュディチェの両建築家は招待されなかった。

*24 全国中小産業公社（ＥＮＡＰＩ）、イタリア工芸家連盟、グラフィック・アート・イタリア協会、全国服飾産業ファシズム連盟が参加している。なかでも、ＥＮＡＰＩは一一ものプロポーザルの結果も出展しており、それらは産業ファシズム同盟やイタリア工芸家自主連盟と共に募集を行ったものである。そこには様々なものがある中で、社会階級のための明瞭なオブジェ―経済的なもの、つまり中流階級に適切なタイプ、「顕著に洗練された」計画が要求されている（以下を参照のこと。G.MARANGONI, *La terza Mostra internazionale delle arti decorative. Notizie, rilievi, risultati*, Bergamo 1927, pp.44-45; POLIN,

Le Biennali-Triennali di Monza, cit., cap.IV).

＊25 リカルド＝ジノリ、ラヴェーノ製陶、M・イェスルム・エ・Cといった会社は、今までの展覧会に既に参加している。ラ・リナシェンテがポンティの«Domus Nova»シリーズの製品によって展示室の四部屋を占めたことが特筆される。

＊26 F.REGGIORI, *La terza Biennale delle arti decorative a Monza*, in «Architettura e Arti Decorative», VII, marzo 1928, fasc.2, pp.300-18.

＊27 以下を参照のこと。G.F.ERRE, *La terza mostra internazionale delle arti decorative. La sezione piemontese*, in «Emporium», LXV, aprile 1927, n.388, p.272.

＊28 E.PERSICO, *Gigi Chessa*, in «Casabella», VIII, maggio 1935, n.89, p.2. 近著では前掲書、E.PERSICO, *Tutte le opere*, vol.II, pp.282-83.

＊29 E.PERSICO, *Fuori concorso*, in «L'Italia Letteraria», X, 29 settembre 1934, n.39, p.3. 近著では同じ前掲書、pp.292-93.

＊30 グループの経緯については以下を参照のこと。A.BOVERO (a cura di), *Archivi dei sei pittori di Torino*, Roma 1965. 前掲展覧会カタログのなかの以下の寄稿、*I sei di Torino*, G.C.Argan, C.Levi, E.Paulucci; *I «Sei» di Torino*, appendice D, in PERSICO, *Tutte le opere*, cit., vol.I, pp.359-71. その他にペルシコの記事も参照のこと。以下の展覧会カタログの紹介文、*Francesco Menzio*, Torino, marzo 1929; *I sei pittori di Torino. I*, in «Le Arti Plastiche», 16 luglio 1929; *I sei pittori di Torino. II*, in «L'Ambrosiano», 12 agosto 1931. 全て前掲書所収、以下の掲載順、PERSICO, *Tutte le opere*, vol.I, pp.77-79, 79-92, 82-84.

＊31 *La città che si rinnova*の連載は一九三〇年一二月の三六号から始まり、一九三一年の三七号（一月）、三八号（二月）、四〇号（四月）、四二号（六月）、四四号（八月）、四六号（一〇月）、四八号（一二月）へと続く。

＊32 以下を参照のこと。LEADER (E.PERSICO), *Arredamento di un*

［図18］ヴァレンティーノの戦勝10周年記念博覧会、トリーノ、1928年。ジュゼッペとアントニオ・パガーノ、ガンチァ・パヴィリオン

film, in «La Casa bella», IV, ottobre 1931, n.46, pp.22-35. 続いて同誌にガストーネ・メディンの環境デザインによるふたつの映画 *Due cuori felici* と *La dinamo dell'eroismo* が紹介されている。以下を参照のこと。(E.PERSICO), *L'arredamento moderno nel cinema*, in «La Casa bella», V, novembre 1932, n.59, pp.32-41. 一九三〇年代の建築と映画の関連については以下を参照のこと。E. PASSUDETTI, *Architettura in 35 mm*, tesi di laurea, Venezia 1989.

*33 以下を参照のこと。LEADER (E.PERSICO), *All'estremo della modernità. L'architetto van der Rohe*, in «La Casa bella», IV, novembre 1931, n.47, pp.26-35.

*34 一〇棟のパヴィリオンは、化学（パガーノ、協力・ケッサ）、祝祭とモード（パガーノとレーヴィ・モンタルチーニ、協力・デ・アバテ）、陸軍／海軍／空軍（パガーノとレーヴィ・モンタルチーニ、ピッティーニ）、植民地（パガーノとピッティーニ）、狩猟と漁撈（パガーノ）、食糧（ピッティーニとレーヴィ・モンタルチーニ）、鉱業と窯業（パガーノとペローナ）、ガンチア［酒造会社］（ジュゼッペ・パガーノとアントニオ・パガーノ）図18、貴金属（クッツィとジーラ）、冷凍業（ペローナ）、ここに建築家の住宅（ペローナ、内装は、玄関がソルディエーロ＝モレッリ、パッサンティがホールと内部階段、デッズーティが書斎、G・ロッソが食堂、その他にミダーナ、S・モッリ、G・リッチ、M・デ・レージェ、N・レヴィーリオ）を併設。

*35 ヴァレンティーノの戦勝一〇周年記念博覧会については以下を参照のこと。R.GIOLLI, *Un padiglione di Sartoris all'Esposizione di Torino*, in «1928. Problemi d'arte attuale», II, 15 aprile 1928; A.MELIS, *L'esposizione di Torino del 1928*, in «Architettura e Arti Decorative», VII, aprile 1928, fasc.8, pp.372-81; *I padiglioni dell'artigianato alla Fiera di Torino*, in «La Casa bella», I, giugno 1928, n.6, pp.30-31; F.G.MERCADAL, *La moderna arquitectura en Italia. Una obra reciente de Sartoris*, in «Arquitectura», X, settembre 1928, n.113; *Alla Esposizione di Torino. «L'alloggio modello»*, in «La Casa bella», I, settembre 1928, n.9, pp.25-28; *Ancora su «L'alloggio modello» di Torino*, ivi, ottobre 1928, n.10, pp.17-21; *La mostra dell'architettura a Torino*, ivi, pp.22-24; *La mostra piemontese dell'artigianato*, ivi, novembre 1928, n.11, pp.40-41; *Il padiglione dell'Ente Nazionale delle Piccole Industrie all'Esposizione di Torino*, ivi, pp.25-26; P.MARCONI, *Commento all'Esposizione di Torino del 1928*, in «Architettura e Arti Decorative», VIII, dicembre 1928, fasc.4, pp.155-81; 続いて博覧会では次の本が出版される。a cura di Pagano, Levi Montalcini, Pittini e Perona, *7 Padiglioni d'esposizione*, Torino 1930. 全体の経緯については以下を参照のこと。C.BAGLIONE, *Torino 1928: architetti e architettura all'Esposizione del Valentino*, tesi di laurea, Venezia 1989.

*36 この二つの図版が載せられているページには、続いて白い長方形が二つあり、次のキャプションが付されている。「編集長からの要請によりこれらの図版を削除せざるを得ませんでした。A.S.」。以下を参照のこと。A.SARTORIS, *Gli elementi dell'architettura funzionale*, Milano 1932, p.11。またパガーノとサ

ルトリスの論争については以下を参照のこと。R.MARIANI, *Alberto Sartoris nell'archivio di Pietro Maria Bardi*, in *Alberto Sartoris. Architetture 1920-1985*, Catalogo della mostra, Lecco 1988. 問題のパガーノのいくつかの手紙も掲載されている。最近では、サルトリスが自身の未来派への興味とパガーノに対する根深い憎悪について、一九二〇年代末にまとめたものがある。A. SARTORIS, *Futurisme et rationalisme officialisés: un affaire surtout politique*, in AA.VV., *Amphion. études d'histoire des techniques*, 2, a cura di J.Guillerme, Paris 1987, pp.35-37.

＊37 前掲書、*7 Padiglioni* に対する書評は以下に所収。«La Casa bella», III, settembre 1930, n.33, p.54; 部分的に以下の前掲書に再録されている。PERSICO, *Tutte le opere*, vol.II, p.21.

＊38 «La Casa bella», III, dicembre 1930, n.36, p.15.

＊39 一九七七年にピエル・マリア・バルディにより示された証言による。前掲、F.BISCOSSA, *La rivista «Quadrante»*, tesi di laurea, Venezia 1977.

＊40 以下を参照のこと。P.V.CANNISTRARO, *La fabbrica del consenso. Fascismo e mass-media*, Bari 1975. また以下も参照のこと。F. MONTELEONE, *La radio italiana nel periodo fascista*, Venezia 1976.

＊41 前掲書、M.ROSCI, *Arte applicata, arredamento, design*, in AA.VV., *Torino 1920-1936*, p.71.

＊42 G.PAGANO-POGATSCHNIG, G.LEVI MONTALCINI, U.CUZZI, O.ALOISIO e E.SOTTOSASS, *La via Roma di Torino*, in «Per vendere», giugno 1931; 近著では以下の前掲書、PAGANO, *Architettura e città durante il fascismo*, pp.335-51.

＊43 この言葉はムッソリーニにより、一九二六年一〇月七日にペルージア美術学校で発言されている（以下の前掲書を参照のこと。B.MUSSOLINI, *Arte e civiltà*, in *Opera omnia*, vol.XXII, p.230）。

＊44 以下の前掲書を参照のこと。L.RE e G.SESSA, *La formazione e l'uso di via Roma nuova a Torino*, in AA.VV., *Torino fra le due guerre*, pp.142-67 e 308-13.

III 一九二〇年代のミラーノ——専門職としての文化と「建築の行動隊主義《スクアドリズモ》」

1 行政の現実主義と市民の建築

パオロ・スプリアーノは、彼の『トリーノの歴史 労働者と社会主義者』の中で、トリーノの労働者と共産主義に比較して、ミラーノは改革主義と介入主義の都市であることを明確に示している。*1 そこに付け加えられることとしては、トリーノでは第一次世界大戦の数年前から、それぞれ対立する社会的派閥の団結がみられるのに対して、ミラーノは政治的かつ文化的にもっと自由な都市であり、無政府主義—絶対自由主義的な残滓の中をくぐり抜けてきている。この都市では、中小企業が数多く存在していることと知的活動が旺盛なことによって、まさにスプリアーノの言う、改革主義と介入主義が可能となっている。それはトリーノがひとつの産業によって発展してきていることとの比較におけるもので、そこに団結し組織化された労働者の意識形成が対照される。産業による文化の形成と次いでそれに対する組織化された労働者からの回答は、第一次世界大戦の後で最初にトリーノで表明されたものとして、ミラーノの特徴ともなっている変革と適合の過程と比べて全く異なるものである。部分的には独断的で単純化された図式として凡庸ではっきりし過ぎたものとなってしまうおそれはあるものの、次のように言うことはできるだろう。例えばグラムシの人物像をトリーノの労働者および知識階層の情況と切り離してイメージすることができないように、ムッソリーニをミラーノにある経済的な力と社会的な力から引き剥がしてみることはできないのである。ゴベッティがトリーノに暮らしていることを思うと、マリネッティがミラーノに住まないことなどあり得ない。

同様の違いがこの二つの都市の経済構造の中や社会構成、文化的表現の中にみられ、同じく都市空間の発展や都市形態の概念の違いにもあらわれている。ミラーノの企業は強度に細分化され、スペイン占領時代の市壁に囲まれた旧市街のなかでそれぞれが重なり合っていた。ベルートの計画として知られる一八八四年の[1]都市規制計画から、従前の一九一二年の計画を経て、一九三四年に承認された市計画局の都市規制計画に至るまで、[*2]都市の発展に対する仮説は都市が放射状に成長していくことを基盤にしており、それは少なくとも市街への進入経路に沿って、法規制の枠を越えて産業地と住宅地が延び広がっていることで既に示されていた。製鉄業と機械工業の多くは北東方面、繊維業はマジェンタ、センピオーネ、ガリバルディ地区、印刷業はモンフォルテ、皮革業はヴィジェンティーノやティチネーゼといった地区にある。これは二〇世紀初頭の一〇年間におけるミラーノの郊外地区の概観的な様子であり、必ずしも排他的な区分になっているわけではない。これらの地区は実際上はどのような場合にも、あらゆるタイプの産業の集積を受け入れている。

ミラーノには多彩な産業があり、それが広範囲にどこでも受け入れられる可能性があるために、都市計画の規制手法を常に更新し続けることが必要となる。これには市当局や主要な経済団体によって実施される規制手法だけが意図されているわけではなく、力を持つ様々な団体間の要求の調整要素としても必要となるの

1　ミラーノにおける最初の近代的な都市計画。市のエンジニアであるチェーザレ・ベルート（一八三五—一九一五）がまとめた。市壁を取り壊し、市域を拡張、街路網や広場、鉄道の整備などを計画したもの。

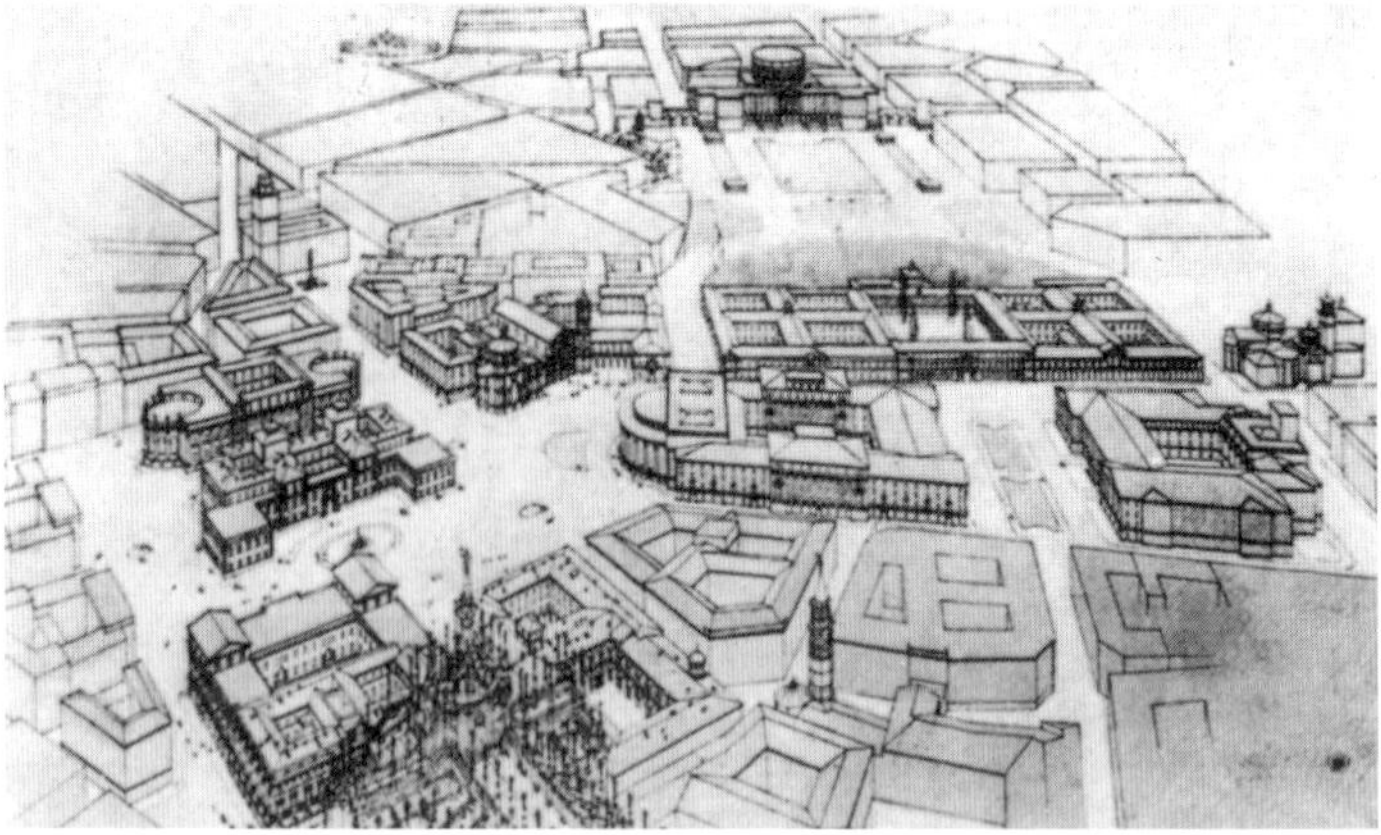

［図19］ピエロ・ポルタルッピとマルコ・セメンツァ、ミラーノの都市規制計画のためのコンペティション最優秀賞プロジェクト：ドゥオモーロマーナ門間の記念碑的都市、1926-27年

である。建築物の規制と都市計画規制の推移によって、二〇世紀初頭の一〇年間のミラーノは特徴づけられる。一方では都市の外縁の境界を規定することが試みられ、他方で中心地区の再組織化が試みられる。これは大きく拡がりつつある第三次産業による潜在的な圧力によるものである。中心地区と郊外の間の統一性をもたらすこと、それは単に行政的なもの——一九二〇年代の初めにミラーノ市には一一もの郊外の自治体が集まっている[*3]——だけではなく、都市構造としての統一性でもある。都市の拡張は、計画されたものにしろ規制から外れたものにせよ、大聖堂《ドゥオモ》広場が起点となっており、そこが放射状都市の中心なのである。

一九二六〜二七年の新しい都市規制計画のアイディア・コンペティションの最優秀に選ばれたプロジェクトはこの仮説に導かれたものである。[図19] このコンペティションは市の技術局局長でヨーロッパにおける都市計画の議論のなかでも際立っていたチェーザレ・アルベルティーニによって企画された。[*4] このプロジェクトはピエロ・ポルタルッピとマルコ・セメンツァによってまとめられ、アルベルティーニの構想による都市の発展に対する運営管理とこのミラーノの建築家たちの専門職としての成果との関係のあり方を示すものとなる。実際にポルタルッピ—セメンツァの計画は、基盤となる構造を改変することはないながらも、その様相を深いところから変更することで都市を再組織化している。市壁の内側では大きく取り壊しを進め、外部では、指標となる基準として放射状に建物を連続させる。これが二人の計画者たちの専門職としての現実主義の証左となっている。彼らの計画は四点のプログラム——交通計画、ゾーニング、都市圏、地域への影響圏——に基づいており、都市による周辺地域の「植民地化」事業として企図されているもので、将来性を持つメトロポリスとして想定される。ポルタルッピの言葉によると「反ロマン主義的」なアクションを起こすこと、そのためには「思慮深い反伝統主義者」とならなければならない。[*5]

ポルタルッピは、今回も、先入観に囚われない能力と、以前から見せていた発明的で皮肉な聡明さによって支えられた専門職的で偉大な順応性を見せている。常に都市的なテーマを見据えており、例えば（南米の）アラバニュエル市のモンテ・アマリッロ地区の一九二〇年の都市規制計画プロジェクトや、または一九二〇年代初頭のニューヨークのＳＫＮＥ社の高層ビルプロジェクトなどである。[*6] 前者では大きな階段状に刻まれたブロックの執拗な繰り返しが直交する道路網に沿っている。これがモンテ・アマリッロのプロジェクトを特徴づけており、建築の形態への興味と、都市全体が同質となるまで無限に繰り返され得るような、この方向性の無個性さを同時に表現しているようである。しかし、逆に見ると、アラバニュエルは「ひとつの束である」ことがわかる。後者のプロジェクトは、住宅となっている巨大な四つの柱がニューヨークの高層ビルの本体を支えるもので、都市の発展という特殊な問題を垂直方向へと向かうことにより見事に解決している。[図20] このことは同時期にシカゴ・トリビューンのコンペティションに参加した設計者たちも対峙した問題である。ポルタルッピのＳＫＮＥ《エッセ・カッパ・エンネ・エ》（もしくは「スカッパネ」と読める〔「そこから逃げ出す」という意味の言葉遊び〕）の高層ビルの主体部分は、他の高層ビル群の頂上あたりから始まっており、より大胆な高さ方向への利用の可能性を示している。

［図20］ピエロ・ポルタルッピ、ニューヨークの超高層ビルプロジェクト、1921年

ポルタルッピにとって、しかしながら、独自の解決策の発明と大胆なほどに皮肉なアイデアの検討とは、既存の現実的な状況から乖離しているわけではない（この時期に彼が大学で「実践建築学」の講座を教えているのは偶然ではない）[*7]。ミラーノのための計画では、彼は都市とそこにあるモニュメントに対する考え尽くされた注意深い知識を持ち、そして同時に都市の相貌を再モデル化するためにはいくつかの部分を取り壊すまでの融通無碍さをも一緒にあわせ持つ。「愛のためのもの」というのが、一九二六〜二七年のコンペティションの際に発表された計画のモットーとして仄めかされている。おそらくこのときには、こうしたモットーといえども皮肉というわけではないようではあるものの、風刺的なデザイナーであるポルタルッピは、どうしても遊ばずにはいられない。この言葉はふたりの設計者たちの洗礼名のアナグラム〔文字を並べ替える言葉遊び〕となっている。こうしたことの全てが、アルベルティーニが必要とすることに完璧に呼応しているのである。彼はアイデア（コンペティションはまさに「アイデアのための」ものである）と現実主義を必要としている。これは自由な発想を持つためのものであり、そして特に、設計者たちによる自在な順応可能性を必要としている。まさにポルタルッピのプロジェクトは、他のものとは異なり、そのことを示している。

一九二六〜二七年のコンペティションは、都市計画や建築の意味、そしてその関係性の意味に対する論議のための重要なモメントを代表する。最優秀プロジェクトの現実主義は、たとえ実際には、都市の運営管理の現実との関係からは自由であるとしても、文化的により含蓄のある案とは対比されなければならない。それは特に、第二席のプロジェクトとの比較によるものである。この案は建築愛好家芸術協会のミラーノ支部で集められたグループの編纂によるものである。これが都市計画家倶楽部の母体となり、アルベルト・アルパーゴ・ノヴェッロ、ジュセッペ・デ・フィネッティ、ジョヴァンニ・ムツィオ、トマーゾ・ブッツィ、オッタヴィオ・カビアーティ、グイド・フェラッツァ、エミリオ・ランチア、ミケーレ・マレッリ、ジオ・ポンティ、アンブロージオ・ガドーラ、アントニオ・ミナーリ、ピエトロ・パルンボ、フェルディナンド・レッジォーリなどがいる。このプロジェクトについては、一年と少し後になって『アルキテットゥーラ・エ・アルティ・デコラティーヴェ』誌の主幹として、イタリア・アカデミーのマルチェッロ・ピアチェンティーニが、都市との関係性において文句なしに最良のものであると講評することになる。[*8]

都市計画家倶楽部は、「フォルマ・ウルビス・メディオラーニ〔ミラーノの都市形態〕」[*9]という意義深いモットーを掲げて、「ラケット」という名を持つ環状道路を挿入することにより道路網を解決することを提案している。まるで、都市の悪いものを集め、閉じ込め、解決するという形態としてのイメージ、技術的解決策というよりは、形而上的オブジェにとても近い要素である。その一方で、同じくムツィオが一九三一年に思い返して云うには「この都市計画家倶楽部の友人たちによって、都市計画は古典主義に回帰する」、この意味するところは、ある規則が必要とされるという点においてだけのことであり、「ただひとつの原理のみ、そして感じていることの共有によってのみ、次第に新しい建築として形成されるのだろう」[*10]。ひとつの建物から建物

［図21］ジョヴァンニ・ムツィオ、モスコヴァ通りの〈カ・ブルッタ〉（部分）、ミラーノ、1921-22年（写真、P. Monti, Milano）

群のまとまりへといたる、都市を構築する芸術は、この市民的精神の基盤であり、ミラーノがナポレオン時代のイタリア王国[2]の首都であったときに、この都市で生まれた精神のベースである。デ・フィネッティにとって、許容できる唯一の都市計画は、一八〇二年のアルベルトッリ委員会によるものであり、唯一の師匠《マエストロ》はジュセッペ・ピエルマリーニ[3]なのである。

都市計画家倶楽部によって上流ブルジョアと啓蒙主義者によるミラーノの夢が切り拓かれる。ムツィオの、そしてデ・フィネッティやカビアーティの「古典主義」は、ポルタルッピの聡明さや折衷主義に対置される。それはつまり、都市運営管理の対極にあるもの、アルベルティーニにとって役立つものの反対にあるということである。彼は無個性な格子を必要としているが、ムツィオは都市の形態について物語る。アルベルティーニは都市計画を技術的なものとして信じており、デ・フィネッティはいまだに都市を構築する芸術から着想する。アルベルティーニは少なくとも活用できるアイデアを探しており、カビアーティは「高貴で厳格な」過去の事例に厳密に準拠したイメージを提供する。アルベルティーニは、都市改造を開始するために、計画外ではあるが、ナヴィリォ運河の埋立とスペイン市壁の取り壊しを実行する。都市計画家倶楽部は都市の歴史的なイメージを保全するために闘うのである。[*11]

倶楽部の「会員」は、ミラーノの知識人の多くが共有する秩序回帰の雰囲気のなかに暮らし、そこに参加している。そしてそれはミラーノに限らず、第一次大戦後の数年の情況でもある。そこで際立っていることは、都市空間への意識であり、それはヴォリュームを注意深く配置したことの結果として考えられたもの、そして建築的な総譜《スコア》として計算されたアプローチ、または単に表面《ファサード》を単純に前後させることによる結果として考案されたものである。「形態としての秩序」は、折衷主義に対するものとしてカルダレッリによるムツィオに対する寸評のなかで、とてもわかりやすく例証されている。ムツィオの〈カ・ブルッタ〉を次のものと対比させている。

赤いレンガでできた野蛮人的なとある偽の王宮は、カミッロ・ボイト[4]とその後継者のファンタジーに帰されるもの、ファサードは怪物で満ちており、とてつもなく低い天井、陰鬱でおそろしげな玄関ポーチ、大きな凹凸のある窓と突出している窓台、それはまるでそこから顔を出す人の髪が見えなければおそろしくて目を向けることさえできない程で、こんな魔女の家に住む勇気のある人もいないだろう。そしておそらくはいったい何が面白いのかわからなくなってしまう。[*12]

実際に、ムツィオはミラーノのこうした不穏な折衷主義建築によって提示されるものに対置されるイメージを探求する。そして彼の構築的な手腕のおかげで形態の組織化が裏切られることは決してないのである。モスコヴァ通りの〈カ・ブルッタ〉[図21]は、一九二一〜二二年のもので、ムツィオが関わるのは不動産所有者からの依頼による。建物は既に完成し、あらゆる賃貸住宅がそうであるように、すべての窓が規則的に並べ

2 一八〇五—一八一四年。ナポレオンが王制を布き、養子のウジェーヌ・ド・ボーアルネを副王に据える。イタリア半島北部の大半を領土とする。

3 建築家、一七三四—一八〇八、ミラーノの〈スカラ座〉の設計者として有名。

4 建築家、一八三六—一九一四、ローマ生まれ。ミラーノの芸術アカデミーで建築を教える一方で、実作をつくるなかで修復の理論化を行う。修復においてオリジナルの箇所を明示すること、時間の流れの刻印を表現すること、そして修復後の全体の調和を求めた。

［図22］ミラーノ見本市。オッタヴィオ・カビアーティとアルベルト・アルパーゴ・ノヴェッロ、家事産業パヴィリオンのエントランス、1927年

［図23］ミラーノ見本市。ジョヴァンニ・ポンティとエミリオ・ランチァ、リチャード・ジノリの小パヴィリオン、1927年

［図24］ミラーノ見本市。ジョヴァンニ・グレッピ、イルピニア・パヴィリオン、1927年

られたものであった。それを尊重しつつ建築家はファサードを「装飾」しなければならない。ムツィオの選択は、古典的伝統の断片を、特にパッラーディオ風のものを秩序に従わせること、そして新しい理論に近づけることである。この都市のなかで月日を逐う毎に散逸してしまった遺品リストのなかの拾遺物。こうした断片が表面に再び組み入れられる。景観的な新しい基準に従い、そして対称性を持ち、軸線、線形、レヴェルによって既に与えられている秩序に従うのである。その断片は全体を完成させる要素として集められる。建物の各部分はその他の要素やその他の部分に対して配置され、こ

うしてそれぞれの貸室を建物の構成物として個別化することができる。ムツィオにとって、このことは、完成された断片で構築された都市のイメージと同じものなのである。島状の住宅ブロックの道路側のファサード、公共建築、モニュメントなどはオーダーで構成されている。このころのミラーノのオーダーはいまだに新古典主義のものである。そして、このときからこの都市は「全国的様式」を表明することになる。

ムツィオの探求は、都市形態の問題に触れるところへとすすみ、彼の建築は都市構造の隠喩となる。二次元の表面に挿入された時間を超越した建築的断片は、時を経るに従い、都市組織のデザインを構成する建物としての価値を獲得する。ロンバルディア風[5]ではあるが庶民的ではない建築、ヨーロッパ風でありながら「異国風」に反するもの、都市のイデア、まさにミラーノのイデアに合致している。それは地方的なものではないながらもそれ自身の文化を印したイデアである。

ミラーノのほかの「新古典的」な建築家たちにとっても、つまり、アルパーゴ・ノヴェッロやカビアーティ[図22]、フィオッキやランチア[図23]、ポンティやブッツィ、同様に、グレッピ[図24]や、ジジョッティ・ザニーニ、またはデ・フィネッティにとって、建築のテーマは都市の相貌を確定することにある。「近代」の流行や趣向のなかには魅力を見出すことなく、イタリアの伝統やミラーノの建物文化にその根源を持っているのである。

なかでも、ジジョッティ・ザニーニとデ・フィネッティは都市に対するふたつの異なる「意図」を示している。前者は「目に見えない存在」を建築のなかに移し込んでいる。これは、一九二二年にザニーニが描いた〈都市〉[図25]の絵を見てアルベルト・サヴィーニオ[6]が記した言葉である。見えない存在は、都市空間を特徴づけるものであるが言葉にならないもの、石を息づかせるものであるが知覚できないもの、「普通の」環境を「理想的」なものに成さしめるものを暗示する。一九二六年のアッフォリの庶民住宅[図26]によって、ザニーニは、ミ

5 ミラーノを中心都市とする北イタリアの地方。

6 著述家／画家、一八九一―一九五二、アテネ（ギリシャ）生まれ。「地中海的なシュールレアリスト」と言われる。劇の演出や作曲家としても活動。形而上絵画で有名な画家のジョルジョ・デ・キリコの実弟。

［図26］ジジョッティ・ザニーニ、庶民住宅、アッフォリ、1926年（写真、Monti, Milano）

［図25］ジジョッティ・ザニーニ、〈都市〉、1922年（個人蔵）

［図27］ジジョッティ・ザニーニ、ドゥーゼ広場の集合住宅、ミラーノ、1933-34年（写真、Monti, Milano）

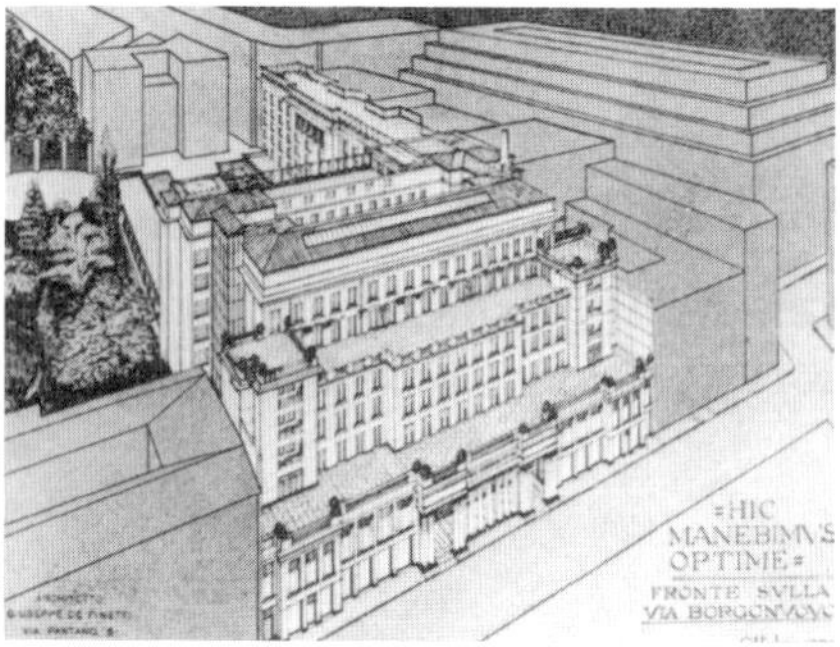

［図28］ジュセッペ・デ・フィネッティ、ホテルプロジェクト、ミラーノ、1920年

ラーノの郊外に形而上的都市が存在することを示す。それより後には、ミラーノのドゥーゼ広場の集合住宅[図27]がある。これは一九三三〜三四年のもので表面は厳格に分節されており、そこに都市を保存する理想的な秩序が暗示されている。サヴィーニォは「近代性」、「機能性」、「合理性」に対するザニーニの無関心さを把み取っている。

　ザニーニの絵画が自然物の現実のなかから直接生まれ出るのではないと同じように、彼の建築は「機能的な」理性から直接生まれるわけではない。たとえ彼の建築が心を通して形成されたもの、構想された建築であり、理想的な建築であるとしてもである。それは「建築」なのである。なぜ「構想された」建築のみが、建築の名（「冠位《タイトル》」）を持つことができるのだろうか。最後の人文主義者《ヒューマニスト》のひとりによる建築、最後の人文主義者たちのための建築。[*13]

　一方でデ・フィネッティの建築は、その当初から、あらゆる装飾主義の言語から精製したもののなかにあって、永遠なる近代としての古典への訴求を表現する。古典は、近代性が流行である時には反近代的、つまり克服されたものと位置づけられる様式なのである。一九二〇年の〈イック・マネビムス・オプティメ〉[7]ホテルのためのプロジェクト[図28]、一九二三年の〈ツーリング・ホテル〉、一九二四〜二五年の〈日時計の住宅〉は、アドルフ・ロース研究の成果である。形態探求の苦行は、しかしながら形態主義になることはない。実際に、常にそこに活かされているのは、都市の形態をメトロポリスの経済的―機能的需要と協調させようという意図である。デ・フィネッティにとって、都市形態の合理性は市民生活の合理性なのである。歴史的都市の街

7　ここは快適に過ごせそうだ（ティトゥス・リウィウスの『ローマ史』からの引用）。

［図29］ジョヴァンニ・ムツィオ、ポルタ・ノーヴァ通りの聖アンジェロ修道院と〈アンジェリクム〉文化センター、ミラーノ、1939年（写真、Monti, Milano）

区に対するプロジェクトは、それがたとえ解決策にはならないとしても、技術的な理論として具体化される。市民のための建物の質は、建築の公的な価値を表現する。デ・フィネッティ自身が貴族的に乖離してしまうことによって、彼は、均衡する都市の投影としての形態の不変性を獲得する。ただし、この均衡する都市は平等化されたわけではなく、そしておそらくその均衡も、平等化されていないことと同程度の不安定なものなのである。[*14]

　これら二人の建築家たちから、そして一般に他の「新古典主義者」たちからムツィオを明瞭に分け隔てる点は、形態を発明する能力、表面とヴォリュームを変形する能力、そして転換させることなく例示する力による。ムツィオは、平面計画と全体構成に簡潔で計算されたずれを持ち込むことによって、そして、レンガのみを用いて実現された量感のある隔壁を用いることで、単に市民的であるだけでなく宗教的な価値も持つミラーノの中心市街のイメージを提案するにいたる。カトリック大学の施設[図29]は一九二九年から一九三八年に建設され、そして〈アンジェリクム〉は一九三九〜四〇年のもので、どちらもミラーノにあり、都市空間に対して聖《サンタ》アンブロージオと聖《サン》カルロ・ボッローメオの宗教的伝統の厳格さと峻厳さとを再導入する要素となっている。パウル・ボナツのからっとした建築との対比においては、禁欲的な魂による産業における倫理学の表現となっている。または「北方の伝統《ノルディック》」から着想を得ているドミニクス・ベームのものとの対比においては、ミラーノの、そしてロンバルディアのヨーロッパ的な規模における位置づけが強調される。

2 建築のノヴェチェントとは?

ミラーノの建築家たちの推移を彼らの特殊性のなかで分析すると、建築における「ノヴェチェント〔二〇世紀〕」は、労を惜しまず事例を示さなければ定義され得ないということがわかる。ノヴェチェントという言葉そのものが最初から混乱と無理解を生み出しており、次第に倫理学的要求として、芸術的傾向として、ある世代の精神性として、そして様式として紹介され解釈されるようになってきている。そしてファシズムの芸術と建築の多少なりとも公的な表現として引き受けられ、あるいは考えられている。

マルゲリータ・サルファッティ[8]の「ノヴェチェント」とマッシモ・ボンテンペッリ[9]の『九〇〇《ノヴェチェント》』を比較してみると、そこには当初から大きな違いがあることに気づく。絵画運動のほうはイタリアの芸術を復権するもの——サルファッティは権威ある保証をムッソリーニに依願するが、それが聞き入れられることはない。一九二六年にミラーノで開催された展覧会オープニングの折のことである[*15]——、そしてボンテンペッリのものは実直にヨーロッパへと方向づけられたもので、彼は一九二六年にマラパルテと共に『九〇〇』の創刊号をフランス語で出版する。[*16]「ノヴェチェント」の政治的波及効果についてマルゲリータ・サルファッティは、次のように言う。

イタリア・ノヴェチェントは(……)前衛的な若い芸術家たちに好まれ、彼らの多くは兵士であった。そしてファシズムにおけるイタリアの尖兵であり続けている(……)芸術家たちはただ単にイタリア人、

8 著述家、一八八〇—一九六一、ヴェネツィア生まれ。近代的な純粋可視性を支持し、それがファシズム体制による秩序回帰につながると考える。総帥ムッソリーニの伝記を著し、大ベストセラーとなる。戦死した息子ロベルトの墓碑の設計をテッラーニに依頼。

9 著述家、一八七八—一九六〇、コモ生まれ。イタリアにおけるシュールレアリスムを「魔術的リアリズム」として表現しようとする。都会派(ストラチッタ)を郷土派に対するものとして提唱。詳細は第VI章3節参照。

伝統主義者、近代人を宣言することだけを望んでおり（……）凝集した集団化によって（……）協同体的組合を通し、この領域においても芸術組織の確たる実践へといたる可能性を示すことになった。[*17]

これはボンテンペッリの『九〇〇』誌に書かれたものと比べると、言語の問題や解釈の可能性の問題が見出される。ここでは、創造的イメージが強調され、神話を創造すること、お伽噺や登場人物を創造することの創作的な努力が強調される。その実感は解釈されたもののなかでも保持されなければならないのである。この全ては共有資産となり、次いでイメージは反ロマン主義でなければならず、言語の「物理的な魅力」が利用されるようであってはならない。[*18]

『九〇〇』グループによるヨーロッパ主義においては、地中海ヨーロッパを世界の思考の中心に位置づけようとする立場の保持のために、ヨーロッパ貴族社会を巻き込むことの必要性が意図されている。「ノヴェチェント」が『九〇〇』に対して当初から持っている差異は、表面的には小さく見えるものであっても、その底部には特徴が残っている。造形芸術と建築の分野で、一八九〇年から一九〇〇年の間に生まれた世代の建築家や画家、彫刻家の協働によって、「主観主義」としての表現を意図する個々の経験が拒絶されることになる。これらの協働は、一九三四年には『ノヴェチェントのマニフェスト』[*19]として出版され、そこでは「時代の様式」のための「意図と作品を統一体として創造する傾向を帯びた芸術の古典的概念」が賞揚される。これは、公分母を探すことに対する便宜性の押しつけであり、そして職業性を守ることにおいて、「合理主義者」の若い建築家たちを危機に陥れることになる。

ジオ・ポンティの活動も芸術と建築におけるノヴェチェントのイデオロギーの形成にひと役買っている。

彼は「ノヴェチェント趣向」の解釈者として表現し、形式としての言語と社会的な機能を結びつけることを目的とするあらゆる形態の探求を様式とすること、つまり厳密な社会的方向性を持つものとしての形態を確定することを目的としているのである。エリオ・ヴィットリーニ[10]は『ラアンブロジアーノ』紙に「ノヴェチェント様式」に対する鋭敏なコラムを書くことになる。『マニフェスト』出版の数ヶ月前のことである。

手仕事見本市のおかげで、そしてジオ・ポンティの『コッリエレ』紙の記事によって、ノヴェチェントの釘はブルジョアたちの脳髄（残念ながら未だにこの脳髄は全てのイタリア人民に順応し、かつ一致しているのです）のある層まで貫入することに成功し、そしてその内部で錆びているのです。イタリアのブルジョアは、つまりこの怪物的な事実、新しい様式を受け入れています。これらの猛獣、これらの現象の内側を見ようとするあまり、彼にとっていったいどれがノヴェチェントの形であるかということを見ようとするばかりに、既にその存在そのものを否定することができなくなってしまっているのです（……）そしてノヴェチェントは同様の型にはまった役目に変わってしまうのです。例えばルネサンスではそこにライオンの足を当て嵌めることができ、ロココではそれが警句と金箔であるように。つまり形態の純粋な張りぼてとして、生（き）のままであることの役目、根は結びついているということの役目に変わってしまうのです。[*20]

実際にミラーノの建築家たちは次第に「新古典主義者」や「ノヴェチェント主義者」として定義されていく。彼ら自身が理想的な雰囲気を保持し、基準となる空間、関係性のある環境を保ちたいとしていたことも

10 著述家、一九〇八―一九六六、シラクーザ生まれ。社会の現実を描写するだけでなく、それを普遍化し象徴化しようとした。スペイン内乱の頃より反ファシズムに転じレジスタンス活動にも従事。

あり、サルファッティが一九二六年に表明していたことのなかに調和を見出す。

過ぎ去っていく時代の声と共に、不死の時代の声、時代を超えて時代のなかに構築する声にも耳を傾ける必要があるのです。[*21]

しかしながら、登場人物を一人ひとり分析していったとしても、この概括的な共調は消え去ってしまう。例えば、サルファッティに望まれてシローニがノヴェチェント・グループに参加したことによって、探求の方向性が個別化されるというよりは政治的な癒着になってしまう。ムツィオの場合には、ある種の意図の上で、むしろサルファッティの「ノヴェチェント」よりも、ボンテンペッリと、そして『九〇〇』との共通性を見出せる。このことはおそらく、形式と派閥を別にして、いくつかのつながりを理解する助けになるだろう。数年前に既にエツィオ・ボンファンティが、「魔術」の解釈、つまりムツィオが形而上的な環境のなかで着想をし〈カ・ブルッタ〉によって与えた解釈と、ボンテンペッリの魔術的現実主義《リアリズム》〔第VI章三節参照〕との間にどのような類似があるかということに注目していた。[*22] この日常生活を支配することとその矛盾する様相、それはこの後者が結果として最高の価値をそこに置くためであり、この想像的イマジネーションを脆弱化することなしに言語の「物理的な魅力」を無化すること、この服飾やモードのあらゆる現象から遠ざかること。テッラーニがボンテンペッリとどのようにして同調するようになっていくかについては後述したい。ふたりは一九三〇年代の中盤に雑誌『クアドランテ Quadrante』〔四分儀〕で協働をすることになるのである。

一九二〇年代後半以降のミラーノの建築文化は、より多様で対立する立場の間を揺れ動きながら、あらゆる経験に対応できるようになる。ポルタルッピの魔法を解かれた職業的現実主義は、その少し前の市民的精神の遺産である形式的原理を探求することと合致している。デ・フィネッティが解釈するように、ミラーノの大ブルジョアの思慮分別は、企業家たちの新旧の力によって表現されるものを見せたくて仕方がないという思いと共に成り立っている。これは当初は、アルド・アンドレアーニによって、ソーラ＝ブスカ田園住宅地区（一九二四〜三〇年）を改造するプロジェクトの際に表現された「古典的」ロマン主義のなかに適切な回答を見出すことができると信じられていた。[*23] 加えて、ヨーロッパ文化への想起は、ファシズム芸術を定義しようという最初の試みによって補完される。この雰囲気のなかで、一九二六年から一九二九年の間に工科大学を卒業した若い「合理主義者たち」の最初の経験が形成され、導かれていく。[*24]

3 絶対的形態の合理主義

ミラーノの都市規制計画のアイデア・コンペティションが行われていたちょうどその頃、建築学科の若い卒業生と卒業間近の学生によってグルッポ7《セッテ》が結成される。『ラッセーニャ・イタリアーナ Rassegna Italiana』〔イタリア評論〕の一九二六年一二月号にグループの署名による記事が登場した。この新たな貢献によって建築に関する論争が豊かになり、建築と都市計画の合理性という新しいイデアが導入されることで議論のテーマが拡がる。[*25] これは本質的にミラーノらしい現象であり、工科大学の環境のなかで形成される。グルッポ7は当初は感興的な論争と原理を主張することによって頭角を現し、まずはこれらの主張がプロジェクトに先行して提起されていたが、その数年後には数多くのプロジェクトが発表されることになる。これらのプロジェクトはグループの活動による成果ではあるものの、グループ全員でまとめた提案が現れてくることはない。[*26]

グループにより表象されていること、そして、すぐ前の世代であるムツィオやアルパーゴ・ノヴェッロ、ポンティたちとの協働によるものからある範囲まで拝借したこととしては、生産としての労働に直面し続けることの必要性、あらゆる選択を討議することの必要性、個人主義のアマチュアリズムと見做されていることを打ち壊す必要性などである。[*27] グループは「時代の空気の中に」存在する「新精神」を翻案しようとしており、ル・コルビュジエの『建築をめざして』からの引用を交えて「新精神の存在《エスプリ・ヌーヴォー》」と書く。グループが持ち込んだ新精神については、一九二六年一二月から一九二七年一〇月の『ラッセーニャ・イタリアーナ』に掲載された四つの記事にあり、自分たちの立場をすぐ前の世代の「新古典主義」の建築家たちと比較して厳密に位置づけようとするもので、それは「心からの尊敬」として表現される。

あまりにも永きにわたって君臨していた軽率で趣味の悪い伝統を打ち砕いた最初の人々であるという認識を大切にしたい。そしてある部分ではわれわれは先行する彼らの後に従っていた。しかし今はもう違う。彼らの建築は新しい成果として与えることできる全てのものを既に与えてしまったのである。[*28]

ムツィオやその他のものたちによる「新古典」のオーダーはもう飽きられてしまっている。グルッポ7は、そのいまだに装飾的である様相に気づいており、もっと妥協をしないままであろうとする。このグループは、「新古典」的オーダーから「古典」的オーダーへ、つまり純粋であること、絶対的であること、プロポーション、数学、そしてギリシア精神を基盤とする「真の古典主義」へと移行しようとしているといえるのではないだろうか。

建築家はこの新しい幾何学に対して基調となるトーンを与えなければならない。これは機械的精神にとどまらずギリシア精神（おそらくこの二つは同じことであり、「新精神」と呼ばれるものである）にも参与するものである。[*29]

建築は、論理や合理性に一致したものによってもたらされる数少ない基本となる「タイプ」に絞り込まれ、そこからあらゆる美学的な価値がほとばしり出る。「純粋なリズムの定義できない抽象的な完全さによって気高いものとなること、簡潔な構築性によって与えられるものは単に美しさだけではないだろう」[*30]。新しい美学は鉄筋コンクリートを用いることによってもたらされ、この美学により「いくつかの絶対的形態、全ての地域においてわれわれが明らかにし得てきた」[*31]ものを確立することが同意されており、

そしてそれが基盤となって（……）いくつかの形態は既に生まれており、それらは必要性という唯一で完璧な解決法を示しながら、まさに国際的な資産と見做すことができる。同様に円柱やアーチという要素は過去の建築における基盤だったのである。[*32]

このグルッポ7の表明を一体となった立場からの表現として受け入れることは、この四つの記事に通底している曖昧さや不確実さを隠してしまう危険をもたらす。つまり建築のイタリア的な特徴といくつかの基盤

となる形態の国際的資産との対比や、少数の基本となるタイプ（例えばパルテノン、聖《サンタ》ソフィア、一五世紀のフィレンツェのパラッツォ）のイデアと、鉄筋コンクリートで造られた過去のものを参照した円柱やアーチといった基盤となる少数の形態のイデアとを比べたときに浮かび上がってくる矛盾のことを考えてみたい。忘れてはならないのは、グルッポ7の署名による記事は、共通の場で議論されたものではあるが、物理的には少なくともメンバーのうちの一人の手によってその度毎に書かれたものとなっていることである。[*33]その際に思い起こすべきことは、一九二七年にリベラがグループに参加したことであり、このことは当初志向されていたいくつかのテーマが再検討されたことを意味する。[*34]

実際、グループの一体性は、立場が一致しているという状況によるものではなく、「個別性を放棄」しようという意思においてよりよく表されている。しかしながら、それぞれは自分自身が見分けられる個性を保持し、それをグループの中で「消してしまう」までには誰も至っていない。ただしおそらく彼らの中でもっとも「知られていない」フレッテという唯一の例外はある。[*35]このもうひとつの矛盾を単純化するためには、グループが「先行する人びと」として示している建築家たちの考え方とグルッポ7自身とを比較してみることが有効である。そしてこの比較に際しては、まとめてしまうことではなくそれぞれの人物、例えばムツィオやテッラーニを例として参照することによって異なる視界が見えてくる。

既に、全般的な視点において、ジュリア・ヴェロネージにより「ノヴェチェント主義者」の立場とグルッポ7の立場とのある種の相似性が明らかにされた。[*36]「オーダー」の必要性、「個人主義の放棄」、そして「リズム」の問題はより明白な相似性の例である。グルッポ7によって表明された合理性の考え方とミラーノの新古典主義との間にはある種の合致がある。それは、表面、ヴォリューム、トーン、要素を形態として構成し再構成するための、付加的な部分やディテールを抽象化することに起因する。こうした区分によって「オーダー」の必要性という特徴が論じられる。このことは新しい形態の美学的な価値の基盤となるものとしてグルッポ7が打ち出したのであるが、この表面を縁取りかつ空間と雰囲気を画定する「古典的」な建築的要素を用いることによっても確実に個別化されるまでには至っていない。

しかしながら、まさにこの区分けから始めることで、まずは次のふたりの、より特化された個別性または相似性を確認することができるのではないだろうか。建築における「新古典的ノヴェチェント」の中心人物のひとりと見做されているムツィオと、そしてグルッポ7の他のメンバーからあまりにも立場を個別化されすぎているきらいのあるテッラーニである。このふたりは「必要性」を表現するに際し、そして言葉によっても、とりわけその美学的価値を軽視しないことにより区別される。すでにパガーノはこのふたりの建築家たちの作品のなかにその要素間の「関連性」の可能性を照合している。これは一九三七年に書かれたものである。

かくして、例えばリンジェーリ＝テッラーニ・グループとムツィオの間に、ある造形的ディテールに奇妙な関係性を見出せることは興味深いことである。前者が、装飾的視点からミラーノの〈ルスティチ集合住宅〉[図30]で列柱の格子を配していることは明らかであり、一方でムツィオにとっては、この同じ造形的図式が様式的なものの名残りなのである。双方ともにこの場合には装飾の必要性を強調、または少なくとも作品の一体性という点において不利になるような解法となる装飾的機能を持つ構造を明快にみせることの必要性を強調する。[*37]

［図30］ピエトロ・リンジェーリとジュゼッペ・テッラーニ、センピオーネ通りの〈ルスティチ集合住宅〉、ミラーノ、1933-35年

［図32］第4回モンツァ装飾芸術と近代産業国際展。ジョヴァンニ・ムツィオとマリオ・シローニ、グラフィック・アート・ギャラリー、1930年（写真、Archivio Muzio, Milano）

［図31］マリオ・シローニ、〈建築家〉、油彩、1922年（Milano、個人蔵）

ムツィオへの接近は、パガーノにとって、リンジェーリとテッラーニについてある範囲で限界が見えているという審断の表明、「知識階級的な不安」を断罪しようとする点において全てが共有されていることを意味する。しかしながら、この指摘によって、伝統との抽象的な関係性を回復する形式的なものとしての構造の使用、そして都市の空間的表現へと改変される構造的な格子の使用における相似性が見出される。つまり、こうしてモチーフ、イデア、同様の立場もしくは少なくとも対比し得る立場が浮かび上がってくるのである。とはいえ、これらのことは既に、重要かつ符合した協働のなかでおおよそのことは間接的に見えている。こうした協働をムツィオもテッラーニもうまく活用しており、例えば同様の意味において例証的なのはマリオ・シローニ[図31]とのそれぞれの関係である。ムツィオは一九二八年のケルンの印刷博覧会で、そして一九二九年のバルセロナ博覧会でジャーナリズムの展示室と本の展示室、その後の一九三〇年にはモンツァの第四回トリエンナーレのグラフィックアート・ギャラリー[図32]では、ある種のシローニ風イメージを三次元的に連続して体験できるものをつくり、次いで一九三八年にはミラーノの〈イル・ポポロ・ディイタリア社屋〉などで協働する。テッラーニは、一九三二年のファシズム革命展においてシローニとの併行する経験を経た後、コモ[11]の〈カーサ・デル・ファッショ〉〔全国ファシスト党地方支部〕の最初のプロジェクト（一九三二年[図33]）での協働をシローニに呼びかけている。そして、一九三四年と一九三七年にはローマのパラッツォ・デル・リットリオの二つのコンペティションの際にまとめたプロジェクト[図34]、そして最後は一九三八年の〈ダンテウム〉である。しかし、こうした符合や併行性を越えたところで、その基底にあるつながりが浮かび上がる。これは厳格な派閥分けにはうまくあてはまらない。先方は「新古典主義者たち」であり、此方は「合理主義者たち」であ

11 Como ミラーノの北約四〇キロ。スイス・ティチーノ地方に隣接する。

［図33］ジュゼッペ・テッラーニ、〈カーサ・デル・ファッショ〉のプロジェクト、コモ、1932-33年

［図34］マリオ・シローニ、パラッツォ・デル・リットリオのファサードのレリーフの試作、ローマ（第二次コンペティションのプロジェクト）、1937年

る。テッラーニの絵画的手法は重宝がられ、サルファッティの「ノヴェチェント」やシローニに近いものである。[*38] それは一九二九年のミラーノの病院のコンペティションのためのプロジェクト、または一九三〇年のコモの〈ステッキーニ墓廟〉や、同じ時期のこの近くの〈ピロヴァノ墓廟〉に見られるように、記念碑のみが表現することのできる「永遠」や「純粋」の価値へ回帰するものなのである。[*39]

ムツィオとテッラーニにふれることで、一九二〇年代末〜三〇年代初頭の時代区分の境を越えてしまった。それというのもこのふたりの建築家の、計画に際する動機がそれほど異なったものではなく、その反対に「合理主義者たち」の内部で見た時のほうがそれがより大きく異なってしまっていることを示すためである。時代が進むにつれて、一九二八年と一九三一年のローマの合理的建築展に集まったイタリアの若い建築家たちを突き動かしていた当初の意図であった一体性の意味は失われていく。彼らが首都に集まるという選択に従った理由を想像することは難しくはない。この次にこのローマの展覧会の意味を見ていきたい。しかしその前に、このミラーノからローマへの横滑りに着目し、前述したトリーノからミラーノへの移行との対照をすることにしたい。トリーノは、この一九二〇年代から三〇年代にわたる年月に、建築文化の分野で指標となる役割を降りてしまったようである。ミラーノは並ぶもののない探求への貪欲さを示し、そこでは多くの声を集め、多様な経験を得るための機会が与えられる。ミラーノに比べてローマには、政権中枢との直接的で継続的な接触、時にはムッソリーニとの直接のコンタクトによって、そして政治権力の粘着質の構造のなかで、そこに介入する大きな可能性が与えられる懐の深さがある。ローマにおいて同意の好意的な印を示すことは、ミラーノにおいて専門職として業務に従事するよりもずっと多くの価値を持ち得るのである。マルゲリータ・サルファッティが書いているように、ローマでは「どこよりも建築活動は盛んである」[*40]。

［原註］

＊1　前掲書、SPRIANO, *Storia di Torino operaia e socialista*, p.337.

＊2　都市拡張の推移および都市規制計画については以下を参照のこと。*Milano*, a cura del comune di Milano, Milano 1934; F.REGGIORI, *Milano 1800-1943. Itinerario urbanistico-edilizio*, Milano 1947; L.DODI, *L'urbanistica milanese dal 1860 al 1945*, in «Urbanistica», XXV, marzo 1956, n.18-19, pp.24-37. この号は全誌でミラーノの特集。D.FRANCHI e R.CHIUMEO, *Urbanistica a Milano in regime fascista*, Firenze 1972; その他以下も参照のこと。G.DE FINETTI, *Milano*, a cura di G.Cislaghi, M.De Benedetti e P.Marabelli, Milano 1969. 都市計画と建築との関わりについては以下を参照のこと。L.BORGHESE, *Milano 1870-1920: architettura, edilizia, urbanistica*, Milano 1972; M.GRANDI e A.PRACCHI, *Milano. Guida all'architettura moderna*, Bologna 1980.

＊3　一九二三年に市に編入されたのは、アッフォリ、バッジォ、キアラヴァッレ、クレシェンザーゴ、ゴルラ＝プレコット、グレコ・ミラネーゼ、ランブラーテ、ムソッコ、ニグアルダ、

トレンノ、ヴィジェンティーノ。市の面積は七六平方キロメートルから一八二平方キロメートルとなる。一九三一年の統計調査による人口は九九万人を超える。これは一九〇一年(四九万一千人)の倍である。

＊4 設計競技とアルベルティーニの役割について、註2に記したものの他には『La casa』誌を参照のこと。同誌は、市の住宅局と庶民住宅協会が発行する機関誌であり、全国住宅および都市規制計画協会の公的機関誌である。ミラーノ市による編集。

＊5 この計画のプロジェクトについては、以下の私家版を参照。P.PORTALUPPI e M.SEMENZA, *Milano com'è ora e come sarà*, Milano-Roma 1927.

＊6 これらのプロジェクトについて、またポルタルッピの作品一般については以下の二冊の私家版を参照のこと。P.PORTALUPPI, *Aedilitia*, Milano-Roma 1927; *Aedilitia 2*, Milano-Roma 1928.

＊7 ポルタルッピは、実践建築学を一九二四年から一九三四年まで、構築要素学を一九三二年から一九三四年まで教える。いずれもミラーノ工科大学におけるもの。

＊8 M.PIACENTINI, *Il concorso nazionale per lo studio di un progetto di piano regolatore e d'ampliamento per la città di Milano*, in «Architettura e Arti Decorative», VII, novembre-dicembre 1927, fasc.2-3, pp.132-82. 受賞した全てのプロジェクトが掲載されている。

＊9 以下を参照のこと。la relazione al progetto *Forma Urbis Mediolani*, Milano-Roma 1927. その他、R.AIROLDI, *«Forma Urbis Mediolani»: un'illusione aristocratica*, in «Casabella», XLV, aprile 1981, n.468, pp.34-43.

＊10 G.MUZIO, *Alcuni architetti d'oggi in Lombardia*, in «Dedalo», XI, agosto 1931, n.15, pp.1082-119.

＊11 ナヴィリォ運河と市壁の問題については以下を参照のこと。A.BONA, *Il novecento milanese e la città. 1924-1931*, tesi di laurea, Venezia 1988, cap.VI.

＊12 V.CARDARELLI, *Introduzione a Architetture di Giovanni Muzio*, note di F.Reggiori, Milano-Ginevra 1936, p.XVI.

＊13 A.SAVINIO, *Gigiotti Zanini*, Milano 1947, p.15.

＊14 デ・フィネッティの作品については以下を参照のこと。*Giuseppe De Finetti. Progetti 1920-1951*, a cura di G.Cislaghi, M.De Benedetti e P.Marabelli, Milano 1981.

＊15 イタリア・ノヴェチェント第一回展は常設館で一九二六年二月一四日から開催される。ムッソリーニが発言のなかで大げさに疑問を呈したのは次の三点である。政治と芸術の間にはどのような関係性があるのか(「政治は芸術である」とムッソリーニは述べている。後者に対する前者による条件づけの可能性については何も触れてはいない)。なぜノヴェチェントの展覧会なのか(ノヴェチェントは「芸術的なモメント」に関わっていると結論づけている。「それは今世紀のイタリア芸術の歴史のなかで長く続く軌跡を残すに値するそれなりに長く重要なものであり得る」)。展覧会は成功するか(こ

れには諾と答えている）。その上ムッソリーニは、作品のなかから「イヴェントの印」（戦争とファシズム）を駆り集めることまでする。すなわち「見つけ出せることがわかりさえすればそれで良い」。したがって、ファシズムに直接結びついた絵画として参照すべきものはノヴェチェントには何もない（以下の前掲書を参照のこと。*Opera omnia*, vol.XXII, pp.82-84）。ムッソリーニは、一九二三年にミラーノのマンゾーニ通りのペーザロ画廊に展示されたノヴェチェントの画家たちのグループ展を訪れた際にも同様の態度を見せている。その際にムッソリーニは「国家の芸術になぞらえることのできる何ものかを奨励するというイデアは我輩からはほど遠いところに在ると宣言しようではないか」と表明している（以下の前掲同書を参照のこと。vol.XIX, p.188）。一九二六年の展覧会については以下を参照のこと。*Catalogo della prima mostra del Novecento italiano*, Milano 1926.

*16 『900』はローマで一九二六年秋に『La Voce』版として出される。ボンテンペッリ、マック・オルラン、バリッリ、アルヴァロ・ゴメス・デ・ラ・セルナ、スーポー、カイザー、エミリオ・チェッキ、アニアンテ、ソラーリ、ジョイス、ゴル、カンパニーレ、スパイーニ、モロトフ、フランク、アルベルト・チェッキらの記事に、オッポ、コンティ、リディス、ロザーイの挿画がそえられる。「先行する」イタリアの雑誌でフランス語で書かれたものを遡ると、一九一九年の『Valori Plastrici』の2—3号がある。異なる点としてはここではフランスの作家と詩人だけが登場し、翻訳もつけられていないことである。

*17 M.SARFATTI, *Storia della pittura moderna*, Roma 1930, pp.126-27.

*18 以下を参照のこと。M.BONTEMPELLI, *Cronique et faits-divers au sujet de la fondation de «900»*, in «900», 1926, n.1, pp.173-76.

*19 マニフェストは以下に掲載される。«L'Ambrosiano», 26 luglio 1934. 近著では以下に所収。L.PATETTA, *L'architettura in Italia 1919-1943. Le polemiche*, Milano 1972, pp.107-111.

*20 E.VITTORINI, *Lo «stile» novecento*, in «L'Ambrosiano», 2 maggio 1934, 近著では同上書の以下のページ、pp.104-7.

*21 M.SARFATTI, *Alcune considerazioni intorno alla prima Mostra del Novecento italiano*, in «Il Popolo d'Italia», 12 febbraio 1926.

*22 E.BONFANTI e M.PORTA, *Città, museo, architettura. Il gruppo Bbpr nella cultura architettonica italiana. 1932-1970*, Firenze 1973, p.2.

*23 この介入については以下を参照のこと。E.SOMARÈ, *Aldo Andreani architetto scultore*, Milano 1937; F.IRACE, *L'«officina di Dedalo»: itinerari milanesi tra progetti e realizzazione*, in *Aldo Andreani 1909/1945*, a cura di F.Irace, «Rassegna», X, marzo 1988, n.33, pp.33-52.

*24 カルロ・エンリコ・ラーヴァ、ピエロ・ボットーニ、ルイジ・フィジーニ、ジュセッペ・テッラーニは一九二六年卒業、ジーノ・ポッリーニは一九二七年、マリオ・チェレギーニとイニャーツィオ・ガルデッラは一九二八年、フランコ・アル

ビーニ、レナート・カムス、アドルフォ・デッルアックァ、ジャンカルロ・パランティは一九二九年の卒業。

*25 合理的という語を最初に使用したとの主張をするものは数多くいた。C.BELLI, *Origine e sviluppo del «Gruppo 7»*, in «La Casa», s.d.(1960), n.6, p.188. サルトリスの物言いを援用しつつ「管見では、サルトリス自身が、カルロ・エンリコ・ラーヴァとともに合理的という言葉を最初に案出したようである（それは二六年の春のことのはずである）」。C.E.RAVA, *Premessa a Nove anni di architettura vissuta. 1926 IV-1935 XIII*, Roma 1935「（……）〝グルッポ7〟は私が創設者として、一九二六年に創設し三年以上にわたって引っ張ってきている。その際に最初に合理的建築という概念を導入した（……）」また一方、テッラーニは、ロシア戦線から送った一九四二年一月二四日付のルイジ・ズッコリに宛てた手紙で「（……）〝合理的〟ということの定義付けは、遥か昔の一九二六年に〝グルッポ7〟の闘いの場で指揮をするなかで僭越ながら私自身が選び出したもの」と述べている。これは以下の前掲書に再録されている。MANTERO, *Giuseppe Terragni*, p.31.

*26 グルッポ7は当初、ウバルド・カスタニョーリ、ルイジ・フィジーニ、グイド・フレッテ、セバスティアーノ・ラルコ、ジーノ・ポッリーニ、カルロ・エンリコ・ラーヴァ、ジュセッペ・テッラーニにより構成されている。一九二六年にはイタリアでは数多くのグループが結成されている。ミラーノではグルッポ7の他にも、既出の都市計画家倶楽部があり、グルッポ・ラビリントはジオ・ポンティ、エミリオ・ランチァ、トマーゾ・ブッツィ、ミケーレ・マレッリ、オッタヴィオ・カビアーティ、アルベルト・アルパーゴ・ノヴェッロによるもの。ローマでは記銘すべきローマ都市計画家グループの他に、アスキエーリ・グループがある。そこにはアルベルト・カルツァ・ビーニに並んでアダルベルト・リベラの名がある。彼は後にカスタニョーリに替わりグルッポ7に加入する。グループの他にも、この数年後には、仕事としての協働事務所が結成されており、何年も続くことになる。例えば、フィジーニとポッリーニ／マリオ・アスナーゴとクラウディオ・ヴェンデル／ラルコとラーヴァ／ルイジ・バンフィ、ルドヴィーコ・ベルジョイオーゾ、エンリコ・ペレッスッティ、エルネスト・N・ロジャース（BBPR）／イレーニオ・ディオタッレーヴィとフランコ・マレスコッティである。それほど確固としたものではないグループも建築や都市計画の設計競技の際に結成される。一九二八年に、全国ファシスト建築家労働組合の書記長であるアルベルト・カルツァ・ビーニは、ローマ研究の第一回全国会議に際し「技術的側面と芸術的側面から（都市計画的な）問題を特に研究するグループへの」共感を示す。一方で、一九三〇年初頭には、プロジェクトのためのグループに対する批判の矢を放っている。以下を参照のこと。A.CALZA BINI, *Per la costituzione di un centro di studi urbanistici in Roma*, in *Atti del I Congresso nazionale di studi romani*, Roma 1928, p.47; *Pagine di vita sindacale*, in «Architettura e Arti De-

corative», IX, gennaio-febbraio 1930, fasc.5-6.
　グループが表象しているのは、何も協働のことばかりではなく相互扶助のかたちでもある。以下の記述を参照。M.TAFURI, *Ludovico Quaroni e lo sviluppo dell'architettura moderna in Italia*, Milano 1964, pp.29-30.

*27 「少なくともある期間は、新しい建築はある部分では放棄することにより為されるということを信じることが必要である。この勇気を持つことが必要なのである。すなわち建築は、もはや個別であることはあり得ないのである」(GRUPPO 7, *Architettura*, in «Rassegna italiana», IX, serie II, vol.XVIII, dicembre 1926, fasc.103; 同誌の以下も参照のこと。GRUPPO 7, *Architettura(IV). Una nuova epoca arcaica*, maggio 1927. ここでは「個人主義を放棄すること」に固執している)〔八束はじめ編、近代建築史資料 イタリア建築一九二六―一九四三：論文一〇題、SD7903、p.52-、1979年〕。グルッポ7の記事は数度にわたり再録されている。グルッポ7の書いたものを起源とする記事や介入を含んだ最も組織立てて集められた資料は、以下のもの。*Materiali per l'analisi dell'architettura moderna. La prima Esposizione Italiana di Architettura razionale*, a cura di M.Cennamo, Napoli 1973, pp.37-90. ここから後のこの記事に関連する文献はこの本を参照している。

*28 GRUPPO 7, *Architettura*, cit., p.39.

*29 GRUPPO 7, *Architettura(III). Impreparazione, incomprensione, pregiudizi*, (marzo 1927), p.61.

*30 GRUPPO 7, *Architettura*, cit., p.40.

*31 GRUPPO 7, *Architettura(II). Gli stranieri*, (febbraio 1927), p.51.

*32 前掲書。

*33 特にラーヴァは四つの記事の最初と最後のものに対する自身の権利を主張している。次いで一九二八年二月に同じく『Rassegna italiana』誌に「*Dell'europeismo in architettura*〔建築の欧州主義について〕」というタイトルの五番目の記事が続く。一連の記事の中で初めて集約的なものではない個別のものとされるべき記事となる。このラーヴァの記事の後では、次のものが出版されるだけである。A.LIBERA, *Arte e razionalismo*, marzo 1928. 以下の前掲書を参照のこと。*Materiali per l'analisi dell'architettura moderna. La prima Esposizione Italiana di Architettura Razionale*, pp.74-84 e 85-90. ラーヴァの記事は以下の前掲書にも掲載されている。C.E.RAVA, *Nove anni di Architettura vissuta*, pp.27-35.

*34 リベラは、グルッポ7の最初の四つの記事において既に構築されていたテーマに対し、彼のグループへの参入が一九二七年の夏だったこともあって、直接的な協働は行っていなかった。そしてそこに、カテゴリーを介して、芸術（内部と外部の関係性、感性と現実、限定されたものと限定するものの関係性）を抽象的に定義しようとする試みを加え、信仰主義的な要素を導入する。そこでは芸術は信仰の問題になる。「われわれ合理主義者は（とリベラは書いている）明快な概念に照らされ、芸術的信仰によって武装している」(in *Arte e razio-*

nalismo, cit., p.90). 以下の前掲書も参照のこと。A.LIBERA, *La mia esperienza di architetto*, in «La Casa», pp.171-75.

*35 フレッテについては以下を参照のこと。F.PETOCCHI, *Testimonianza di un moderno: Guido Frette architetto del «Gruppo 7»*, tesi di laurea, Venezia 1985.

*36 G.VERONESI, *Difficoltà politiche dell'architettura in Italia. 1920-1940*, Milano 1953.

*37 G.PAGANO, *Tre anni di architettura in Italia*, in «Casabella», X, febbraio 1937, n.110, pp.2-5；近著では以下の前掲書、G.PAGANO, *Architettura e città durante il fascismo*, pp.256-66. 記事全般にわたりテッラーニの作品に対する緻密な批評が続く。ジュリア・ヴェロネージは前掲の *Difficoltà politiche* の中で、パガーノの批評に肯定的なものを見ている。「一九二三年のミラーノのモスコヴァ通りの住宅が、これらの（新古典主義の）建築のなかでテッラーニの建築との出会いへと率直に向かう唯一のものである」（p.23）と書くだけでなく、感嘆すべき直感により、ムツィオの〈カ・ブルッタ〉をテッラーニの〈ノヴォコムン〉図55 に近いものと位置づけている。

*38 「ノヴェチェント」の画家としてのテッラーニについては以下を参照のこと。L.CARAMEL, *Esperienze d'arte non figurativa a Como negli anni 1933-40*, in *L'eredità di Terragni e l'architettura italiana. 1943-1968*, Atti del Convegno, in «L'Architettura. Cronache e storia», XV, maggio 1969, n.163, pp.11-12; L.ZUCCOLI, *Quindici anni di vita e lavoro con l'amico e maestro architetto Giuseppe Terragni*, Como 1981. ここでのテーマは特に、テッラーニとシローニの関係性である。それはズッコリ自身がテッラーニに関する学術会議の中で話していたこととは異なる方向性のもので、会議ではこの二人のあらゆる関係性は否定されていた。以下の前掲書を参照のこと。*L'eredità di Terragni*, p.16. F.MARIANO, *Terragni: fra disegno e design*, in *Giuseppe Terragni. La Casa del Fascio*, a cura di L.Ferrario e D.Pastore, Roma 1982. 同書ではテッラーニが一九二六年のノヴェチェントの画家の最初の展覧会に一点の絵を出品していることに注意を促している。しかしながら展覧会カタログには招待作家の中にテッラーニの名前は見当たらない。より一般的には、以下を参照のこと。E.TERRAGNI, *Giuseppe Terragni 1904-1943. Catalogo dei dipinti e dei disegni*, tesi di laurea, Venezia 1988.

*39 ブルーノ・ゼーヴィはこれらの建物を「掛け値なしの堕落」で「保守的な選択」であると非難している。ただし部分的には彼がノヴェチェントの趣向を追っていることに由来する限界となっている表現として、そして「権威に依拠する伝統主義に抗する」ディテールの研究の成果としては正当性を認めている。ある種の純粋な視覚主義者としての読解において、ゼーヴィは〈ステッキーニ墓廟〉の写真に、ある「写真的な短縮法、それは建築家によって計算されたものであり、左右対称性、静定性、見せかけの安定性の教義を否定するもの」を見つけ出すに至り、そしてテッラーニの中に「新しい雰囲気、不安定で曖昧で、近代的宗教性の固有性の表明」を見出

している（以下を参照のこと。*Giuseppe Terragni*, a cura di B. ZEVI, Bologna 1980, pp.42-45, 54-55, 140〔ブルーノ・ゼーヴィ編、鵜沢隆訳、ジュゼッペ・テッラーニ、SD選書181、1983年〕）。

＊40 M.SARFATTI, *Segni, colori e luci*, Bologna 1925, p.238.

Ⅳ

「ローマでは、ほかのどこよりも建築活動が盛んである」

1 国家の要求と市《コムーネ》当局の利益

ローマの都市計画と建築は、この都市が首都になった時点[1]から、特に全体的な視野を持って形づくられていくことになる。そこには中央政府によって必要とされているものと地方自治体として興味を持っていることとの二重性が投影されている。国家の要求と市当局の利益は対立し矛盾するものである。首都は政府の選択に従いながら構築されていくのであるが、プログラムは常に改変され、省庁や公共施設、国会議事堂や記念建造物は随意に配置され、変化する。その一方で都市計画は市当局によって立案され、それは往々にして中央政府レヴェルの決定とは矛盾するものとなる。[*1]

確かに、その双方の対照となる点を解決し得る指標となるイデア、理想のプログラムは存在する。ローマは国全体の中心であり、国のまとまりを代表するイメージを表象しなければならない。栄光ある過去をレトリックとして称揚することを通して国の自尊心を強化することが求められる。この最初の試みはヴィットリオ・エマヌエーレ大通りの開通（一八七三年）に始まり、これに併行して相反する出来事が見られる。それは一方ではヴィットリオ・エマヌエーレ二世記念堂の建設（一九一一年）に際しカンピドリオからパラッツォ・ヴェネツィアにかけて市街地を除却したこと、そしてもう一方では古代遺跡の散歩道の整備（一九一三年）が行われたことである。こうして、一九〇八〜〇九年のサンジュストの都市規制計画、[2] ナータン市長の社会主義政策のもとで策定されたこの計画から、ムッソリーニによる一九三一年の都市規制計画にいたるまで、ローマに対するあらゆる介入に常に付随するイメージは、ある都市を予示するものとなっている。そのイメージのなかで古代遺産と歴史遺産は、構築され確定されつつあるイタリアというものの象徴を代表するのである。古代ローマの、その栄光と権力、市民の力と軍の力は、ヨーロッパの最も若い国家——この少し後のファシズムの「革命」による——にとって、少なくとも他の国々と同格であると感じさせてくれる遺産として称揚される。

こうしてローマが首都となったときから、この都市は調和があり、補完され、均衡の取れていることが当然であるものとして、理想とする国の姿の鏡、国の文化の中心を映し出すものであることを夢想される。

実際には、ローマの発展は一八七〇年以降断片的に進められており、根深い不均衡のなかで、新しい首都としての刻印を与えようという都市計画上の要求と土地投機からの圧力によって動かされる逸脱との間で揺れ動いている。数世紀にわたる歴史という抽象的な神話に対して、「古代ローマ性」というレトリックと少し地域主義的な「ローマ主義」精神との間の平衡状態のなかで、経済的な発展が脆弱なものであるという現実と、混沌としてコントロールされていない都市の発展の哀しい現実が対比される。これは確固とした問題に向かう態度が、経験的で手法的なものでしかないことによって明らかになった結果なのである。[*2] 当初から、

1 一八六一年の近代イタリア王国統一の後、トリーノ、フィレンツェを経て一八七一年に正式にローマが首都となる。

2 エドモンド・サンジュスト・ディ・テウラーダ（一八五八—一九三六）によるローマの都市計画。新規な点としては、市域人口を五〇万から一〇〇万人に倍増させるなかで、比較的密度の高い建物と緑の多い低密度の建物の地区とを分けて計画。ローマ時代の三世紀後半にできたアウレリアヌス市壁の外部への規制を初めてかけた。

この都市の経済構造として構築されてきたもののなかで唯一確かなことは、真のプロレタリア労働者の欠如と企業がほんの少ししか存在しないことであり、そしてこうした企業も本質的に手工業的な性質を持つものということなのである。一八七六年に国会の討論の中でクィンティーノ・セッラは次のように主張した。

ローマに労働者が過剰に集積していることについて、私は本当に困ったことだと思っております。なぜならば、この都市は知性的な討論がなされるよう望まれている数多くの課題を扱わねばならない場所である、と私は信じているからであります。つまりは全国の知識人の全ての力を結集すべきところなのであり、労働者大衆の民衆蜂起に適するような場所であってはならないのです。[*3]

このように首都から労働者階級を排除してしまおうということ――この原因のもとをたどると、ひとつにはまだ記憶に新しい「民衆蜂起」がある。これは一八七一年にパリやヨーロッパ全体に起こったものである――に背中を押されて、社会主義者であったムッソリーニは、ナータンの順風満帆な行政における都市に対して暴力的な筆致で攻撃することになる。

ローマは、賃貸住宅に寄生された都市、幇間、売春婦、僧侶、官僚たちに寄生された都市である。ローマ――その名に相応しくプロレタリアートのいない都市――は、この国の政治生活の中心にはなり得ていないが、この国の政治生活の腐敗の中心であり、いろり端になってしまっている。[*4]

ひとたび権力を手にするや、ムッソリーニは、この一九一〇年に表明した軽侮した批判をひっくり返し、一九二四年には「ローマは活動する（……）、もはや骨董品の小さな王国の首都ではない」[*5]と表明し、一九三一年の都市規制計画に関する上院での議論においては、就労者の都市である首都として、中小企業の数の多さにおいて、ミラーノとトリーノに次ぐ三番目の位置をローマに取り戻させたとする。[*6]それは、労働し生産する都市を首都たらしめている企業、多少なりとも産業的である会社に勤める八万人の従業員を維持するために有益であるばかりでなく、均衡のとれた都市としてのローマのイメージを担保するためにも必要なのである。そこにはあらゆる社会階層があつまり、ファシズムが代表させようとする価値のある場所、そして体制による調和のなかへと引き戻した国民生活の中心となる場所なのである。[*7]

一方で、ファシズム自身が、「古代ローマ性」というレトリックと、混沌としてコントロールされていない都市の成長、第一次世界大戦に先立つ数年の間に既に指摘されてきた都市膨張の現実との対照を最大にしてしまう。ファシズムは、事実上、都市政策に対する統一的なデザインを追求しないばかりでなく、引き継ぐべき解決されていない問題についても二〇年間にわたって矛盾する手法で切り回していくことになる。[*8]

ローマでは、二つの対置される世界の輪郭が描かれる。国民の息吹の中心と、発展しつつある都市の郊外である。ファシズムの時期に、中心地区の大半で住宅が取り壊され、都市の文脈から引き離されてしまう。そして古代の断片が孤立化され、遺跡はかつての帝国を証するものとならなければならず、そこでは刷新された輝きが賛美される。一方でより外縁の地区では、一九二七年に始まる郊外地区《ボルガータ》の建設が進む。ボルガータはある確固とした都市のイメージを持っており、そこでの生産活動を拒絶することで、半プロレタリアートまたは下層プロレタリアートの集まる場所として、郊外を貶めている。レトリックと現実は共に歩みを進めているが、その方向は正反対である。モニュメンタルな都市は取り壊しによって成長し、そこにボルガータへのバラックの集中化が対置される。これらのバラックは中心地区で取壊しにあった住民たちを集めるために建設されたものなのである。

モニュメントを孤立させるための空隙と郊外外縁にあるボルガータを孤立させている空隙との間には広大な中間帯が残されている。そこには会社員の都市、サーヴィスに従事するもの、教会関係者、軍人、商業従事者、ファシズム組織のもの、新しい公共サーヴィス、そして余暇活動のための都市が横たわっている。この中間の都市には、中心の多くの地区で機会を失った投機、バラックのことなど気にもかけない投機が、まさにその活動の場を見出している。

2 神話と行動

一九二〇年代に始まるローマの改造の中で、ファシズムの様々な動きがまとめられ対比される。その一面は古典的な伝統を召還することであり、もう一面は革命のイメージである。また一方ではローマ文明の神話であり、もう一方では行動隊《スクアドリスタ》[3]活動の神秘主義である。そしてさらに一方では皇帝たちのローマとしての価値であり、一方では政府組織の末端の人びとである。一方はローマの百人隊長であり、もう一方は就労者である。

こうした二律背反の間にローマの建築家たちは働く場所を見出している。彼らは現状にしっかりと根付いていながらも、ある一定の専門職的で真剣な旧くからの犬儒主義［ギリシア哲学の一派で無為自然を理想とした］を欠かすことはない者たちである。それは建築家から建築家へと受け継がれているもののようではあるが、必ずしも父から息子へというわけではない。ローマに見られる情況の中で特徴的なのは、実際に建築家たちの「ファミリー」が存在することである。それは同じ一族のなかで世代にわたるという意味で、例えば、ピアチェンティーニ一族やブジリ・ヴィーチ一族（とはいえ彼らも親戚同士である）で、政治的かつ宗教的な権力の傘の下に形成されるグループという意味において見られる。「ファミリー」はいくつもの階級にわたって活動していることや様々な需要に応えられるという点で有効であり、レトリック的—表象的な需要から都市機能の需要にいたるまで、または「庶民的」な伝統からブルジョアの「近代性」の需要に応えるまでの有能さを有している。

結論的には、他の都市のような真の産業資本がないこと、つまり特に労働を組織化する手法を導入しようという要求に価値を持たせることのできるほどの産業資本がないということのためにローマでは前述のような「ファミリー的な」運営が可能になっているのである。そこではデザインをする能力のほうが計画をする思考の可能性よりも優勢な傾向にある。

このような環境の両極にいるのは、二つの大戦間の時期では、アルマンド・ブラジーニとマルチェッロ・ピアチェンティーニである。共有されている「ローマ的」精神、経験主義的で皮肉なもの、発明と推定に富み、狡猾かつ同時に純情、ピアチェンティーニのなかに見事なまでに見受けられるこうした精神に対して、ブラジーニにみられるような精神、つまりベルニーニを始めとするローマのバロックの建築家たちに負けまいとすることへの不安、そして一九二〇年代初頭に隆盛を誇った「擬バロック《バロッケット》」を舞台背景的で大袈裟なバロックへと改変する不安が重ね合わされている。

3　未来派、革命的サンディカリスト、復員兵などを中心としたナショナリストの活動組織。後に、ファシズム運動の実動部隊として、暴力を辞さない活動により社会党や労働組合組織を圧迫していく。ここでは伝統的な建築に対する近代建築の戦闘的な活動を意識している。

ピアチェンティーニにとって、一方で到達すべき目的は、専門職的活動において、そして文化的な世界において個人としての広大な権力を獲得することにあり、それによって彼には、ファシズム国家の第一の建築家としての役割がもたらされることになる。ブラジーニには腹の底まで芸術家という感じがあり、なんの迷いもなくモニュメンタルで舞台背景的なローマの空想的イメージ――一九二五年から一九二六年にかけて編纂されたローマ中心地区改造のプロジェクトにおけるように[*9]――をデザインするのだが、それと対照的に、ピアチェンティーニは、偉大な首都としてのローマのイデア、例えばモデルとしたわけではないにせよ、ヨーロッパの一九世紀の大都市のようなイデアを継続してスタディしていくのである。

ブラジーニにおいては、地域圏への夢が残されていること、もしくは濃厚な印を通して至るべき偉大なものを求める不合理なファンタジーとなるものが、ピアチェンティーニにおいては、ローマ風のものを、国際的な文化の少なくとも十分な知識に裏打ちされた幻想を打ち砕くような翻案へと改変することや、都市の現実の内部に対する介入へと変わる。それは都市改造のプロジェクトをスタディする目的のもので、あらゆるタイプの専門職的要求に対応するための建築的生産のレヴェルに特化している。こうしてブラジーニが本質的には孤立したまま、ローマのミルヴィオ橋近くに建てた「お城」に立て篭っている間に、ピアチェンティーニは、コンペティションの委託や設計事務所《スタジオ》への依頼、そして専門職的な仕事や出版における協働、ローマ大学の建築学科での指導や『アルキテットゥーラ・エ・アルティ・デコラティーヴェ』誌――一九二七年から全国ファシスト建築家労働組合の機関誌となっている――の編集主幹として、また若い弟子であるミンヌッチやピッチナート、そして旧くからの仕事仲間であるジョヴァンノーニやアルベルト・カルツァ・ビーニとの間で抜け目なく立ち回っている。

ピアチェンティーニの偉大な能力は、様々な立場を調整することにあり、そうした立場を都市と建築に対する全体的な自分自身の観点に畳み込んでいくことによって組立てられている。この意味で、彼の存在は最初はローマにおける都市と建築の推移において、次いで全国的な推移においてもとても意義深いものなのである。一九一〇年代から、ピアチェンティーニはローマに対する一連の提案をスタディし始めている。彼の立場は、前述したようなジョヴァンノーニのものとは異なる。ジョヴァンノーニは疎開化《ディラダメント》を通してこの最も旧い都市を再機能化させることを主張する。「近代都市」モデルに向かう改変を段階的に進めること、そして居住ゾーンと緑化ゾーンを交互に配置することにより一連の拡張をコントロールすること、ひと言でいうと、それは異なるスケールや様々な段階があるにせよ、旧い都市と新しい都市とを巻き込んでしまおうとするゾーニングなのである。

ピアチェンティーニの立場は一九一六年に確定される。それはより全体的なものであり、単なる都市拡大の問題にまとめてしまえるものではない。彼のローマに対する計画提案は、まさに真の新しい都市規制計画において実際に解決されるものである。その計画は他の首都で生じてきたことに対する知識や、イタリアの首都はサンジュストの仮説には順応し得ないこと、しかしながらメトロポリスとしての決定的なイメージ、つまり「古典主義者」のコンポジションによって定義されたイメージを帯びなければならないということへの意識によって編纂され、そして新しい官庁街区を中心としたインフラストラクチャーのシステムを更新することでまとめられている。[*10] この提案は一九二五年にピアチェンティーニにより大ローマ計画として展開される。テルミニ駅とマッジョーレ門の間の地区を新しい大きな第三次産業センターと規定し、既存の都市組織のなかに本質的に「機能」を担保するだけの切れ目を入れ込む。それどころかピアチェンティーニの提案では、旧い中心地区は官庁街としての活動を放棄しなければならないのである。

このピアチェンティーニの大ローマ計画は、建築愛好家芸術協会によって表明された指摘によって全貌が見えてくる。それは一九一八年のジョヴァンノーニによる「市民コミュニケーションのための計画」を再検討したものであり、そして一九二四年に形成されたサンジュストの計画の変更提案などと比較される。この計画変更は、自治体から指名された委員会への委託として形づくられたもので、中心地区への過大なまでの介入が見込まれており、官庁街としての「適性」が強化され、新しい発展のための広大な地区が計画されている。[*11] これは都市運営に向けた最初の一歩となるもので、一九二五年一二月に総督に委ねられる。この役職は、ムッソリーニが国家の直接の保護の下に都市を布くために設立したもので、前述の中央政府の需要と地方行政の利益との間の矛盾を解決しようという意図のものである。

最初の総督はフィリッポ・クレモネージである。一九二七年にはルドヴィーコ・スパーダ・ポテンツィアーニに代わる。彼は一九二九年にフランチェスコ・ボンコムパーニ・ルドヴィージに代えられる。彼が就任することにより、土地所有者であるローマの大貴族たちによる支持を得ながら、都市運営がより効果的に行われるようになる。つまりボンコムパーニによって、都市基本計画の推移の結論部分が始められることになる。[*12]

こうして一方では、都市発展のコントロールに向けた二つの異なる仮説——ジョヴァンノーニの「最小限」のものとピアチェンティーニの「最大限」のもの——が個別化される。もう一方では都市改造の導き手としての役割を自分たちの手に取り戻そうとする土地所有者からの圧力が表面化する。建設施策にはジョヴァンノーニの名前と結びつけられた提案が仄めかされており、こうして都市運営は、民間のものに対して行使されるコントロールを通して実施される。そしてピアチェンティーニの施策では、長期的な展望における都市発展のプログラムが見込まれており、中心地区の公的機関や東部の第三次産業の拡大する新しい地区にある巨大な民間企業の権能が十分に考慮される。次いでそこには運営における実践上の方向性、つまり不動産の大規模な操作に対してはコントロールをしないという方向性が示されることになる。一九二五年から一九二八年にかけてローマでは、公社、文化的組織、不動産会社、総督府の間で、ムッソリーニが審判員となるある種のゲームが闘われる。それは都市全体の整備を賭けとしたもので、その実行は一連の調停によってなされる。このなかで全ての登場人物が直接対話をすることになり、建築愛好家芸術家協会はその調停者としての役割を終えることになる。しかしながらもし彼らの存在がなければ豊かで全体的な議論が保証されることはなかったのである。一九三一年に、ピアチェンティーニによる新しい都市規制計画が承認されたことによって、選択することと、そしてとりわけ選択しないことが現れ出てくる。プログラムに則った明快な業務に対して、特例という形で操作をする可能性が付け加えられる。形式は守られ、その本質もまた救われる。

3 「擬バロック《バロッケット》」から「古典」へ

一方で一九二〇年代半ばから、都市整備についての討論が動き出す。都市は人口増加によって成長し規模も拡大する。最初は小ヴィッラ風住宅や小パラッツォ風住宅の建つ地区が拡がり、次いで国家による助成を受けた建物で促進された中高密度の地区、最後には都市の郊外に近いゾーンにある昔ながらの住宅、狭小住戸によるブロック型の高密度地区が拡がる。これらの住宅は自治体や公社の出資のもとで民間事業者によって実施されたものである。

小パラッツォ風住宅は、この頃のローマの拡大の特長となるもので、第一次大戦後に始まり、新しい上流ブルジョアの区域――ピンチアーノ、サラーリオ、パリオリ、アヴェンティーノ――の居住地区の都市組織を確定するものとして、建築規制の一九二〇年計画変更によって可能となっている。この計画変更は小ヴィッラ風住宅の容積率と建物高さを緩和することによって、中上流階級の経済的な実情に適合させようとするものである。これは経済復興により建設業界が飛躍するための再投資の時期に、中小企業にとっても建設業界側からの新しい投機への可能性がつくられることへとつながる。また市場に対して迅速に生産品の供給がなされることを促し、より急激な都市化を進めることになる。これらの小パラッツォ風住宅は一九三〇年代には多くの若い「近代」建築家たちの仕事の機会となる。

小パラッツォ風住宅が登場した同じ一九二〇年には、中心市街地から離れた地区で、二つの居住地区モデル、つまり田園都市としてのモンテ・サクロとガルバテッラの実施が開始される*13。両方ともジョヴァンノーニの直接の参画により実現される。この二つの介入は、建築的ヴォキャブラリーの基準点にはなっているものの、郊外地区への介入としては孤立した事例となってしまっている〔費用のバランスを欠いていたためと思われる。第I章二節参照〕。実際ここでは、「擬バロック《バロッケット》」という、歴史的かつ庶民的なローマの形式的で多様な価値を汲み上げる基となるヴォキャブラリーが実験される。これは明らかに旧い都市やローマの伝統を明示する擬装、少なくともジョヴァンノーニの意図するところでは、そうした擬装を実行するものである。このヴォキャブラリーは一般的な住宅に「威厳」を付加するもので、すぐに庶民住宅公社（ＩＣＰ）が主導する中高密度地区を装飾するために活用される。この地区は国家公務員住宅ローマ公社（ＩＲＣＩＳ）によって実現されたものの跡を継いでおり、この組織は後に国の同様の組織であるＩＮＣＩＳ〔全国国家公務員住宅公社〕に吸収さ

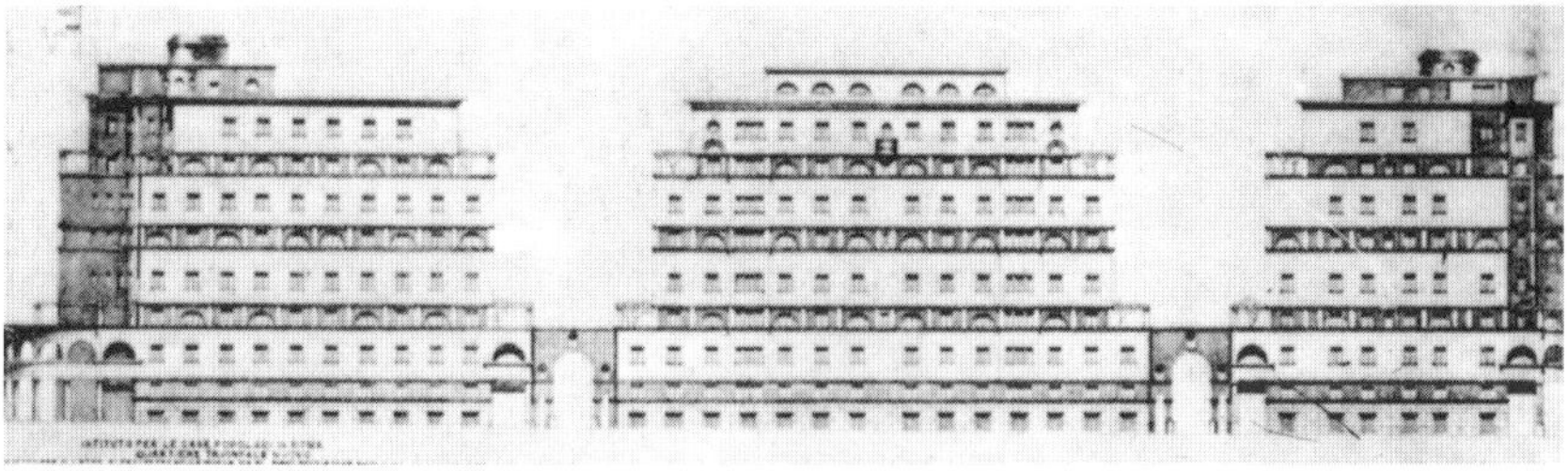

［図35］インノチェンツォ・サッバティーニ、庶民住宅公社の集合住宅プロジェクト、トリオンファーレ・ヌオヴォ（ローマ）、1929年（写真、Archivio Sabbatini, Roma）

［図36］アレッサンドロ・リモンジェッリ、ペリン・デル・ヴァーガ広場の庶民住宅公社による集合住宅、ローマ、1924-26年

れる。

ＩＣＰは、政治的かつ民主主義的な代表者を除名する形でファシズムによって改組され、様々な企画があるなかで宙に浮いていた国からの助成を集め、公務員の中小ブルジョアのために高密度な地区を実現し、ファシズムが中流階級の問題に当初から優先的に取り組み続けていることをあらためて見せつける。この階級の人びとは、ローマでは最も確かな同盟者と考えられており、彼らのための品格のある住宅が中心地区からそれほど遠くない場所で抑制された価格において企画される必要があった。インノチェンツォ・サッバティーニの設計によるトリオンファーレ地区への介入は一九一九〜二七年のもの[図35]、また一九二五〜二八年の練兵広場における介入もサッバティーニの設計、一九二四〜二六年のフラミニオのペリン・デル・ヴァーガ広場のものはアレッサンドロ・リモンジェッリ設計による[図36]。これらの介入によって、郊外地区は急激に都市の一部へと改変されていく。[*14] 同じくガルバテッラは一九二六年から〈郊外退避所〉[図37]が建設されることにより変化を見せる。これもＩＣＰのためにサッバティーニ

［図37］インノチェンツォ・サッバティーニ、強制退去者のための郊外退避所、ガルバテッラ（ローマ）、1927-28年（写真、Archivio Sabbatini, Roma）

が設計したもので、最初期の取り壊しによって中心地区から追い出された人びとを順繰りに住まわせるという考えのものであった。[*15] 一九二七年にＩＣＰの改編がはじめられ、総督府契約の借家人と居住地のためのファシズム教育組織に改組され、「都市規制計画の施行のために立ち退きに遭い強制退去させられた人びとの収容施設」[*16]をつくる組織となるのである。一九二八年には「公社協約住宅」の建設がはじめられる。これは公社の資本によって民間で実施するものである。ＩＣＰはこれらの住宅建設からは追い出されてしまい、より補助的な課題を引き受けることになる。[*17]

いずれにせよ、モンテ・サクロのアニエネ田園都市やガルバテッラにある「擬バロック住宅」は、次第に他のヴォキャブラリー的価値、つまり「ローマ主義的」精神というよりは古代ローマ性のイデアに結びついた価値に替えられていく。それは例えば、イタロ・ジスモンディによってまとめられたオスティア・アンティーカの建築の復元案[図38]と道を同じくするもので一九二三年の『アルキテットゥーラ・エ・アルティ・デコラティーヴェ』誌に掲載される。[*18] 既にリモンジェッリの介入にも、この古典的イメージに対する息吹が見られ、この数年後には、数少ない印によって構築された空間性の中に残るあらゆる舞台装置的なものを純化するために、想像的建築のピラネージ風透視図により、一九二七年の第二回海洋芸術展の栄誉の大展示室のインテリア[図39]において、こうしたイメージが表現される。[*19]

［図38］イタロ・ジスモンディ、〈絵のあるインスラ〉の背面ファサードの復元、オスティア・アンティーカ、1923年

［図39］アレッサンドロ・リモンジェッリ、栄誉の大展示室、第二回海洋芸術展、ローマ、1927年

しかし特にピエトロ・アスキエーリの作品において、過去の要素を更新のための鍵として翻案するというイメージに近づけるために、庶民的な「擬バロック住宅」が放棄されはじめることは記録されるべきことである。それは手工業者地区のためのコンペティションで最優秀賞を得たもので、マリオ・デ・レンツィ、ルイジ・チアッロッキ、マリオ・マルキ、コスタンティーノ・ヴェトゥリアーニ、ジュゼッペ・ヴィッティンクと共に一九二六年にまとめられたプロジェクトである。これに続くアスキエーリの作品は、[図40]一九二九年の〈パンタネッラ・パスタ店〉、同年の〈トレント広場の集合住宅〉、一九二九〜三一年のリベルタ広場の〈デ・サルヴィ住宅〉、一九三〇〜三一年の〈戦傷視覚障碍者住宅〉などであり、全てローマに建てられている。平面は各部分の要素——階段、入口、バルコニー——が確定されることで特徴づけられる一方で、壁の表面仕上げは、ローマ時代の壁をモデルとして、凹凸によってその構築的な壁の厚みをみせながら分節される。[*20]

マリオ・デ・レンツィは過去の「近代的」な再生をテーマに展開する。ICPの建物は、アンドレア・ドーリア

［図40］ピエトロ・アスキエーリ、作品の写真モンタージュ、そのうちのひとつはローマのパンタネッラ・パスタ店、1929年

［図41］ルイジ・チアッロッキとマリオ・デ・レンツィ、アンドレア・ドーリア通りの住宅、ローマ、1927-30年（写真、Archivio De Renzi, Roma）

通りにある総督府の職員のためのもので、ルイジ・チアッロッキとの協働により一九二七年から一九三〇年の間に建設された。[図41] これはレンガとトラヴァーティンによる地上階――アーキトレーヴが「店舗」の上でアーチをひとつのものにまとめている――の上に四層分の住宅が積み上げられたもので、ジスモンディのデザインを念頭に置いたものである。これに続いて一九三一～三七年の、四月二一日大通りの大きな複合施設がある。[図42] これは協約住宅の形式に則ってフェデリーチ社によって建てられたもので、デ・レンツィはローマの伝統的な建築的要素に対するあらゆる文学的な追想から離れようとしている。実際には、大きなブロックに分け、その内側をレヴェルの異なる中庭として穿っている。その一方で下部ではレンガを再び用いながらも、建物本体は漆喰仕上として、中庭には内部が階段となっているガラスの半円柱を挿入する。[*21]

「擬バロック住宅」の放棄は急激に進み、その特徴的な要素――切り分けられたティンパヌム、貝殻装飾、壁龕《ニッチ》――は、一九二六〜二七年に始まるエンリコ・デル・デッビオの建築プロジェクト[図43]において変形されていく。特に市北部の新しいスポーツ地区であるフォロ・ムッソリーニ[図44]では、時間を感じさせない抽象的な断片へ、そして暗赤色の漆喰の表面に挿入されている白い大理石のオブジェへと改変される。[*22]

この古典性と古代ローマ性に染められた新しい雰囲気は、いずれにせよ、一九二四年から一九二五年にかけて始められた遺跡発掘の最初の成果、それによってフォーラムが再び注目されることとなった成果に比較されることになる。ローマの建築家たちは古典建築を参照することによる抽象性と遺跡「復元」の物質性とを平衡させる状態に大抵は留まってしまう。むしろこの後者の物質性こそがこの「アウグストゥス帝的風潮」の本質であり基礎となっているのである。これは一九二三年から大評議会において新しいローマ帝国のイ

［図42］マリオ・デ・レンツィ、4月21日大通りのフェデリーチ社による経済住宅の中庭、ローマ、1931-37年（写真、Archivio De Renzi, Roma）

［図43］エンリコ・デル・デッビオ、ブロッフェーリオ通りの協同体住宅〈ヌオヴァ・プラーティ〉、ローマ、1928年（写真、Archivio Del Debbio, Roma）

［図44］エンリコ・デル・デッビオ、体育教育アカデミーのための大理石のスタジアムプロジェクト、フォロ・ムッソリーニ（ローマ）1927年（写真、Archivio Del Debbio, Roma）

メージとして想起されたもので、[*23] 中心市街地に一九二五年から一九二六年の間にブラジーニによって提案された巨大な「フォロ《フォーラム》」は、遺跡と古代の建物を島状に残すものとして、信じるに値するもののようである。ムッソリーニは、一九二八年の初頭に、ブラジーニの除却計画を支持する。それはおそらく彼自身が一九二五年一二月三一日にカンピドリオで行った演説、最初の総督職を設置するための宣言を意識したものであろう。

これから五年の間に、ローマは世界中の人びとの目の前に素晴らしいものとして立ち現れなければならない。広大で、秩序立ち、力を持つもの、アウグストゥスの最初の帝国の時代にそうであったように。諸君は、まだそこに纏わり付いている全てのものから、偉大なオークの樹の幹を自由にすることを続けて欲しい。アウグストゥス廟やマルケルス劇場、カンピドリオ、パンテオンの周りに空間を拡げて欲しい。頽廃の世紀を経るうちにその周囲にできてきた全てのものは消し去らねばならない。この五年以内に、コロンナ広場から、大きな通りを経て、パンテオンの偉大な姿が見えるようにしなければならない。[*24]

当初、アスキエーリやデル・デッビオ、リモンジェッリらは、それぞれの規模は異なるながら、抽象化によって古代ローマ性精神を想起することを制限しようとしていた。たとえそうであったとしても、一九二九年のグルッポ・ラ・ブルベーラに（ジョヴァンノーニ、ファーゾロ、フォスキーニ、ボーニ、ジョッベ、ノーリ、ヴェントゥーリらと共に）彼らが参加すること、つまり一九〇九年都市規制計画の一般変更計画[図45]への提案のためにこのグループに参加することは、帝国的建築の代表的価値に直接介入するということを意味するのである。先ほど、多くの建築家たちが抽象性と物質性の間の平衡状態に留まっていることを述べた。ラ・ブルベーラの計画では、あるものはこの均衡を失してしまい、考古学者たちによって掘られた深淵にはまり込んでしまっている。

しかしそれと同時に何かが変わってきている。新しい「フォロ《フォーラム》」のためにジョヴァンノーニと彼の友人の建築家たちによって実行された策が、時代遅れであること、文化的に間違っているだけでなく政治的にも間違いであることが明らかになってしまうのである。既に一九二七年末には、ファシズムがこれまでに承認してきた建設施策によって得ていた均衡は楽観的なものではなくなっている。民間による介入事業は公的な介入事業によっても十分には活性化されず、特に経済的住宅に向けた進路変更がなされなかった。大都市の人口増加、特にローマでの増加は、国内移民の結果として膨大なものとなっており制御不能な状態となる。首都の顔としての整備問題は包括的な手法としてはいまだに対処されていない。前述したムッソリーニの介入によって描かれた計画の枠組み——一九二七年の昇天祭の日の演説と一九二八年の「都市を解体せよ」という記事——においては、居住区域を地域全体へと脱中心化させる施策によってローマへの信望を獲得すること、それはローマ—オスティア間の軸に沿って実現を目指すべきものであり、それを補完する土地改良の施策とも結びついたものとして、一九二八年一二月には「政体の基本法」となるの

［図45］グルッポ・ラ・ブルベーラ（ピエトロ・アスキエーリ、エンリコ・デル・デッビオ、グスターヴォ・ジョヴァンノーニ、ヴィンチェンツォ・ファーゾロ、アルナルド・フォスキーニ、アレッサンドロ・リモンジェッリ、ジュゼッペ・ボーニ、ジャコモ・ジョッベ、フェリーチェ・ノーリ、ギーノ・ヴェントゥーリ）、ローマ中心地区の再開発プロジェクト、1929年

である。[25]

安易なゲームである、とピアチェンティーニはグルッポ・ラ・ブルベーラの計画を皮肉な調子で評している。ルネサンス地区における区域内でのゆるやかな疎開化と、一六世紀と一七世紀の都市の基幹のなかに二つの巨大な軸、スペイン広場とコロンナ広場との間で相交わりながら三ヘクタール以上にも及ぶ四角い広大な「フォロ」を形成する軸を通そうという野心的なプログラムとの間で揺れ動くゲームである、と。[26] ピアチェンティーニは彼の老師匠《マエストロ》と決定的に袂を分かつための機会を捉え、ローマの建築学科の若い学生たちとも幾度もコンタクトを取ることによって、この直前の数年間に続いた協約の政策に意味を与えていく。

新しい局面は、一九二八年に始まり、ローマの文化的政策を方向付けていく。これはムッソリーニによるブラジーニの計画の破棄によって始まるのであるが、その計画はほんの数ヶ月前に彼自身が「ファシズム時代の印」として称揚したものであった。[27] ピアチェンティーニは能力を尽くして活動する。彼は単に経済的に不可能な取り壊しだけを目指しているわけではなく、いずれにせよ一連の介入の決定に対して、都市や地域において企画すべき多少なりとも即興的なアイデアが成果をあげることを目指す。結果的には現実的な主導を行っているのである。問題に対処する度にひとつひとつ提案されたもの、その多くの部分は先行する数年間に提起されたもの――ローマの海に面する部分や丘陵に面するところ、市南部と東部の沼沢地の土地改良、東部への第三次産業センターの移設[28]――として再提案される。ときには規模を変えられ、相互に補完され、そして住宅問題や人口増加の問題との関係が構築される。

一九二七年に、総督府の統計局長であるランフランコ・マロイは「新しい道」を先へと進み、総督府の機関誌として、中心地区再建のためのプロジェクトや記事を掲載している『カピトリウム』に次のように書いている。

ローマには（……）人口問題に対する二つの道を効果的に用意することができる。それは中小企業と手工業のさらなる発展と改良、そしてローマ平原部《アグロ・ロマーノ》の植民化である。これらは今日の圧倒的なふたつの大きな問題であり、そこにはローマの復興《リソルジメント》と偉大さとが結びついているのである。[*29]

都市問題を見据える視点は転回し始めている。それは郊外から中心市街へと向かっており、もはやその反対ではない。

［原註］

*1 以下を参照のこと。AA.VV., *Roma capitale 1870-1911. Architettura e Urbanistica. Uso e trasformazione della città storica*, catalogo della mostra, Roma 1984; AA.VV., *Roma Capitale 1870-1911. I Ministeri di Roma Capitale. L'insediamento degli uffici e la costruzione delle nuove sedi*, catalogo della mostra, Roma 1985.

*2 ローマは一八七一年の人口二四万四千人から、一九一一年には五四万二千人、一九三一年には一〇〇万人になる。一九二一年から一九三一年にかけて都市内部における不均衡な人口増（旧市街地区の人口は二・五％の増に対して、その周囲では一〇八％の増）は、郊外人口（三六一％）と周辺平野地区人口（一五八％）の制御不能な増加と呼応している（以下を参照のこと。L.MAROI, in *Enciclopedia Italiana*, vol.XXIX, Roma 1936, pp.854-55）；ローマの人口動態について、より一般的なものについては以下を参照のこと。A.-M.SERONDE BONAUX, *Roma. Dalla città alla metropoli*, Roma 1983, cap. II.

*3 Q.SELLA, *Discorso intorno alla Convenzione di Basilea per il riscatto delle Ferrovie dell'Alta Italia* (27 giugno 1876), in *Discorsi parlamentari di Quintino Sella*, a cura della Camera dei Deputati, Roma 1887-89, vol.II, p.279; 以下に再録されている。A.CARACCIOLO, *Roma capitale*, Roma 1974, p.86.

＊4　B.MUSSOLINI, *Il giornalismo della capitale*, in «Lotta di classe», 17 settembre 1910; 近著では以下の前掲書。*Opera omnia*, vol.III, pp.190-91.

＊5　この演説は、一九二四年四月一〇日にローマのパラッツォ・キージのバルコニーから発せられた（同書、vol.XX, p.229）。

＊6　Intervento del 18 marzo 1932, in *Atti parlamentari della camera dei senatori*, vol.IV, pp.4836-76; 近著では以下の前掲書。*Opera omnia*, vol.XXV, pp.84-88.

＊7　以下の前掲書を参照のこと。SERONDE BABONAUX, *Roma. Dalla città alla metropoli*, pp.215-36.

＊8　以下を参照のこと。V.FRATICELLI, *Roma 1914-1929. La città e gli architetti tra guerra e fascismo*, Roma 1982.

＊9　プロジェクトではコルソ通りとパンテオンの間の「モニュメント的ではない」建物の破却を見込んでおり、オベリスクや記念円柱を孤立させて残しながら舞台背景を創り出している。以下に掲載されている。«Capitolium. Rassegna di attività municipale», I, aprile 1925, n.1, p.32 e III, marzo 1928, pp.642-43. ブラジーニ・プランによって提起された論争については以下を参照のこと。A.CEDERNA, *Mussolini urbanista. Lo sventramento di Roma negli anni del consenso*, Bari 1979, *passim*; V.VANNELLI, *Economia dell'architettura in Roma fascista*, Roma 1981, pp.115-116. 第一次世界大戦前のブラジーニの作品については以下を参照のこと。A.BRASINI, *L'urbe massima*, Roma 1916. 近年、ブラジーニの曖昧な再評価が提案されている。以下を参照のこと：G.BILANCIONI, *Il racconto di un antico*, in «Eupalino», n.2, primavera 1984, pp.41 sgg.

＊10　以下の前掲書を参照のこと。FRATICELLI, *Roma 1914-1929*, cap.IV.

＊11　委員会と計画変更の推移については同書の第XII章を参照のこと。

＊12　総督統治の最初期の建設施策については以下を参照のこと。*Roma nel presente e nell'avvenire*, Milano-Roma 1928.

＊13　モンテ・サクロは田園都市と呼ばれてはいるものの、実際には庭園的な地区と、大きな広場によって形成されたサーヴィス・センターのある郊外《ボルゴ》地区との中間のようなものである。この広場はノメンターナ通りの直線的な経路の終点にあたるものでピア門の手前にある。ガルバテッラは、聖パオロ・フオリ・レ・ムーラ教会からほど近い場所にあり、庭園的な「ボルガータ〔郊外地区〕」として構想されている。公的な建物によって広場や住宅、街路が特徴づけられ、緑地による「調和的な」システムが各部分をつなぎ、まとめている。

＊14　これらの介入については以下を参照のこと。C.COCCHIONI e M.DE GRASSI, *La casa popolare a Roma. Trent'anni di attività dell'ICP*, Roma 1984. その他に以下も参照のこと。*Cinquant'anni di vita dell'Istituto Autonomo per le Case Popolari della Provincia di Roma. 1903-1953*, Roma 1953. サッバティーニに関しては以下を参照のこと。B.REGNI e M.SENNATO, *Innocenzo Sabbatini. Architetture tra tradizione e rinnovamento*, Roma 1982.

＊15　実験は一九二九年に終了する。宿泊施設は既に最初の間借人たちのための恒久的な住宅へと変わってしまっている。「都市を解体する」ためにムッソリーニから与えられた新しい指令との共存という点で、限定された「脱中心化」は、都市から人口を引き離すことへと移っている。外周の郊外地区《ボルガータ》が生まれ、中心市街地から追放された住人を「暫定的に」収容するために急速に建設されていく。

＊16　以下の前掲書を参照のこと。ICP ROMA, *Relazione al bilancio consuntivo 1929*, in VANNELLI, *Economia dell'architettura*, p.177.

＊17　以下の前掲書を参照のこと。FRATICELLI, *Roma 1914-1929*, cap.XI.

＊18　G.CALZA, *Le origini latine dell'abitazione moderna (I e II)*, in «Architettura e Arti Decorative», III, settembre e ottobre 1923, fasc.1 e 2, pp.3-18 e 49-63.

＊19　アレッサンドロ・リモンジェッリの作品については同誌の以下を参照のこと。C.CECCHELLI, *Profili di giovani architetti. A.Limongelli*, VII, novembre 1927, fasc.3, pp.113-31.

＊20　ピエトロ・アスキエーリの作品については以下を参照のこと。AA.VV., *Pietro Aschieri architetto*, numero speciale del «Bollettino della Biblioteca della Facoltà di Architettura di Roma» in occasione della mostra organizzata presso l'Accademia di San Luca, Roma 1977.

＊21　以下を参照のこと。G.ACCASTO, V.FRATICELLI, R.NICOLINI, *L'architettura di Roma capitale. 1870-1970*, Roma 1971, pp.365 e sgg.; L.MATTANA, *Mario De Renzi architetto romano nel ventennio fascista*, tesi di laurea, Venezia 1984.

＊22　以下を参照のこと。E.VALERIANI, *Del Debbio*, Roma 1976.

＊23　以下の前掲書を参照のこと。10ª riunione del Gran Consiglio del Fascismo (16 marzo 1923), in *Opera omnia*, vol.XIX, p.179. このときには、行政機構の整備とローマ地域の整備、アグロ・ロマーノ〔ローマ平原地域〕について討議される。そして都市長官もしくはローマ総督職を創出することが提起される。大評議会における公共行政改革全般および同じくローマ改革特任プロジェクトの担当者であるジョヴァンニ・プレツィオージは彼の報告の中で次のように表明している「ファシズム政府は新しいイタリアのために新しいローマ帝国を準備することになるだろう。」

＊24　ムッソリーニの演説は同書に採録されている。vol.XXII, pp.47-48.

＊25　以下を参照のこと。R.MARIANI, *Fascismo e «città nuove»*, Milano 1976, pp.60 sgg.

＊26　グルッポ・ラ・ブルベーラの計画について、ピアチェンティーニとジョヴァンノーニの間で活発な論争が燃え上がる。以下を参照のこと。«Il Giornale d'Italia», 30 e 31 luglio, 1 e 2 agosto 1929. 以下の前掲書を参照のこと。PICCINATO, *Il «momento urbanistico»*.

＊27　以下の前掲書を参照のこと。CEDERNA, *Mussolini urbanista*, pp.56-57 e 82-83.

＊28　この最後の提案は、一九二五年にピアチェンティーニにより

提起されたもので、ウゴロッティ＝コッペデのプロジェクトに基づいてテルミニ駅を後退させるアイディアを再提案し展開させている。この後退案は一九二四年の都市規制計画の計画変更を検証していた委員会により承認される。ピアチェンティーニは幅員八〇メートルの長い街路を計画し、駅舎とホームの位置からポルタ・マッジョーレまでの実現を目指し、そのために駅自体は既存の建物よりも一六〇〇メートル後ろへ下がることになる。テルミニ駅の後退案は一九二九年にローマ都市計画家グループによって提案された計画にも取り入れられる。一九二八年には第一回ローマ研究全国会議の際に、この解決策は費用がかかり過ぎることを批判され、他のより技術的な案と置き換えられる。始発と乗換のホームを混在させたもので、これが一九三一年の都市規制計画に組み入れられる。以下を参照のこと。M.PIACENTINI, *La Grande Roma*, in «Capitolium», I, ottobre 1925, n.7, pp.414-20; *Programma Generale di Ampliamento, Risanamento e Abbellimento della Città di Roma* (settembre 1925), in *Atti parlamentari della Camera dei senatori*, Presidenza del Consiglio dei ministri, b.930; GRUPPO URBANISTI DI ROMA, Programma Urbanistico di Roma, Roma, agosto 1929; O.IACOBINI, *La situazione e la costruzione delle grandi linee di accesso alla capitale per migliorare le comunicazioni ferroviarie*, in *Atti del I Congresso di studi romani*, cit., pp.134-40.

＊29 L.MAROI, *Il problema dell'immigrazione nella città di Roma*, in «Capitolium», III, giugno 1927, n.3, pp.154-67.

V 合理主義のふたつの展覧会

1 合理的都市計画と建築的合理主義

一九二八年四月に二つのことが同時に起こる。ムッソリーニがブラジーニの計画を承認したこと、そして第一回合理的建築イタリア展が始まったことである。この展覧会はアダルベルト・リベラとガエターノ・ミンヌッチの発起によるもので、全国ファシスト建築家労働組合の後援で開催される。そして第一回ローマ研究会議では、都市問題、特にローマの将来計画の問題が話し合われる。この展覧会と会議には何人か共通の参加者がおり、日程も重なってはいたものの、若い「合理主義者たち」から提起された建築の課題と都市の問題との分裂が大きく浮かび上がってくることになる。実質的には、展覧会で都市問題については取り上げられていない。こうして、従前からジョヴァンノーニが提案していた統合的建築家という相貌とは明らかな乖離《かいり》が見られるのである。

第一回合理的建築イタリア展[*1]は、単に建築の展示会というだけではなく、他にも独自の特徴を見せている。

トリーノの若手建築家たちが一堂に会したのは初めてのことで、サルトリスを筆頭に、ケッサ、クッツィ、ジーラらが参加する（ただしパガーノは不参加）。ミラーノからはグルッポ7《セッテ》、そしてピエロ・ボットーニ[1]とバルデッサーリが「隔離された」場所に入れられる。ローマからは一八人以上の参加者を得ている。この中にはローマ都市計画家グループ（ＧＵＲ）のメンバーもいるが、彼らは建築のプロジェクトでの参加となる。*2

　これらの若者たちに対して、何人かの「先輩たち」が参加する。全国ファシスト建築家労働組合の書記長で展覧会の保証人の立場でもあるアルベルト・カルツァ・ビーニ、そしてインノチェンツォ・サッバティーニ、彼はカルツァ・ビーニが代表をしているローマ庶民住宅公社のための活動で記憶に新しい。次いでマッテ・トゥルッコ、彼の〈フィアット・リンゴット工場〉がトリーノのセクションに入れられていることで、トリーノの参加者たちが信頼に足るものであることが示されるだけには留まらない。彼のプロジェクト自体が本質的に他の若い参加者たちのものよりも、プロジェクトとして（そしてテーマとしても）手がかけられているということを示すものであった。例えばその他には、ミース風のものからの着想によるジーノ・カッポーニの〈タバコ工場〉や、フィジーニとポッリーニの〈五〇〇台収容の駐車場〉、またエウジェニオ・ファルーディの〈ローマ空港プロジェクト〉や、ルイジ・ピッチナートの〈鉄道乗換駅プロジェクト〉などである。この後者の二つはドイツの表現主義に注目したもの。そしてテッラーニの〈ガス工場〉、これは未来派の趣きのある透視図で数年前にシローニが描いた郊外地区にでもありそうなものとなっている。リベラの〈一万人の映画館〉、これは形態の抽象化を機能的に解決することによって明確化しようという試みである。

　リベラは、この展覧会でまたたく間に注目を集め、その建築的な研究ばかりでなく組織をつくる能力と調停の能力においても目立った存在となる。グルッポ7に入ってから一年ほど経ったところであり、彼は展覧

1　建築家／都市計画家、一九〇三―一九七三、ミラーノ生まれ。イタリア代表としてＣＩＡＭに参加し、『アテネ憲章』の編纂にも関わる。主にミラーノを中心にゾーニングや建築規制、都市郊外の計画などに従事する。

会の中心人物となる。合理的建築のイデアに全国的な息吹を与えること、つまり地域的で個人的なものでしかなかった矮小化された立場を打ち消すことに成功する。リベラは、この頃マリオ・リドルフィ[2][図46]と協働しているが、合理性を機能性から抽出した形態的な固さとしてではなく、その反対に実験的なものとして、叙情的感性の表現である「必要な装飾」の探求として示したいという欲求から活動を行っている。〈鉱水のパヴィリオン〉や〈海水浴場のための海に面するテラス〉などに見られる装飾的構造は、簡潔な要素による構成で、巨大なエントランス部分の構造のアクソメ図[図47]にも示されている。また〈山間部の小ホテル〉[図48]、これはガラスの円筒形の浴室がファサードを特徴づけているもの、そして〈エステンシオール社の展示パヴィリオン〉は構築的で形式的な簡潔さをもつ。これらすべてのプロジェクトは学生時代の作品から抽出されたもので一

［図46］第1回合理的建築イタリア展、ローマ、1928年。マリオ・リドルフィ、レストランの塔（写真、Archivio Ridolfi, Roma）

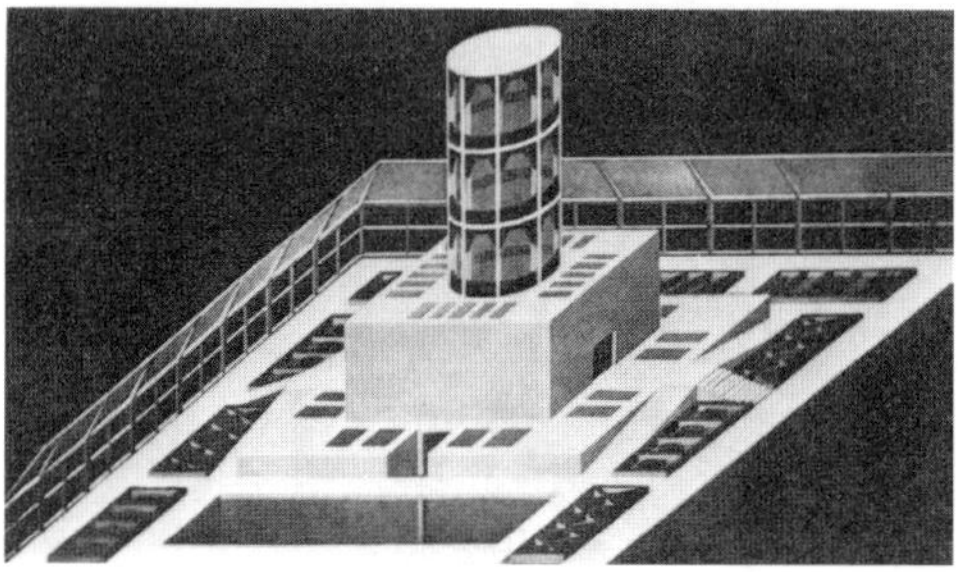
［図47］第1回合理的建築イタリア展、ローマ、1928年。アダルベルト・リベラ、大エントランスの構造（写真、Archivio Libera, Roma）

九二八年の展覧会に出品されている。これらは、はっきりとした抽象性、そして近代の叙情的表現を意図する彼らの合理主義、構築的イメージの芸術として集約された建築への探求という点において、展示された他の作品とは異なるものとなる。これらの初期の習作にみられる、ヴォリューム、形態、反復される印、ほとんど原初の要素のようなもののなかに、この後に彼の建築において再検討され用いられることになるものを見出すことができる。[*3] リベラのプロジェクトをグルッポ7の他のメンバーのものと比較してみると、このグループの様々な建築家たちから峻別された個人主義が明らかに見えてくる。そしてそれはひと言でいえば拒絶されてしまうのである。

全体として、第一回合理的建築展に展示された作品によって明らかになるのは、若者たちが合理的な形で従事することができるもの、つまりこの近代のヴォキャブラリーのタイプを用いることができると考えているのはどの分野においてなのかということである。多くのプロジェクトが、展覧会のパヴィリオン、新聞売場、キオスク、ガソリンスタンド、産業用建物、オフィス、駐車場といったものであり、都市的なテーマはこれらのプロジェクトのなかにあまり見えてきていない上に、実際に明らかにされてもいない。サルトリスの都市化の研究やボットーニの建築的色彩主義[*4]は、展覧会を通じてある観念的な空気を反映している。ガルバテッラにあるサッバティーニの立ち退きを迫られた人たちのための避難所の持つ都市的な性格やジュゼッペ・ニコロージのローマの庶民住宅タイプの計画などがあるにせよ、この空気を変えられるほどではない。ピアチェンティーニは、有利な立場におり、『アルキテットゥーラ・エ・アルティ・デコラティーヴェ』誌において展覧会を徹底的に究明した紹介の締めくくりとして、「若い合理主義者たちに助言」を与えることを「お赦し願いたい」としながら、

2　建築家、一九〇四—一九八四、ローマ生まれ。合理主義建築家を代表するひとり。素材や伝統的構法を研究し、戦後すぐに『建築家マニュアル〔設計資料集成〕』を出版。五〇年代には「ネオレアリズモ」の代表的建築家となる。

［図48］第1回合理的建築イタリア展、ローマ、1928年。アダルベルト・リベラ、山間部の小ホテル（写真、Archivio Libera, Roma）

来年には、今度は定められたテーマと厳密な配置とで、また新しい展覧会を目論んでいるようである。彼らは、新しい建築、イタリアのものである真の建築を創造するためにすべきこととして何を考えているのかを示し得るだろう。いかなる労力をかけてでも国際的に流行しているものと協調したいとしていたことなど全て水に流してしまうのだろう。このことは、そう、限りなく興味深く、そして安堵できるものとなるだろう。[*5]

一方、ナツィオナーレ通りの博覧館の展示室では、また別の合理的建築の展覧会が開かれる。第一回ローマ研究全国会議がローマで始まったのである。[*6] 中心となるテーマは都市計画であり、この会議において、アルベルト・カルツァ・ビーニによって都市計画協同組合のための提案がなされ、これが将来の全国都市計画協会設立への準備となる。[*7]

カルツァ・ビーニの姿が目に付くことに対し、合理的建築展の他の参加者のなかで際立っているのは、ルイジ・ピッチナートである。彼はローマの将来の発展に関する報告書をまとめた会議にも参加しているが、周辺環境を尊重することと土地収用に関してヴィルジリオ・テスタと同様に、その明確さと安定感によって、他のものたちから際立っている。[*8]

ピッチナートが持つ二面性、つまりナツィオナーレ通りで〈小劇場〉と〈教会のための試案〉を展示する建築家としての面、そして同時に都市の問題を自由に逍遥する都市計画家としての面は、ジョヴァンノーニ

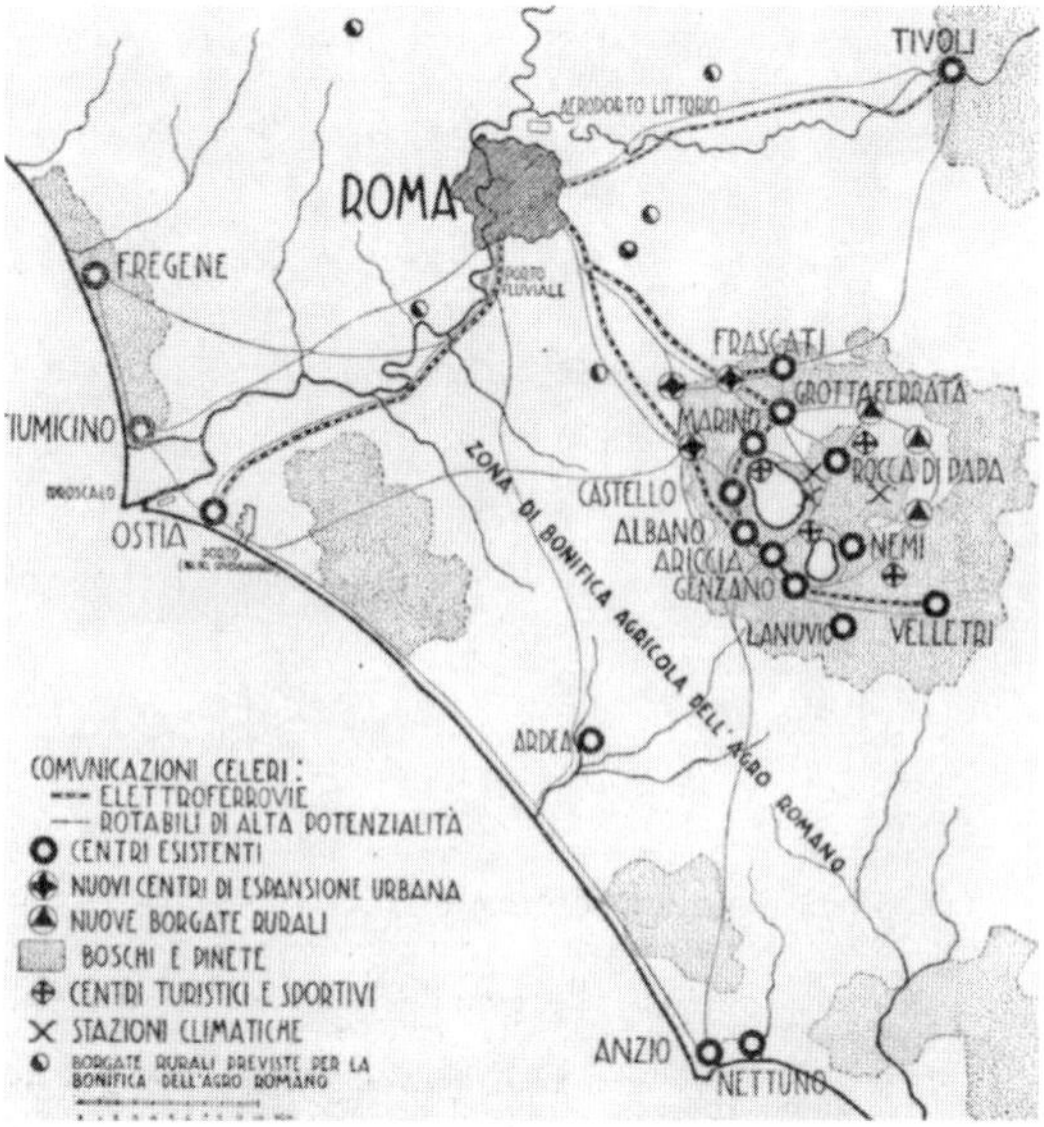

［図49］ローマ都市計画家グループ（グループ代表：ルイジ・ピッチナート、マルチェッロ・ピアチェンティーニと協働）ローマ地域計画スキーム、1929年

のいう統合的建築家に対する唯一の「積極的な」回答ではあるものの、ふたつの事象がそれぞれの部門において互いに否定しあっているようである。ローマに対するピッチナートのアイデア、より一般的に都市に対する彼のイデア、そして都市計画家の役割に関するイデアについては、フォッジアとパドヴァの都市規制計画の事例のなかで既に見てきたが、第一回ローマ研究全国会議の後になると、このイデアに対するより組織的な表明を見出すことができる。一九二九年にローマ都市計画家グループ（GUR）が、ピアチェンティーニとの協働で企画したローマのための計画[図49]である。これはグルッポ・ラ・ブルベーラの計画への回答として出されたもので、[*9] ピッチナート＝ピアチェンティーニ・グループの提案は、地域計画、都市規制計画、地区詳細計画といった技術的手段を活用し、ピアチェンティーニの一九三一年のローマ計画のなかに、そして、一九四二年の都市計画法と第二次大戦後のイタリアの都市計画政策において、部分的ながらも実現されることとなる。

GURの計画は「プログラム」以外の何ものでもない。そこでは地域圏に対する想定を出発点として、都市と海（アンツィオからフレジェネにいたる南西地区に投資することによる）との連絡を密にし、都市と丘陵（南東のヴェッレートリやフラスカーティ、東のティヴォリを含む）とを直接つなごうとするもので、これは、小ブルジョアや貴紳たちのための田園《カントリーサイド》をイメージした労働者の郊外地区を形にした衛星都市をつくることによる。これらは全て「質素で飾り気のない」ものと定義される郊外地区であり、そこに隣り合ってスポーツ競技場とレクリエーション施設、そして「オートスポーツのための幅広い道路とサーキット」が形成される。「プログラム」では、三五万にのぼる人口増加が見込まれており、これはこの当時のローマの居住人口の半分に相当している。結論として次のように主張する。

これは大ローマに対するわれわれのヴィジョンである。一面では過去を、そしてもう一面では近代の合理的な生活を称揚すること。旧いローマはその全ての美しさにおいて燦然と輝かなければならない。近代は新しい建物というページの上に国の再生を書き記さねばならない。そして脱都市化に備えなければならないのである。これこそが、われわれがファシズムの首都に見出しているローマなのである。[*10]

一九三一年の都市規制計画は、ボンコムパーニ・ルドヴィージ総督の運営する委員会によって編纂されたもので、ピアチェンティーニを担当者として、他のメンバーは、ブラジーニ、ジョヴァンノーニ、カルツァ・ビーニなどである。この計画は一九二九年のGURによって提案されたテーマや試案のいくつかを取り込んだものとなっているが、実際のところ、施行の際には元々の意味は変形されてしまうことになる。GURのこのプログラムから都市規制計画へと至る二年の間に、あまりにも多くのことが進捗する。一九二八年のピアチェンティーニによる若い合理主義者たちへの逆方向の誘いかけが行われたことに対し、彼が現実主義者であるということを踏まえ、そしてまだ受け入れたとまでは言えないにしても共感を持ちはじめていることから、幾人かが彼に従っていくことを決意する。そして特に一九三一年の第二回合理的建築展覧会に伴って起こることなどの後に、分裂と無理解が生じる。

この第二回展覧会は、一九二八年の第一回展覧会から生まれた組織であるMIARによって企画されたものである。展覧会の主催者であり、自身の画廊で展覧会を開いたピエル・マリア・バルディ[3]は、この機会に『ラアンブロジアーノ』紙に寄稿する。そこでこの都市規制計画に「道徳性」が欠如していることを批評し、

> ファシズムの都市、ファシズムの都市計画、もしくはもしお望みとあれば、ファシズムによる純粋な再整備には、道徳的な介入が必要とされるのです。建築は、賢明な専門家によって、厳格にコントロールされ、精査されなければならないということに尽きます。そして、イタリアの道徳化のために、ムッソリーニによって着手されたイデアの名のもとに、この厳しい精査はうまく活用されなければならないのです。この判断のくびきのもとで、ローマの都市規制計画へとそれほど拙速には移行しないであろうと信じましょう。[*11]

こうして「建築、国家の芸術」に関する論争が起きる。対峙する派閥ができ、建築家組合に対する、そして特にピアチェンティーニに対する全面的な直接攻撃が始まる。彼らの建築は〈おぞましきもののタブロー〉[図50]に取り入れられる。これは、がらくた、陳腐なもの、趣味の悪い作品のコラージュで、一九三一年の展覧会のためにわざわざ用意されたものである。しかしこの挑発の結果、一九二八年の展覧会によって生まれた組織であるMIARが解体し、合理主義建築家たちが全国的なレヴェルで集合したことは、バルディの

3　美術批評家、一九〇〇—一九九九、ラ・スペーツィア生まれ。ジャーナリストとして活動を始め、ローマにギャラリーを開く。雑誌『クアドランテ』を共同主宰。戦後はブラジルに渡り、サン・パオロ美術館でキュレーターを務める。建築家のリナ・ボーは伴侶。

期待とは異なるものとなる。それは登場人物たち（少なくとも全員ではない）が「道徳に欠ける」姿勢を受け入れたからというわけではなく、立場が進歩することによって、新しい合意と多少の妥協が持ち込まれることになったからである。

2「建築行動隊の時節」

オープニングのその日に、ムッソリーニは第二回合理的建築展覧会を訪れる。これはMIARによって企画されたもので、この訪問がピエル・マリア・バルディによって「操縦された」と、「ファシスト」パガーノは興奮した様子で書いている。[*12] このことは、間違いなく合理主義者たちの立場にひとつの有利な点を印すものであり、なかでもアカデミー派に対し共通の行動を続けるために必要な結びつきを構築しているようにみえる。この異なる立場間の近代に対する論争はまだ和やかなものであり、ひと度、ムッソリーニの支援さえ取り付ければ、その後は達成すべきことを始動させるだけでよい、そうすれば相手方は職業的権力を失うのである。ムッソリーニの言葉がMIARの展覧会の入口に掲げられているのが良い証拠であり、これが流行のスローガンとなった。

われわれは新しい資産、つまり古い資産に対置すべき資産を創造しなければならない。新しい芸術をつくりださねばならない。われわれの時代の芸術、ファシズムの芸術を。

一九三一年四月と五月の間にこの言葉はパガーノの記事、バルディやテッラーニの記事に取り上げられ[*13]、そして前述したように、トリーノのグループによるローマ通りのプロジェクトにも取り上げられている。若い建築家たちの協働の精神を強めるべき時が来たということ、旧い文化的な屋台骨を揺り動かすために、そしてイタリアにおける近代建築の勝利へと到達するために合理主義に言及しようと、誰もが考えているのである。

［図50］〈おぞましきもののタブロー〉、第二回合理的建築展覧会、ローマ、1931年

第二回展覧会には一九二八年展覧会の参加者のほとんど全てが参加している。不参加だったのは、カルツァ・ビーニ、サッバティーニ、マッテ・トゥルッコ、そしてジジ・ケッサや「転向者」のラルコとラーヴァ[*14]といったそれほど重要ではない若者たちである。一方で前回不参加だった建築家たちが登場し、そのなかで、パガーノは、レーヴィ・モンタルチーニと協働したプロジェクトと一九二八年のトリーノの展覧会のいくつかのパヴィリオンを展示する。とはいえ、これはサルトリスが「近代建築の間違った事例」として出版しようとしていたものである。アスキエーリは、参加することによってグルッポ・ラ・ブルベーラでみせてしまった失態を打ち消そうとする。ジュゼッペ・ペンサベーネは、この数年後には近代建築に反対する立場をとることになる。

おそらく気づかないうちに流れは変わりつつある。後述するが、この時点での論争としては調停しようとすることが優勢——今では不可解な

［図51］第4回モンツァ装飾芸術と近代産業芸術国際展、1930年。ジョヴァンニ・ポンティとエミリオ・ランチァ、長期休暇のための住宅（写真、Archivio Triennale, Milano）

［図52］第4回モンツァ装飾芸術と近代産業芸術国際展、1930年。ルイジ・フィジーニとジーノ・ポッリーニ（ピエロ・ボットーニ、グイド・フレッテ、アダルベルト・リベラと協働）、電化住宅（写真、Archivio Triennale, Milano）

ことではあるが、一九三一年の時点では、一九二八年になされたものとしてカルツァ・ビーニが示したように——であるとしても、他方では、現実として実務をすすめる面から、多くのものたちが、自分自身の固有のイメージをよりしっかりとコントロールすること、そしてより熟慮された策を練る方向へと向っている。「近代」は、何も合理主義者だけの専有物なのではなく、その言葉自体に新しい意味が満たされる。

この一年前のモンツァの第四回装飾芸術と近代産業芸術国際展覧会[図51〜53]から、そしてこの年のトリエンナーレでも、すでに建築家たちの手によって「近代」という言葉がポスターの中に示される。このことによって一面では排斥しようという意図がみられ、そして他の面では派閥の形成が再検討される。展覧会の組織委員は、アルパーゴ・ノヴェッロ、ジオ・ポンティ、マリオ・シローニによって構成され、この機会に取捨選択が実行される。それはエンリコ・パウルッチの『ラ・カーサ・ベッラ』誌上での手短かな要約によると、精確な、ただし結論的ではないものとして、二つの傾向が対置される。つまり新古典主義――ウィーンに起源を持つもの――の傾向と、とりあえずこのように安易な言葉で定義されている――合理主義者の傾向、こちらはドイツに起源を持つものである。[*15]

用語だけではもはや満足できるようなものではなく、対置によるよりも全体的な評価が必要とされている。

ペルシコは次のように書いている。

ポンティの展示室とテッラーニの展示室は、例えば同じ欲求を示している。そして、美学的な好みを超えたところで、彼らの実践的かつ実質的な方向性は結びついている。これはつまり、モンツァでは、新古典主義様式の家具と合理主義様式の家具は、近代理論の航跡において比類のない傾向を代表しているということである。これらのオブジェは異なった方向性を持っているわけではなく、ふたつのそれぞれの相手を向いているわけでもない。新しい住宅の装飾を目指し、そしてそこではわれわれの時代の人間を前提としているのである。[*16]

その間にパガーノとペルシコの『ラ・カーサ・ベッラ』は、「美しい住宅の愛好者たち」のための雑誌から、建築雑誌へと急転換し、そればかりか、

［図53］第4回モンツァ装飾芸術と近代産業芸術国際展、1930年。ジュゼッペ・パガーノとジーノ・レーヴィ・モンタルチーニ、事務所のための家具デザイン（写真、Archivio Triennale, Milano）

ＭＩＡＲの共鳴装置になりつつある。[*17] 一九二九年にはアルベルト・サルトリスもペルシコに招かれて『ラ・カーサ・ベッラ』で協働することになる。そして一九三〇年一〇月号には、サルトリスの設計によるパリの画家ジャン＝サラダン・ヴォン・ベルケムの〈別荘＝スタジオ〉が掲載され、そこにペルシコの編集ノートが付記される。この家は「新しいイタリア建築のよりオリジナルな創造のひとつ」と定義され、このプロジェクトはその清潔さにおいて「アングルのスタイル、もしくはオザンファンの〃ピュリスム〃の絵画のいくつかを思い起こさせ」、そして「古典芸術の（……）美しさと厳粛さに到達している」とする。[*18]

新古典、古典、近代という用語は、混乱しているようであり、その一方で合理的という言葉は異なった含蓄をまとい始める。問題となるのは用語上のことだけではない。そのことについては後述するとして、ここで記憶にとどめておきたいのは、多くの建築家たちが、もはや失われてしまった元々の意味を何とかして再確認しようという意図から、用語を究明する機会の必要性を三〇年代を通じて喧伝するようになったことである。

合理性による絶対的な理論というイデアは、ある者を「建築はもはや個別のものとして存在することはできない」という表明へと推し進め、そして互いに異なるところはあるにせよ、プロジェクトや立場を一緒にまとめようとする方向へと進めたのである。ところが、まさに第二回合理的建築展覧会が開かれている間に、このイデアは実務における条件と触れることで砕かれてしまう。このときにこそ、建築における聖職者が、まさに合理主義を原論的に認知したいがために、「合理主義革命」の理想を捨てて「転向」してしまうのである。このことはテッラーニが、コモの〈カーサ・デル・ファッショ〉のためのプロジェクトの最初期の一九二八年の段階の写真の裏に書いていることに窺える。

このプロジェクトは建築の「行動隊《スクアドリスタ》」の時期の重要なものである。この時期とは一九二六年〔グルッポ7の設立〕から一九三一年のバルディの展覧会と合理主義に対する国内の論争の年までのことである。[*19]

第二回合理的建築展覧会は、つまりこの時期の最後を代表することになる。決して始まりなのではない。この時期には、合理主義の建築家同士の関係は明らかにとても緊密であり、MIARに所属しているという共通点によって確固たるものとなっているようである。この時期、パガーノはバルディを「信頼と確信に満ちている」として賞賛し、そしてバルディは〈パラッツォ・グァリーノ〉への好意的な評を書き、パガーノの設計によるリエージュ博覧会の〈イタリア館〉を「よいパヴィリオン」と定義する。[*20]『ラ・カーサ・ベッラ』の一九三一年四月号には、バルディの記事の再録と、『(ムッソリーニへの)建築に関する報告書』の広告、そしてパガーノの記事が一緒に掲載される。このように、ピアチェンティーニに対抗して派閥を組むことへの決意が見られるのである〔この数ヶ月前に表明した批評、つまり一九三〇年一二月号で、ミラーノのミッソーリ広場にある〈社会保険信用金庫ビル〉に対する批評〔好意的なもの：第Ⅱ章二節参照〕などについて、あらゆる曖昧さの可能性をこうして消し去ろうとしている〕。[*21]

これらが、一体となった意図を持ちながらMIARの建築家たちが活動した数多くの印のうちの、ほんのいくつかの例である。目的として共通しているように思えることは、合理的建築を主張するための闘いを独自のものにしようという運動の方向性に沿っていることであり、そこにファシズム「革命」へと持ち込むための闘いが附随する。その一方で、建築言語の近代性の個別化とファシズム国家の近代性とは別のものであるということが明らかになってしまう。

3 専門職的合理主義

バルディの手になる〈おぞましきもののタブロー〉は、第二回合理的建築展のスキャンダルの要石《キーストーン》となる。また展覧会に併せて、これもバルディによる本が出版される。こちらはそれほど「スキャンダラスなもの」ではない『〔ムッソリーニへの〕建築に関する報告書』で、ジュゼッペ・ボッタイ[4]編集による『クリティカ・ファシスタ Critica Fascista』〔ファシズム批評〕誌のひとつの号として出版される。共にピアチェンティーニへの攻撃は明らかであり、この時までは若者たちを「庇護」しようとしていたアルベルト・カルツァ・ビーニは、全国建築家労働組合からの抗議に対して威嚇的な反応をみせる。

この場で、イタリア近代建築史のなかでも、既に有名なこの経緯を長々と再現しようというわけではない。[*22] 展覧会の主催者のひとりであるミンヌッチは、MIARのミラーノのグループに宛てた手紙のなかで、〈おぞましきもののタブロー〉の発表と『建築に関する報告書』の出版によって爆発した論争の調子や、「状況を悪化させかねない次の展覧会を一時的に取り止めること」の絶対的な必要性などを的確にまとめている。全員を「個人的な論争」に引きずり込んだとしてバルディを批評し、そしてリベラを「全くもって不真面目で不誠実」な態度であるとして非難する。[*23]

合理主義者たち、実際にはバルディは、ムッソリーニの庇護[*24]を当てにし過ぎ、その虎の尾を強く踏んでしまったのである。展覧会の参加者の多くはピアチェンティーニとの関係を壊さないよう心に決める。しかしそれは何も彼が、コンペティションの審査員であったり、仕事のまとめ役であるからというだけではない。パガーノに近いところにいる者たちは、間接的に、おそらくは意識せずにではあるが、「反協定」の最前線に立つことを選択する。ローマの環境のなかで仕事をする者たちは、この論争に関わると既得権的立場が失われてしまうことをわかっている。バルディとの結びつきを保ち続ける者たちは、この二年後に雑誌『クアドランテ』において協働することになるのだが、「独立業」としてとどまるための職業上の自治と能力をある程度までは保持する。

最終的には、イタリア近代建築家同盟（RAMI）が反MIAR的機能を持つものとして組織され、MIARは解体し、カルツァ・ビーニと全国建築家労働組合からの支援も失われてしまう。[*25]

第二回合理的建築イタリア展は、ローマの後、ミラーノとトリーノでも開催されるはずであった。しかし、もはや建築の分野で覇権を握っているこの三つの都市の建築家たちの活動によってまとめられた意図、このMIAR自身のグループ結成の際に主張された主導権だけが、事実として残されたものとなった。

しかしながら、この統一されたはずの意図も危機に陥ってしまう。いまや「政治的な」派閥の分岐が生じてきている。一方はサルトリスとバルディ、もう一方はパガーノとペルシコである。いずれにせよ、既に一九三〇年にペルシコがバルディに与えた「扇動者」という厳しい評価[*26]によって暗にわかっていたことである。そして明らかなこととしては、パガーノとサルトリスの対立であり、これは一九三二年に爆発したもので、これについては前述した。サルトリスとバルディは『ラ・カーサ・ベッラ』に対する協働を一九三二年までは年間を通して続けている。しかし、パガーノの主幹とペルシコの編集となった『カーサベッラ』への雑誌の更改が、新しい路線への変更と一緒に進められ、一九三二年一二月の第六〇号でそれが公にされる。この

4 政治家、一八九五―一九五九、ローマ生まれ。指導的立場のなかでは最も若い世代のファシスト。知識人の革命としてのファシズムを標榜するなど、主に体制への合意形成や文化政策を担当。

「プログラム一九三三」においてパガーノは次のように表明する。「『カーサベッラ』の姿は、今までにないものになるだろう。今までのような狭いグループや仲間うちのものではなくなる」。サルトリスとバルディ、そして同じようにテッラーニも実質上は雑誌から姿を消してしまう。一方で、フィジーニとポッリーニ、そしてバンフィ、ベルジョィオーゾ、ペレッスッティ、ロジャースといった若者たちのグループが、彼らの手がけたインテリアの仕事で登場することになる。その一方で、「除外された者たち」の手になる、雑誌『クアドランテ』が生まれようとしている。創刊号が出されるのは一九三三年五月のことである。

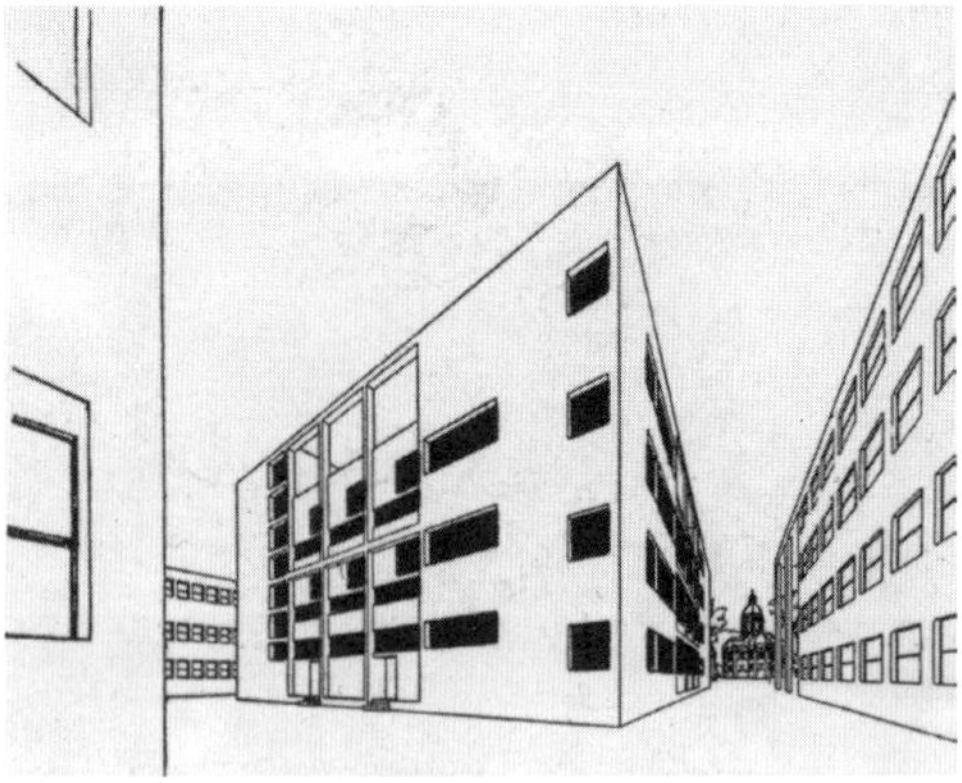

［図54］ジュセッペ・テッラーニ、〈カーサ・デル・ファッショ〉のプロジェクト、コモ、1932-33年

ある種の分裂が起きることで多くの決定的な様相が明らかにされ、数年後には、この出来事の登場人物たちはとても厳しい論点へと辿り着くことになる。サルトリスは一九三八年にテッラーニに宛てて書いている。「重要なことは、パガーノがユダヤ人かどうかを知ることだ。どんなことをしてでも調べてくれたまえ」[*27]。彼がここで実際には何を意図しようとしていたのかを分析する必要はない。一九三四年にペルシコがサルトリスの『機能的建築の要素』を批判したことを思い起こせばよい。「ヨーロッパの傾向の錯綜した展覧であり、そこでは趣向と芸術が常にない混ぜにされる」[*28]。または一九三七年のバルディを批判するパガーノによる言葉、表面的でセンセーショナルなことを探している、というもの。その他、テッラーニもパガーノから批判される。それはコモの〈カーサ・デル・ファッショ〉[図54]という「異例」の作品をつくったことに対するもので、『クアドランテ』の合併号では賞賛されているこの作品に対し、オリ

［図55］ジュセッペ・テッラーニ、〈ノヴォコムン〉、コモ、1927-28年

ジナリティは見られないが「特異性」を探求しようとしている、[*29]とした。そして、前述したように、パガーノは、否定的な意味で、テッラーニとリンジェーリをムツィオに近いものと見做しており、彼らの仕事には「装飾が必要であること、または少なくとも作品全体が台なしになってしまわないようにするための装飾的な機能を持つ構造の表現が必要とされている」[*30]ことを見出している。このことはパガーノにとって、彼がその道徳性によって作品としてのまとまりを個別化しながらも、彼自身が道徳的な観点に立って行動するわけではないことを意味し、そして建築の社会的価値を捉えることなく「形態と言葉のアカデミー」に閉じ込められたまま、「叙情主義」を打ち捨ててしまうことを意味する。

その一方で、この建築の道徳的観点は、建築家の作品の仕上がりに対する判断となっており、これは既にパガーノに関しては、一九三一年の展覧会の数年前から、そしてその後、展覧会そのものへのコメントでも明らかであった。ふたつの事例を思い起こせばよい。テッラーニの〈ノヴォコムン〉[図55]に対する批判、これは、ただまっすぐな精神、古代性の想い出を賞揚するだけのものであり、それはこの「反ロマンティックな住宅」からあふれ出るもの、そこは「全てが明瞭で、輝き、完璧であり、床から壁まで全てが洗浄可能な」[*31]場所であるとする。もうひとつは、パガーノによる編集者としての緒言のなかで『ラ・カーサ・ベッラ』に書かれた次のような言葉である。これはＭＩＡＲの記事に対するもので、バルディの再録された記事へのコメントとして掲載される。

> 組織や公衆のなかに、現代建築への認識を形成することは必要なのです。それがより遅滞なき方法で進行し、近代建築の社会的重要性が国家の同意によってただちに承認されることを願って已みません[*32]（……）。

この時にもまだ、これに続くバルディによる道徳的な介入の必要性に関する言及と、国家の側からの、建築分野に対するコントロールの必要性への言及とが同じ言葉として、取り違えられ得るのである。しかし、まさにこの国家の行動の意味について、そして彼らの職業的な面への波及に対して、新しい派閥が形成される。

［原註］

＊1　以下の前掲書を参照のこと。*Materiali per l'analisi dell'architettura moderna. La prima Esposizione Italiana di Architettura Razionale.*

＊2　トリーノやミラーノ、ローマのグループ、「隔離されたものたち」の他に、「ヴェネト・グループ」も出展している。ドゥイリオ・トッレス、オットリーノ・アロイージオらである。後者はウーディネの出身でローマの学校を卒業し、トリーノで活動していた。アロイージオの作品については以下を参照のこと。M.POZZETTO, *Vita e opere dell'architetto udinese Ottorino Aloisio*, Firenze 1977.

＊3　リベラの作品については以下を参照のこと。AA.VV., *Adalberto Libera. Opera completa*, Milano 1989. 特に同書の次の部分を参照。A.MUNTONI, *1926-28: dalla Scuola di architettura di Roma alla Prima esposizione di architettura razionale*, pp.34-51. その他に V.QUILICI, *Adalberto Libera. L'architettura come ideale*, Roma 1981.

＊4 「建築的色彩主義 *I Cromatismi architettonici*」はボットーニ自身の文章とともに既に以下の雑誌に掲載されていた。«Architettura e Arti Decorative», VII, settembre-ottobre 1927, fasc.1-2, pp.80-85. この誌面に掲載されている図版は、ボットーニのデザインのうちの二点で雑誌として出版されたもののなかでは総天然色のとても珍しいもののひとつ。ボットーニが一九二七年末に、ル・コルビュジエに色彩主義を送付したところ、彼はこの多彩装飾に関する研究に対し賛嘆の思いに打たれたようである（以下を参照のこと。*Le Corbusier. «Urbanismo»*, catalogo della mostra, Milano 1983, pp.9e22-32)。

＊5 M.PIACENTINI, *Prima internazionale architettonica*, ivi, agosto 1928, fasc.12, pp.544-62.

＊6 会議は一九二八年四月二二日から二五日まで行われる。議長はドメニコ・デッリ・サンティ、副議長はジュゼッペ・カッファレッリ、アルベルト・カルツァ・ビーニ、グスターヴォ・ジョヴァンノーニ、ヴィルジリオ・テスタ。

＊7 第I章で触れたように、一九二六年には既にトリーノの都市化会議において、都市化イタリア協会がシルヴィオ・アルディによって提案されていた。これはカルツァ・ビーニによって提起された研究センターよりも技術的な面における特徴を持つ（以下の前掲書を参照のこと。CALZA BINI, *Per la costituzione di un centro studi urbanistici in Roma*, pp.45-52)。

＊8 L.PICCINATO, *Idee e linee fondamentali per un piano regolatore di Roma*, in *Atti del I Congresso nazionale di studi romani*, cit., pp.53-60; V.TESTA, *Disciplinamento delle costruzioni nei quartieri centrali e nelle zone di ampliamento*, ivi, pp.34-40. また、テスタはローマ－オスティア間の道路に沿った線状地区を提案している。一九四二年に予定されていた万国博覧会の場所につくられるべきであった地区のための最初のアイディアである（同書の以下を参照のこと。TESTA, *La costruzione di un quartiere lineare in Roma* [riassunto], pp.31-33)。ピッチナートは、ゆくゆくはE42の計画に従事するためのグループに参画することになるのであるが、この線状地区には反対している。

＊9 一九二九年にローマで開催された第一二回居住および都市規制計画国際連盟会議の際に、付随して展覧会が開かれる。九月一二日から一〇月一五日までで、グルッポ・ラ・ブルベーラやローマ都市計画家グループの計画が出展される。ブラジーニのプロジェクトの他に、市の技術局により策定された一九二五～二六年の計画変更も展示される（以下を参照のこと。*Atti del Congresso internazionale delle abitazioni e dei piani regolatori*, 2 voll., Roma 1929, con le relazioni generali e gli interventi; 以下も参照のこと。la nota redazionale, in «Architettura e Arti Decorative», IX, ottobre-novembre 1929, fasc.2-3, pp.145-47)。

＊10 以下の前掲書を参照のこと。GRUPPO URBANISTI DI ROMA, Programma Urbanistico di Roma.

＊11 P.M.BARDI, *Petizione a Mussolini per l'architettura*, in «L'Ambrosiano», 14 febbraio 1931. 記事は次の雑誌に再掲される。*Miar, Architettura Razionale Italiana 1931*, in «La Casa bella», IV, aprile 1931, n.40, pp.69-82; 再録は以下。*Materiali per l'analisi dell'architettura moderna. Il Miar*, a cura di M.Cennamo, Napoli 1975, pp.113-19.

＊12 以下を参照のこと。G.PAGANO, *Mussolini e l'architettura*, in «Brescia. Rassegna mensile illustrata», IV, aprile 1931, n.4, pp.21-24 ; 近著では以下の前掲書を参照。*Materiali per l'architettura moderna. Il Miar*, pp.207-9. e PAGANO, *Architettura e città durante il fascismo*, pp.5-8.

＊13 前註同書および以下を参照のこと。P.M.BARDI, *Nostre notizie particolari sull'architettura*, in «L'Ambrosiano», 7 marzo 1931 ; P.M.BARDI, *Chiose a un manifesto*, ivi, 12 maggio 1931; G.TERRAGNI, P.LINGERI, M.CEREGHINI e A.DELL'ACQUA, Lettera a «Il Lavoro Fascista», Roma, 1° maggio 1931. この三つの記事は以下の前掲書に再録されている。*Materiali per l'analisi dell'architettura moderna. Il Miar*, pp.67-73, 301-8, 310-14.

＊14 ラーヴァは時をおかず、グルッポ7や合理主義者たちから距離を置き、次のように表明している。「合理主義の間違いと危険性はあまりにも頻繁に不毛な教義に、より悪い場合には俗悪な暗号へと矮小化されてしまう」。自身の判断により、彼は「純粋主義で厳格な合理主義」から「近代的で植民地的な環境の研究」（一九三〇年の〈スアニ＝ベン＝アデムの教会〉や一九三一年の〈トリポリの凱旋門〉）を通して「ファンタジーの自由の充溢と、反ノヴェチェント主義を基盤とする地中海的で本質的にイタリアのものである合理主義の近代性の創造」（以下の前掲書を参照のこと。RAVA, *Premessa*, pp.7-9）へと至る。ラーヴァの作品は、一九二八―二九年の〈オムスのホテル〉（ラルコと協働）、一九三三―三四年の〈ポルトフィーノのヴィッラ〉（同じくラルコと協働）、トリポリの見本市（一九三三―三四年）におけるエリトレアとソマリアのパヴィリオンがある。基底にはある固さがあるためか、彼が求めている「ファンタジーの自由の充溢」は認められず、「地中海性」をテーマとする建築的な独自の研究が表現されている。以下の前掲書も参照のこと。S.DANESI, *Aporie dell'architettura italiana in periodo fascista. Mediterraneità e purismo*, in AA.VV., *Il razionalismo e l'architettura in Italia durante il fascismo*, pp.21-28.

＊15 E. PAULUCCI, *Monza 1930*, in «La Casa bella», III, marzo 1930, n.27, p.37.

＊16 LEADER, *Tendenze e realizzazioni*, in «La Casa bella», III, maggio 1930, n.29, p.27 ; 近著では前掲書。PERSICO, *Tutte le opere*, vol. II, pp.11-13. 以下の前掲書も参照のこと。A.PANSERA, *Storia e cronaca della Triennale*, p.220.

＊17 «La Casa bella» は一九二八年一月にグイド・マランゴーニの編集のもとで、第一号が出される。最初の四号までは「室内装飾のための芸術と産業」の副題が添えられ、それが「美しい住宅の愛好者のための雑誌」へと変わる。一九三〇年一月号から編集がアッリーゴ・ボンフィリオーリと既に目立つ存在となっていたパガーノへと代わる。新しい表紙は彼とジーノ・レーヴィ・モンタルチーニによるデザインで、レイアウ

トも一新される。一九三一年一月と一九三二年一月には表紙が更新され、一九三二年一二月には、パガーノが編集長、ボンフィリオーリが責任者として署名をしている。一九三三年一月には雑誌の題字が変更され《Casabella》となり、判型やレイアウトも変更される。パガーノの名前の横には、編集者としてペルシコの名前が掲載される。雑誌はグラフィック的な面だけでなく、編集面においても更なる変更を遂げる。一九三三年一一月にはペルシコの横にジャンカルロ・パランティの名が添えられ、そして一九三四年一一月にはペルシコが編集長の座に就く。こうして一九三五年一月から彼が亡くなるまでの一年間、パガーノとの共同編集になるのである。その後パガーノが単独の編集長へと戻り、一九三八年に雑誌は《Casabella-Costruzioni》となり、一九四〇年には《Costruzioni-Casabella》となる。編集長はF・マトリカルディ。一九四二年一月にはパランティが副編集長となる。雑誌は一九四三年末に出版を終えるが、最終の三号には編集長の署名はない。
MIARに関しては、一九三〇年一二月に、「技術的面」として公式声明とブリュッセルの第三回CIAMの報告書を出版している。この会合にはポッリーニとボットーニ、ルイジ・ヴィエッティが運動の代表として派遣されている。

*18 (E.PERSICO), *Un progetto di villa dell'architetto Sartoris al concorso di Monza*, in «La Casa bella», III, otobre 1930, n.34, pp.78-80; 近著では前掲書、PERSICO, *Tutte le opere*, vol. II, p.16.

*19 前掲書所収、G.POLIN, *La Casa elettrica*, Roma 1982, p.38.

*20 以下の前掲書を参照のこと。PAGANO, *Mussolini e l'architettura*; BARDI, *L'architettura razionale italiana. I parte*; BARDI, *Architettura, Arte di stato*, in «L'Ambrosiano», 31 gennaio 1931.

*21 バルディの記事の再録、*Rapporto sull'architettura (per Mussolini)*, Roma 1931 の広告、そしてパガーノの記事については以下の前掲書を参照のこと。*Del «monumentale» nell'architettura moderna*, «La Casa bella», IV, aprile 1931, n.40.

*22 展覧会全体の経緯および論争、それに続くMIARの解散の経緯については以下の前掲書を参照のこと。*Materiali per l'analisi dell'architettura moderna. Il Miar*, pp.425-62. その他に以下も参照のこと。D.P.DOORDAN, *Architecture and politics in Fascist Italy: Il Movimento Italiano per l'Architettura Razionale. 1928-1932*, tesi di dottorato, Columbia University, New York 1983.

*23 一九二九年五月初旬のMIARのミラーノのグループに宛てたミンヌッチの手紙の草稿については、以下の前掲書に掲載されているものを参照のこと。*Materiali per l'analisi dell'architettura moderna. Il Miar*, pp.442-45. ミンヌッチについては以下を参照のこと。*Gaetano Minnucci*, a cura di Maria Italia Zaccheo, catalogo della mostra, Roma 1984. ミンヌッチによる厳しい批判によってもミラーノのグループは影響を受けたようには見受けられない。メンバーはバルディとの関係を維持している。

*24 ムッソリーニは、第二回合理的建築展覧会を開催したバルディのローマのギャラリーに対し直接資金援助をしている。

*25 RAMIのメンバーのなかには、デ・レンツィ、チアッロッ

キ、ラルコ、ラーヴァらがいる。

*26 ペルシコは一九三〇年八月に、ディーノ・ガッローネの手紙に応えるなかで、皮肉たっぷりにバルディのことを「舟型の帽子」と呼んでおり、そこで次のように書いている。「舟型の帽子は私の最も我慢のならない悪夢です。私に手紙を書いて寄越しましたが、それは無知蒙昧の輩にしか送り得ないもので、考えのないひっきりなしの挑発なのです」。(以下を参照のこと。D.GARRONE, E.PERSICO, *Epistolario*, a cura di Marco Valsecchi, Bologna 1943, pp.81-82; 近著ではE.PERSICO, *Oltre l'architettura*, a cura di R.Mariani, Milano 1977, pp.324 e 326)。

*27 一九三八年八月一三日付けの手紙。以下の前掲書に再録、MANTERO, *Giuseppe Terragni*, p.113.

*28 以下を参照のこと。E.PERSICO, *Punto e da capo per l'architettura*, in «Domus», VII, novembre 1934, n.83, pp.1-9. 近著では前掲書、PERSICO, *Tutte le opere*, pp.303-23.

*29 前掲書、PAGANO, *Tre anni di architettura in Italia.* 〈カーサ・デル・ファッショ〉は一九三六年一〇月の三五—三六号に掲載される。«Quadrante»の最終号である。

*30 前掲書、PAGANO, *Tre anni di architettura in Italia,* P.4. コモの〈カーサ・デル・ファッショ〉についてもパガーノは同様の評価を示している。「そしてまさにこの普通であるという印象は、多くのホテルや多くの収容所にあまりにも似ているところからくるものである。そして正面のファサードと側面のファサードとの間に、スタイルとして、そして構成的なものとしての大いなる違いがあること、それが一体性に欠けているように思わせるものであり、この一体性こそが芸術作品か否かをはかるものなのである」。

*31 G.PAGANO, *I benefici dell'architettura moderna (a proposito di una nuova costruzione a Como)*, in «La Casa bella», III, marzo 1930, n.27, pp.11-14; 近著では以下の前掲書、G.PAGANO, *Architettura e città durante il fascismo*, pp.241-43.

*32 以下に掲載、«La Casa bella», IV, aprile 1931, n.40, p.67.

VI 「建築、国家の芸術」

1 建築にとっての課題

建築から解答を出さなければならない課題、それがファシズムの国家において、一九三一年初頭には中心的なテーマとなる。二月から六月にかけて、全ての日刊紙はこの問題に大きく紙面を割いている。それはバルディが一月三一日の『ラアンブロジアーノ』紙に掲載した「建築、国家の芸術」という記事によって提起されたものである。そしてムッソリーニに宛てた『建築に関する報告書』において、彼自身がより全体的かつ広範にわたって、再度取り上げる。[*1]

記事のなかでバルディは建築の理想的価値を強調する。そこで言及される課題とは、ファシズムの成し遂げてきたことを支援し、そこに込められた思いを共有し、詳述することである。そこで再確認されている成果は、それが「世界で初めての闘い」に従事するものとして、単に国内だけの活動に留まらないものである。それは、ムッソリーニが、一九三一年一月三日にローマの第一回全国クアドリエンナーレ芸術展〔四年に一度の開催を企図」のオープニングに際し、芸術家たちに与えた「方向性」に従うものである。

諸君は、この展覧会や同様の集会に対して政府から与えられた物資ならびに財政的援助を認識していることと思う。与えられた要求、与えられた目的は、大して重要なことではない。しかし諸君には、何故かということを理解してもらいたい。しかしながらその金額よりも、規模よりも、諸君は着想を大事にしなければならない。それはつまり政治的な位置づけのことである。[*2]

バルディは「我々の世代の建築家たち、それはとりわけムッソリーニの功績を詳述することを課されている建築家たち」であるとまで表明する。

以前から進められてきた国家機関の再組織化の流れの中で、バルディは建築の法制化と中央組織の設立が切実な課題であると考える。この組織は建設委員会に代わって「都市計画全般のイデアとファシズムによるイタリアの道徳的志向の指標」を形成するはずのものである。「ファシズムの調和」に到達するためには、この分野を一九世紀の「自由主義的」伝統の影響から解放すること、そして国家の芸術としての建築を確定することが必要となる。つまりバルディによれば、国家は、「新しいイタリアの芸術的良心」が自由に活動できる場所を拡げられるように差配し、介入しなければならない。国家は、個々の建築家がそれぞれファシズムの表現する国家概念に同意するなかで、彼らの生活の中心に置かれることになる。

バルディによる奨励はこのように何もないところから生まれたわけではなく、建築だけのモメントに限られるものでもない。これはファシズムが文化を公的に運営管理し、大衆の同意を組織化しようとするなかで進めてきた変革につながり、補完するものである。それは一九二六年の全国ファシスト文化協会設立、一九二七年の芸術に関する法律、そして文学の「全国的」課題に対する論議、一九二六年のイタリア・アカデミー設立、この組織が実質的な活動を開始するのは一九二九年である。そして一九二六年のイタリア大辞典編纂協会の設立、この成果として一九二九年から大辞典の出版が開始される。その他、一九二五年のジャーナリスト同業組合の設立、その名簿が一九二八年にはできあがることなどを見ていけば良いであろう。こうしたことこそが、ファシズムの文化的アイデンティティ探求の証左となる活動とモメントなのである。そしてまた、ジョヴァンニ・ジェンティーレの思想の表明、つまり「精神的である」全てのものが「大きな球体のなか、これもまた精神的なものである国家のなかに」あらねばならない、ということの表明を証するものなのである。[*3]

　建築にとって、全国的な建築言語《ヴォキャブラリー》のテーマは、最早、一九世紀の終わりに直面したような、過去の「様式」の復興や、その需要に応じて「フィレンツェのルネサンス風」や「ローマの一六世紀風」を「国の様式」として個別化することに引き戻すようなものではない。

「様式」は、政治的内容を十分に定義した表現として、建築言語の用法を特定する。作品は、こうしてファシズムのイデアを表象する能力に基づいて多かれ少なかれ評価判断を受けることになる。表面をガラスで囲まれたコンクリートの構造体でできた建物の透明性は、こうして単なる近代性のイメージであるだけではなく、ファシズムのイデアである「透明性」そのものを示す手法にもなる。それはムッソリーニが主張したことであり、ファシズムは「ガラスの家」であること、そしてこの同じイデアこそが、一九三二年のコモの〈カーサ・デル・ファッショ〉を設計することへとテッラーニを突き動かす。この一九三二年の時点ではファシズム様式＝近代様式という等価性は、既に議論され吟味されていた。それがまさに件の「建築、国家の芸術」なのである。

一九三一年になってようやく、この議論の用語が精緻化されたということがあるにしても、そして部分的なものであるにせよ、そのことに一〇年前に対峙した事実があることを不当に貶めるべきではない。いまや、いくつもの介入によって、以前の論争や過去の相違点は革新化される。

一九二一年には既に、ピアチェンティーニがイタリア建築は外国のものよりもかなり遅れているとして、次の必要性に言及する。

調査すること。（……）いかなる教育、基礎となる主題はいかなるものであるのかを調べること。我々こそが数多くある全ての流派の共通性を再発見することができる（……）それは同時に、多様な種別のなかから選り分けられているもの、共通ではない性質を差別化することによるのである。

このことを基盤にして、ピアチェンティーニによれば、「我々の新しい様式」に付け加えられるもの、そして件の、

国の建築は、プロポーションと色彩主義を研究し、材質の真実性、ディテール、そして特に施工の完璧さを究めていかなければならないのである。[*4]

ピアチェンティーニのプログラムはいまだに完全に「美学的なもの」である。しかしながらいくつかのテーマのうち、つまりミンヌッチやリベラ、ミラーノのグルッポ7《セッテ》やボットーニといった若い建築家たちによって一九二〇年代に擁護されたテーマは、このピアチェンティーニの記事のなかに既に見受けられる。一九二四年にミンヌッチは、オランダ建築の基礎を次のような言葉に要約している、

簡潔さと過去を放棄すること、量塊の動きと建物の境界の線型から表現された芸術的な効果、同様の組積壁と素材を構築的に見せることにより、つまりこうした構築的要素によって獲得された装飾、それから素材の色彩とその配置、壁に穿たれた開口の形態と配置、窓枠の色彩と形態。[*5]

ミンヌッチにとって、オランダの事例は「新しいイタリア建築」への熱意を活性化させることに資するものであり、一方で過去は現在を燃え上がらせる炎なのである。伝統と近代の関係性を継続して活発なものにすると同時に、イタリア近代建築の基礎を、イタリア建築といくつかの外国〔オランダの他には、アメリカ合衆国、ドイツ、フランス〕の建築との相互のあり得べき影響に着目し研究している。[*6]

引き続き一九二一年のピアチェンティーニの記述に着目すると、〔色彩については〕『アルキテットゥーラ・エ・アルティ・デコラティーヴェ』誌から一九二七年に出版された『建築的色彩主義』がある。既に第一回合理的建築イタリア展に関連して前述したが、ボットーニにとって、色彩は「立体的な」機能を持つもので、それは「基礎的な形態と図式への建築の回帰」[*7]につながるものである。次に、一九二六年の最初のまとまった記事のなかでグルッポ7によって提起された国際主義も、その後の批判を受けてはいるものの[*8]、ある部分で

は再考に値するものだろう。グループは自身の仮説を明確にするために、「真にイタリアのものとなる建築の誕生のための最初の条件としての様式の統一」について語ることになる。そして既に主張されたこと、つまり「伝統の精神はこれほどまでもわれわれの中に沈潜しているのであるから、必然的に、そしてほぼ機械的に、新しい建築が、典型的にわれわれのものである印を持ち得ないわけがない」[*9]と繰り返す。

合理的建築が、伝統と「新しい精神」との間の連続性を直接翻案したものであるという確信が生じてきている。イタリアでは、この「新しい精神」は、グルッポ7の若者たちにとっては、ファシズムを表象するものなのである。一九二八年に、彼らのなかの理論家と見做されていたラーヴァは、「合理主義者」の作品に対して投げかけられた「ドイツ風」建築であるとの非難を否定する中で、「伝統主義者」の建築を攻撃しつつ、「影響」の意味を明確にしようとする。影響というのは、外国に由来する単なる知識であり、間違って真のイタリアのもの、「帝国である」イタリアを表象する資格のある唯一のものと考えられてしまっているとする。「一方で、――ラーヴァの記述によると――伝統主義者の建築が帝国主義と共にあるというのは、まさに合理主義建築が共産主義と共にあるとしてしまうことと同じように見える[*10]」。

ラーヴァの考えはサルトリスやペルシコのものに基づいており、彼にとっては、ただ建築だけが「それを創造する人民の境界」を越えることができるもの、価値を持ちヨーロッパからの影響を伝えることのできるもの、そして「国の資産の一部となるに相応しいものなのである」。ファシズムのイタリアこそが、ラーヴァにとっては、この橋渡しを成し遂げ得るものであり、「喜ばしい創造の奇跡の表現、全てが古典的でわれわれのものである遺産」に満ちている。新しい「ヘレニズム精神」、イタリアが解釈し、その伝統のために「生まれ変わったヘレニズム」の先頭に掲げるもの、ラーヴァにとって、その表象するものは、「帝国主義の形態（……）今日のイタリアにとってより確かで相応しいもの」なのである。[*11]

より確かで現実的な議論を展開しているのはピアチェンティーニである。様々な経済的な要素、経済―社会的、都市的要素に向き合い、建築における有用性という面を考慮し、産業としての生産と結びついたものとして、そして必ずしも狭い意味での経済的合理性だけを優先するわけではない表象するものとしての面において建築を考慮している。この表象するものとしての建築は、イタリアの都市の内部に入っていかなければならない建築である。ピアチェンティーニにとっては、従って、唯一の建築は、

> その主題と場所に応じたものとして（……）多かれ少なかれ素晴らしいものであろう。ローマ帝国は、彼らのフォーラムにおいて大理石のコリント式の神殿やトラヴァーティンのバシリカを誇示していた。二〇〇万の人びとが、オスティアで見られるような質素で簡潔な住居、個性的ではないながらもとても合理的な家々に住んでいた。そこで問題となるのは、プロポーションと規範である。[*12]

2「パルテノンはパイプではない、ファシズムの都市はファシストである」

これらが、一九二〇年代終わりにおけるまだ穏やかな対立、つまり若者たちと、新しい需要に対しより鋭敏で、また調停のゲームを了解している幾人かの「先生」たちとの間の対立におけるいくつかの意義ある点となる。主題はまさにイタリア建築のテーマ、イタリアの都市、伝統、そしてイタリア精神である。問題は

「イタリア的」という言葉の意図するもので、これは大抵の人びとにとってはファシズム的という語と置き換えられるものであるが、ある者にとっては合理的という言葉に替えられるものである。

用語上の問題は二次的なものではなく、それどころか国家の芸術としての建築の論議の中に音調と色彩を与えるものである。これはとても移ろいやすい論議で、リトマス試験紙に浸してみるように、キーワードとして「国家の芸術」という表現により何を意図しようとしているかに応じ、赤色または青色にもなるのである。この立場の違いには、どの陣営に属しているかということばかりか、それぞれの派閥の内部における不一致の情況も反映されることはない。

イタリア建築、モニュメンタリティの必要性、合理性の必要性、建築の道徳性、ファシズム様式、ファシズムの建築（ここに並べた順序すらもまたその意味を持ち得る）という語は、それぞれの価値と精確さを幾度も測られることになり、まさに国家の芸術としてのより一般的な面に浸されている。次の段階は、ファシズム国家の意味をファシズム体制という意味から見極め、次いで国家の建築の意味を体制の建築から判別することである。しかしこのことについては後述したい。

これらの用語については、一九三一年から一九三二年になると収束に至り、区分けされ、解釈が練られ、明白な主張が提起される。つまり見かけ上は意図の統一が見て取れるようになることから、時が経つにつれて、それぞれの目的の多様さが効果的に明らかに見えてくる。

言葉について、そしてその意味について明確にする必要性があることは、「ファシズム都市」というタイトルの記事のなかで明言される。これはカルロ・ベッリ[1]がＭＩＡＲの展覧会〔第二回合理的建築展覧会〕開催の機会に書いたもので、オープニングの翌日に掲載される。[*13] そのなかで、ムッソリーニが展覧会を訪れたことの

1　著述家／画家、一九〇三―一九九一、ロヴェレート生まれ。未来派として活動を始め、バウハウスを訪ねた際にカンディンスキーらに感銘を受ける。イタリアにおける抽象絵画の理論化を推進。

重要性をはっきりさせつつ、ベッリは「ムッソリーニはわれわれに理由を与えてくれました」と主張する。そして次のように付け加える。

ブルジョア都市の城塞を取り壊すための数年にわたる闘い――闘争は一九〇九年に始められた――の後、ようやくある結論に至ることができたのです。この言わんとするところはヴェネト通りの画廊〔第二回展覧会の会場〕に統帥が足を運ばれたということです。何が望まれているのでしょうか。何も望まれているわけではありません。ファシズムのイタリアにファシズムの相貌を与えるということが切望されているのです。

この最後のトートロジー的主張は記事全体にわたっているモティーフで、そこにはもうひとつの主張、つまり（ファシズムの）建築は（ファシズムの）国家の芸術である、ということが含まれている。ベッリは問題を顕在化する。国家の芸術としての建築についての論議において、ファシズム的という形容詞を用いる際に、いかなる建築について話しているのかを明確にする必要があるというのである。彼は、一方では、ローマ性というものが曖昧であると明言し、そしてもう一方で、ローマ性が最良の近代建築となり得るとの主張に何の疑いも抱いていない。この明快な矛盾――しかしながらこのことをピアチェンティーニは、つい先ほど見たように、大理石とトラヴァーティンのフォーラムとオスティアの個性はないものの「とても合理的」な住宅とを選り分けることによって解決していた――は、ここでは公理のうちに解決される。

ファシズムはあらゆるイタリアの建物にファシズムの様相を与えなければなりません。また、ファシズムはファシズムであるということが十分に繰り返されているとはいえません。

続いて、

統一体は統一体であり、（……）あるひとつのことはあることではなくあのことであり、（……）ある物は、それが物質的なものであれ精神的なものであれ、それ自身のうちにそれ自身の固有性を持つことはできないのです。ひとことでいうと（……）パルテノンはパイプではないのです。

「共有される意味」に対して、ベッリは常に対比と寓意に立脚しており、ファシズムの唯一可能な表現である「ファシズムの都市」の構築へと至るために、単純な真実へと向かう。

ベッリはこうして、隠喩を用いてファシズム建築の定義を試みる際に、換喩的な転回による操作を加えている。彼が措定する簡潔な固有性は、ファシズム・イコール・ファシズムであり、同様に簡潔な定義は「パルテノンはパイプではない」という主張なのである。これはこの五年前にルネ・マグリット[2]が提起した「これはパイプではない〔仏語〕」を思い起こさせるものである。ベッリは、マグリットのカリグラムをモデルとして、カンディンスキーが扱った表象的な関係性における見た目と主張との間の乖離[*14]を再提起することで、挑発を喚起し、比較に基づいて過去と現在の間の対比の不十分さを明らかにしている。ファシズムの建築は古典の建築と同一化させるべきなのではなく、ファシズム国家の建築なのである。

2　画家、一八九八―一九六七、レシーヌ（ベルギー）生まれ。デ・キリコに影響を受けてシュールレアリスムに向かう。言葉とイメージの関係性を探求。

ベッリは、ファシズムとローマ性との個別化を拒否する。そしてファシズム建築は古代性の建築を再創造しなければならないとする。ベッリにとっては、〔古代を〕対照する連続性を持つあらゆる形態は、無知を並べ立てたものであり、間違いの根源なのである。それは「幼児的な大衆に特徴的な〝思考方法〟に」由来する。ファシズムの機能——大衆を教育すること——と建築の目的——都市を構築すること——はベッリにとっては一致したものなのである。ファシズム建築は近代建築であり、近代建築は古典建築なのである。[*15] イタリアの建築と都市が、ファシズムの建築と都市でないなどということはあり得ず、それはファシズムがブルジョアの「言語」と闘い、過去の建築と対比される「言語」と闘ったことと同じなのである。ベッリにとっては、まさに、ファシズムとローマ性は対比されるものではなく、双方ともが永遠の神話なのであり、近代と古典の関係も同様なのである。ブルジョアの社会秩序——良識があるということから理由づけられる「幼児的な大衆」として個別化されるもの——そしてその合理性が指し示す秩序に対抗するものとして、ベッリはファシズム都市を提案している。

ベッリのソフィスト〔詭弁家〕のような論議は、ファシズムの理論の内部へと導びかれたものではあるけれども、このテーマに関する他のあらゆる考察から遊離してしまっている。それでも人物の限界を表明したものであり、彼が現実生活から貴族的に乖離していることは、軽蔑との境界にあり、サロンで話される一連の出来事に要約されてしまうような生活から離れたものである。ベッリは、この一九三〇年代前半において、イタリア建築文化の世界に重要な批評家の役割を果たすための布石を置いたようにみえる。しかし、この前提がそのまま保たれ続けることはない。

このようにベッリが対峙した都市そのものを抽象的に捉えていることと、パガーノがこの当時『カーサベッラ』誌上でイメージし提案したものとはかけ離れている。そして、それはファシズム国家の近代的な内容を表現したいというパガーノのイメージにおいて「近代」と呼ぶことができるものである。都市は、ベッリのイメージとしては、ファシズムにとって避けられない表現であり、テッラーニの建築に投影されたものとも異なるものを形象化している。このコモの建築家にとっては、問題となるのはファシズムの神話を保有する空間性を定義することである。テッラーニについて、彼の建築について、そして彼の都市のイデアについては、後述することにしたい。しかしこの時点で、国家の芸術としての建築を奨励したバルディの切願――ベッリが間を置かずに再録し書いている切望、つまり「国家の建築、良き哉！」[*16]――と対比することは有益である。テッラーニは、問題となるのは国家の建築を直ちに定義することなのではなく、技師―官僚的な障壁に隔てられることなく自由に活動することであり、新しい建築家たちの仕事を通して、新しい建築が措定されるべきであると考えているおそらく唯一の人間だったのではないだろうか。[*17]テッラーニは、バルディによって提起された要求、絵画と彫刻に対する一九二七年の法律をモデルとした建築規則を法制化しようという要求に同意することはない。画家は自分自身の感受性によって作業をする、建築家はクライアントに対するものである、とテッラーニは書いている。

テッラーニにとって、日々の実践に結びついた現実は建築家の詩情と衝突するものである。この点において国家の芸術としての建築を宣言することがまだ躊躇されるところではあるが、それでも新しい建築の意味するところを理解してもらえるよう大衆を教育し、そのような状況を国家が奨励するよう要請する必要がある。いかなる雰囲気が形成されつつあるのか、そしていかにして大衆と対話をすることが可能であり、いかにして神話を表象することを通して、つまりファシズム体制を活発にさせるものを通して大衆を教育することが可能となるのか。[18] それは、確固たる国家の芸術としての建築と革命的体制のイメージとしての建築との違いをはっきりさせることによるのである。

一方でバルディは「建築に関しては、ファシズムは新たな厳密さで介入をしなければならない」[19] という立場を支持し、もう一方でペッリは次のように主張する。「ファシズムの都市を構築するということは、ファシズムの表現として建築を行うことである」[20]。そしてテッラーニは、対話を可能にするための条件を探している。それは既に一九二六年にマッシモ・ボンテンペッリが書いたように「呼吸するために必要となる新しい大気を生み出す全く新しい可能性を持つ神話〔仏語〕[21]」なのである。一九三三年にボンテンペッリが再び書いているように、

> 建築と詩によって叫ばれた訓戒——形容詞を使わずに建てること、素のままの壁で記述すること——は、全ての芸術の規則、それどころか日々のあらゆる服装の規則[22]（となる）。

この全ての者たちが一緒に、ペッリも、バルディも、テッラーニも、ボンテンペッリも、そして、フィジーニ、ポッリーニ、ボットーニ、バンフィ、ベルジョイオーゾ、ペレッスッティ、ロジャースもともに、一九三三年に『クアドランテ』誌を創立する。

［図56］ジョヴァンニ・ミケルッチ、ネッロ・バローニ、ピエル・ニッコロ・ベラルディ、イタロ・ガンベリーニ、サッレ・グァルニエーリ、レオナルド・ルザンナ、〈フィレンツェ駅のコンペティションのプロジェクト〉、1932-35年

3 神話であり、言語ではない

一九二六年時点では、マッシモ・ボンテンペッリは、まだ、建築に関与していないが、後の一九三二年にフィレンツェ駅のコンペティションの結果[図56]に関する論争[*23]をきっかけに関わりはじめることになる。彼はこの一九二六年にクルツィオ・マラパルテとともに設立した雑誌『九〇〇《ノヴェチェント》』の創刊号に次のように書いている。

われわれの仕事の唯一の道具はイマジネーションである。
われわれは、呼吸するために必要となる新しい大気を生み出す全く新しい可能性を持つ神話を発明するために、建築芸術を学びなおす必要がある。われわれの捕蝶網によって、われわれの最もか細いため息を意味もなく集める気晴らし、われわれにいっそうの透明感を印象づける燐光を発する踊り子の薄い衣装がわれわれの体の周囲で興奮させる輪舞を踊りつづけている。それが終わるそのとき、新しいしっかりとした世界がわれわれの前に現れる。そこにおけるわれわれのより危険を伴う関心事は、登攀《とうはん》することと探検すること。重い石塊を切削し、堅固な建物を組立てるために、ひとつまたひとつと置いていく、再征服された地殻を休むことなく変えていくのである。[*24]〔仏語〕

『九〇〇』の創刊号に掲載されている全ての記事は、フランス語で記されている。ボンテンペッリにとって、あらゆるテクストは翻訳され得る、それどころか翻訳されるべきものである。翻訳こそが、作品の試金石となり、神話の、そして言葉の、そして創造された人格の「信頼性」を維持することのできる試練となるのである。言語は抽象的なもので、伝達をするというよりは、ある「形成されつつある雰囲気」を再生産する件の「魔術的現実主義《リアリズム》」を表現するものである。

この点で、ボンテンペッリはテッラーニに先行している。『クアドランテ』でこの二人が出会うことはもはや時間の問題である。既にボンテンペッリにとって、そしてテッラーニにとっても、神話を流布する必要性は「生活の」一部となり、

より日常的でより平凡な生活が奇跡的な冒険として、絶え間ない危機として、そして英雄的行為および解放するための策略の絶え間ない発見として見えてくる。芸術を実行することが継続する危機となるのである。[*25]〔仏語〕

このボンテンペッリの言説には、テッラーニのイデアのなかにあるものと同じように、行動するファシズムの神秘性、英雄《ヒーロー》の大言壮語、知識人によるある種の「行動隊主義《スクアドリズモ》」の雰囲気が漂っており、またここで話題にされている危機《リスク》は、伝達不可能性のリスクであるということがわかる。言語ではなく、ただ神話だけが、新しい雰囲気を創造することによって、その内容を伝達することができるのである。次のことをバルディは

警告する。それはその内容を保護するという課題を国家が与えようとするときである。また次のことをベッリは主張する。ローマ性とファシズムの間の、そして過去の神話と新しい神話との間の個別化や連続性などあり得ないということを断言し、それでもファシズムはファシズムであるというわけである。テッラーニは次のことを発見する。建築――彼の「魔術的な」対象――と公衆の現実とを対比させることにおいてのみ、神話を創造しそれを流布させる可能性が測られ、そしてそれがいかに為されるべきかということが模索される。テッラーニのプロジェクトの中で主張される宙吊りにされた平衡は、彼が古典的な原理の中に読み取った「永遠の完璧さ」と共有されるものであり、日常生活と対峙したときにのみ、そして「大衆の不活性な精神性」に出くわしたときにのみ意味を持ち、大衆を揺り動かすのである。このことが建築の機能となる。この対比に適切な条件を創造するためには、「建築に従事すること」が必要となるのである。

一九三二年から一九三三年の間に、ファシズム国家における建築の役割についての論議が、かたや分岐――『カーサベッラ』と『クアドランテ』へと当初の合理主義の核となる者たちが分裂する兆候――し、かたや集合――パガーノのピアチェンティーニへの接近――するふたつの立場へと分けられるところまで拡がってきている。しかし、新たに派閥が再構成される前の、まだ状況が流動的ななかで、若い「合理主義者たち」のための基点を印しているように見える出来事に触れなければならない。それがファシズム革命展である。これはローマ進軍と権力獲得の一〇周年を祝すものである。[*26]

この展覧会は、少なくともこの一年前の合理的建築展における用語として充てられた意味においては、実質的には「合理主義」のものでありながら、ほとんど注目をされていない。またリベラ、デ・レンツィ、テッラーニが参画しているものでありながら、この展覧会はこの方向におけるものとして共示されていない。

［図57］アダルベルト・リベラとマリオ・デ・レンツィ、ファシズム革命展のエントランス・ファサード、ローマ、1932年（写真、Archivio Libera, Roma）

［図58］アダルベルト・リベラとマリオ・デ・レンツィ、リットリオ・パヴィリオン、ブリュッセル万国博覧会、1935年

ナツィオナーレ通りにある一九世紀然とした博覧館は、この一年前には第一回全国クアドリエンナーレ芸術展が開かれたところであるが、ここのファサードに「あらゆる功利主義的なものからの記念碑性、暫定性、抽象化[*27]」を象徴する強い表現を持つ面がつくられる。[図57] 設計は、デ・レンツィとリベラで、既存の建物本体を暗い赤色の一辺三〇メートルの立方体で覆い、「その純粋な幾何形態によって、ファシズム体制の全体的かつ補完的な概念の統合[*28]」を表象しようというものである。このヴォリュームの手前に、四つの大きな楕円の束桿《ファッショ》[3]を浮かび上がらせている。これは高さ二五メートルで、磨かれ酸化された銅板でできている。既存の開口部に合わせて巨大な立方体に入口が開けられており、中央には一連の大アーチによってアトリウムが形成されている。これも金属製で、側面には長方形の二つの部屋がある。これらがまとまって凱旋門の隠喩となっているのである。このファサードの巨大な束桿は、偉大な記憶のモティーフとなり、リベラとデ・レンツィによって一九三三年のシカゴ博や、一九三五年のブリュッセル博のイタリ

ア館[図58]〔リットリオ・パヴィリオン〕でも再び提案される。

テッラーニが内装を手がけた展示室は、「一九二二年、一〇月初旬まで」[4]を祝するもので、垂直の要素によって支えられた一連のパネルによって斜めに切り取られている。この垂直要素は、一〇周年を表すシンボルであるX型[5]の二つの腕のひとつに沿ったもので、天井にもその印が表される。中央のパネルには、展示室の境界となる直線や曲線状の壁と同様に、モンタージュ写真がひたすら連続し、新聞や手紙、シルエットのコラージュが、対角の線に沿って構成され、そしてタービンや放射状の回転、展覧会の大部分を特徴づけ展示インスタレーションの多くを相互に結びつけている形態のレパートリーが焦燥感をあおるように並べられている。

ペルシコは、展覧会の各展示室で起きている「目に心地良い自在な多様性」を記述する中で、「テッラーニの大地を揺るがすファンタジー」[*29]を強調せずにはいられない。そして、まさにテッラーニの「大地を揺るがすファンタジー」は、ファシズムを革命の運動として翻案している点で他のものよりも優れており、ファシズムと並行して神話的な活動を進めていると目されていた未来派との同時性を表現の上で再獲得することに成功している。一方で、「革命」一〇周年を祝うに際し、芸術的かつ建築的な「前衛」の折衷主義的手法が取られていることについては少し触れられているだけである。リベラ、デ・レンツィ、そしてテッラーニと共に、シローニ、フーニ、ニッツォーリ、プランポリーニ、パウルッチらが内装に参加し、その他にマッカーリやロンガネージなど、未来派、合理主義者、ノヴェチェント主義者、「地域主義者《ストラパエザーノ》」らの寄せ集めである。いずれにせよ、あらゆる伝統主義者と古典主義者は厳格に除外されている。その結果として現前する全体のイメージは、ボルシェビキ革命の影響のもとに制作されたことで特徴づけられていたロシアの芸術的

3 古代ローマの王制時代の王の権威の象徴。ファシズムの語源でもあり、権威の象徴として再利用された。
4 この年の一〇月下旬にファシストがローマでの集結へと向かうローマ進軍が実行される。
5 ローマ数字で10の意味。

前衛の作品群とそれほど異なっているわけではない。[*30]

この展覧会を覆っている極端なまでのダイナミズムと活気から免れている唯一の場所は、ロンガネージの手掛けた飾り立てられていない「庶民的な」ムッソリーニの展示室であり、写真や手紙、ムッソリーニの言説をガラスの中に入れただけの簡素な額縁が並べられている。もうひとつは殉教者記念室で、このリベラとヴァレンテの設計による記念室が、この歴史的展覧会の最後を飾るシークエンスの到達点となる。このシークエンスは、シローニの栄誉の大展示室、これは大きな何もない壁に浮彫りと碑文が刻まれているもの、そして同じくシローニの束桿のギャラリーで、束桿の形態の一連の柱（同様のイメージはメーリニコフによる一九二八年のモスクワのルサコフ労働者クラブにある）が並ぶもの、そこに先述のムッソリーニの展示室が続く。この展示室が簡素にまとめられているのは、次の記念室の英雄性に依拠しているようである。記念室の空間は、背の高い円筒形の物体が存在することによって非現実性を帯びている。この円筒は八つの低い円柱によって地面から切り離されており、その上には「現存《プレゼンテ》」[6]という言葉が取り憑かれたように刻まれる。中央には、赤い血の色の礎石の上に金属の十字架がある。この廻遊するイメージは、同じリベラのものにせよ、テッラーニのものにせよ「ファシズム殉教者記念室」として、将来のパラッツォ・デル・リットリオの計画の中心となる空間においてそれぞれのプロジェクトのなかに再び取り上げられることになる。

ファシズム革命展は、ムッソリーニがその手に権力を勝ち得たという英雄的、革命的、神話的な時節を称揚する意図のもとに内装が行われている。リベラとテッラーニは、異なる方法によって、もはや合理主義ではなく、建築と芸術のうちに芸術的な表現を見出した「精神的運動」の神話を再提起する。「絶対的形態」、「純粋なるリズムの抽象的完璧さ」、「芸術的信仰」[*31]は、深甚なる真実となり、「ファシズムの理想」に替わって建築によって発信される。

4　合理主義は死んだ

一九三三年の第五回トリエンナーレを扱った記事が、マラパルテとG・B・アンジォレッティが編集をしている週刊誌、『リィタリア・レッテラーリア L'Italia Letteraria』〔文学のイタリア〕に掲載され、そのなかでペルシコは「イタリア〝合理主義〟は死んだ」と書き、次のように続ける。

> 本当のことはといえば、「イタリア合理主義」は心の底からの欲求によって生まれたものではないのである。「グルッポ7」のサロン的なヨーロッパ主義のような好事家的な立場から生まれたのであり、もしくは倫理的な内在性からのいかなる動機も介在しないような実践的な方便から生まれたものである（……）論争によって単に混乱した渇望だけが醸成され、それは「現代性」に対するあこがれや「道徳性」に対するもののように、現実問題との接点が全くなく、真に迫る内容が全くないのである。[*32]

ほんの数カ月前に『クアドランテ』誌[*33]に編集のために招かれたこのグループに対する手厳しい攻撃である。ペルシコは、同誌の創刊号に掲載された「建築のプログラム」の難解さを批判し、「合理主義者たち」の「道徳性」を皮肉っている。フィジーニとポッリーニの〈芸術家のためのスタジオのある別荘〉の見做しとしての「地中海性」を告発し、一九三〇年の〈電化住宅〉〔第Ⅴ章二節図52参照〕に較べて「後退した」こと、「充密

6　「同意」への意識が込められている。

と空虚の不毛な遊び」であり、「建設者に期待されている造形的調和」に達していないとする。

ペルシコは記事の中で、いくつかの用語にだけ注意を向けている。合理主義、現代性、道徳性、地中海性であり、これらの語は常に括弧の中に入れられ、留保つきでなければならないものであるかのように印されている。彼は、道徳的に非妥協的であろうとする要求に導かれて批評を進める。その要求とは社会の宗教的な概念に根源を持つものであり、そして「英雄的な意識[*34]」を統合することに向けられた緊張に起因するものである。

ペルシコは、一九三三年のこの記事において、「パガーノの様式」を批評するなかで、彼には「ファンタスティックな自由さがないこと」と「問題に対して悲観的なまでに固執すること」を批判し、それを「彼のインスピレーションの限界」としながらも、「道徳的に非妥協的であること」が『カーサベッラ』の主幹としての立場に価値を与えていることを認識している。彼の批判はある宗教的な道徳性を基盤としており、パガーノの「世俗的道徳性」を受け入れることはできる。しかしながら、バルディの『クアドランテ』の周りに集まった若者たちの行動を容認することはできない。そして彼らが、合理主義の基礎となる動機を「建築、国家の芸術」の形式に対して認めないこと、そしてそれを政治闘争の方策に結びつけてしまっていることを弾劾するところへとすすんでしまう。加えてペルシコは「彼ら（合理主義者たち）のプログラムの抽象性は道徳性の欠如の形である」と一九三四年に『ドムス』に書く。[*35]ペルシコにとって、「合理主義者たち」は「転向した」聖職者たちなのである。

ペルシコは、ジョベルティの思想[7]の跡を追い、国の現実に基づいた国家の宗教的な価値を信じている。ひととしての生き方や、ひいては表現のあり方は、道徳性を補完する部分として生活のスタイルにおいて実現されるものである。ペルシコにとって、国のスタイルは国家の介入によって定義され得るものではなく、かつてのヨーロッパの伝統を補完する部分である価値のシステムと密接に結びついたもの、芸術家によって導かれた道徳的行動の結果となるものなのである。ペルシコが『ラ・カーサ・ベッラ』で連載している記事「様式《スタイル》」は、的確にこの目標を狙う。つまりヨーロッパ的な趣向を創造すること。[*36] ジョベルティが主張したように、普遍的な自覚を創造する必要性、それは民衆を底上げするという課題を担うべき才能と文化に対するものであり、天才は民衆によって生み出されるものではなく、民衆をつくるのである。

かくしてペルシコは、パガーノのファシズムを共有しているわけではないにもかかわらず、社会の道徳的観点としてのもの、「正しい」国家に向かうあこがれとしてのファシズムを受け入れることができるのである。しかしながら、件のボンテンペッリの周囲に集まっている若者たちのファシズムを受け入れることはできない。ボンテンペッリは一九三三年に「建築の問題は政治問題としてつまり結局のところは道徳的な問題として考慮される」[*37]と宣言しているが、ここでボンテンペッリが語っている「道徳性」はペルシコのものとは全く別物であり、「簡素な精神による集約的生活のための広々とした建築物」を創造することなのである。ボンテンペッリにとって、ファシズムとは、民衆の時代を言い換えたものである。この立場は、パガーノの「社会的」なものとも異なる。パガーノの場合には建築を「社会芸術」として定義し、「流行の」建築、「明快で率直」なもの、建築家の「道徳的かつ経済的、政治的感性」の表現として定義することを目指した。パガーノにとって、建築家とは「道徳という基準面の上で行動」しなければならないものなのである。[*38]

従って、言葉の意味の上で生じている曖昧さを乗り越えること、そして違いを明確に意識することが重要になる。[*39]『クアドランテ』の創刊号においてもこのことは試みられ、出版の際に、ボットーニ、チェレギーニ、

7　ピエモンテの修道院長であったヴィンチェンツォ・ジョベルティは一九世紀半ばのイタリア統一運動の時期に、穏健なかたちで運動を進めることを提唱。その際に教会の革新と再興が国の独立と不可分に結びついているとした。

フィジーニ、フレッテ、グリッフィーニ、リンジェーリ、ポッリーニ、バンフィ、ベルジョイオーゾ、ペレッスッティ、ロジャースの署名で「建築のプログラム」として掲載される。そこに書かれているのは、

傾向の折衷主義がいくつかの雑誌を特徴づける。傾向のなかにおける折衷主義は（より現実的であろうとしている）その他の雑誌を特徴づける。『クアドランテ』のものである傾向のなかの傾向は、より確かな特徴となる。[8]

このなかで他にも主張されていることは、「反文化主義者の唯一の前線」の時代が終わったこと、「反混乱主義者を明確にすること」と「選別」の必要性である。まさにこのプログラムこそが、ペルシコに厳しく批評されたもので、その混乱振りを批判されているのである。[*40]

合理主義、ヨーロッパ主義、現代性、道徳性の意味の上での共通の誤解など、もはやあり得ない。一九三四年にサバウディアの計画者ならびにフィレンツェ駅の設計者に対してムッソリーニが表明した同意に続いて、パガーノが「今や、近代建築は国家の芸術である」と書いた際も、それが、ファシズムの時代なのかヨーロッパの時代かということは、それほど重要ではなく、その上そうした時代の様式としての建築のイデアと体制のイメージとしての建築のイデアとの間の、ある種の二重性の存在を証明することもしない。この体制こそがファシズムのものであり、若々しさであり、論争的でいつでも強腰なもの、そしてその国際的な役割が信じられはじめているものなのである。「最初から」のファシストであること、国家が道徳的に更新されるという当初から抱いていた信頼を取り戻そうとするパガーノに対し、一九三三年のトリエンナーレの際に

開かれた建築家の第二回国際会議におけるロジャースの主張を対置することができる。

イタリア国歌は、『ジョヴィネッツァ』〔若さ〕といいます。われわれは、できることをわかっているひとの若さ――たとえ八〇歳であっても――をもちろん否定することはありません。しかしわれわれは特にある場合には自身が二〇歳だということを否定してしまいたくなることがあります。[*41]

これらの若者たちにとって、パガーノの行動は、共通で、統一され、反レトリック的な性質を建築の中に再発見することに向けられたもので、件の「冒険」を続けていくにはブレーキとなってしまうものと映る。かつてはノヴェチェント主義者であり、合理主義者であったのに、それが今や純粋なるファシストなのである。時間と関わりのない冒険、そこには「永遠なる要素」によって定義される「不動の真実」しか存在せず、「精神的な態度」だけが課されている。いくつかの用語を括弧に入れたのは恣意的なものではない。これらの語はル・コルビュジエの談話からの引用で、アテネで開催された一九三三年七月の第四回CIAMにおけるものである。その会議に派遣された者たち――その中には、テッラーニ、バルディ、ボットーニ、ポッリーニの姿が見られる。この談話はまさにル・コルビュジエによって結論づけられ、次のように主張される。

全体を読むこと、ディテールの機能をまとめること、要求を評価すること、そして精神の可能性を評価すること、人間の営みのうちに永遠なる要素の認識を知ること、そこで、アテネからピレウスまで、大西洋を横断し、下方を通る偉大な「水平線」から、高みに見えるパルテノンまで、崇高な風景と優美

8 他誌が様々なかたちでの折衷的なものを扱っているなかで、本誌は注出された純粋なものに着目していきたい、というほどの意味と思われる。

さと美しさのうちに生きなければならない都市を通して、必要不可欠であるのはひとつの態度なのです。それこそ精神です。世界中のあらゆる国々を通り過ぎていくこの冒険はなんと素晴らしいのでしょう！　会議に参加していただいている親愛なる諸君、冒険に向けて駆け出しましょう、美しい冒険へ！　それこそが建築と都市計画なのです。[*42]

ボンテンペッツリの「冒険への渇望」、「絶え間ない危険」、「英雄性への継続的探求」へと回帰すること、「パルテノンはパイプではない」というイデアを精確なものとすること。パルテノンはまさにパルテノンなのであり、「すっきりと純潔で、厳しく、つましく、粗暴で、優美で恐ろしい風景に投げ出された叫び、強さと純粋さ」[*43]なのである。ル・コルビュジエにとって、アクロポリスの上で、

感傷的な談話、まるで叫びでもあるようなもの、短く、全体的で、粗暴で、コンパクトで、量塊的で、鋭利で、鮮明で、決定的な大音響をぶち上げること（……）近代建築はアクロポリスの大音響に対峙することができ、そして対峙しなければならないのです。鉄、金属板、鉄筋コンクリート、石材、木材、これらのものは、深甚なるそれぞれの掟に従いながら、偉大なる経済の緊張の中に建築自身の言葉を含むことをなし得、また含まねばならないのです。その言葉とは「わたしに何が言いたかったのかね？」なのです。[*44]

グルッポ7の建築家たちは、ル・コルビュジエの『建築をめざして』を読むなかで、合理的建築を見据え

て生まれている。いま、ル・コルビュジエは神秘的なものにさえなり、彼らは彼と共に冒険へと走り出そうとしている。それが彼らのイデアに近いことを知っており、それは政治的にも近いものであり、彼をイタリアに、ローマに求めているのである。全体として「イタリア的」で「ファシズム的」なイデアである「地中海性」の秘伝の権威として、彼をムッソリーニに会わせようと試みる。[*45] 古典精神が合理的形態の基礎であるということを初めて仄めかせながら、ファシズムに奉仕し得る彼の有能さを紹介しようとするのである。

そしてここでも、ペルシコは、このル・コルビュジエのなかにも〔「ファシズムへの追従」という非難の他にも〕矛盾を明らかにしている。「ル・コルビュジエの著作に理論的基礎があろうなどと〔……〕誰ひとりとして信じる者はあるまい」。これは一九三四年に記しているもので、まさに第四回CIAMの彼の談話について皮肉っている。「ある種の『アクロポリスについての談話』として、〔そこで話された〕ことは、あるひとつのもの――つまり、〝ある性格を持つもの〔仏語〕〟――となっている。それも、この腹の中におさまったモニュメントを伴うもの、つまり、〝自分の底、私の腹の中にあるこのアクロポリス〔腹の中にある＝自分のものにする〕〔仏語〕〟というのだが、これではまるでデ・キリコの絵画のようである」[*46]。

サルトリスは、ル・コルビュジエに一九三一年に『合理的建築』に関する本への前書きを依頼したことがある。それに彼は、次のように答えた。

> 「合理的」という言葉を障壁の一方の側に置かなければならないのは残念です。その反対側には、「アカデミー」という本体をしっかりとそのまま残してしまえるのですから。「機能的」とも言い得るのではないでしょうか。私にとっては、「建築」という語が、より魔術的なものであって、合理的でもなく、

もしくは機能的でもない何ものかを持っているのです。支配する何ものか、圧倒するもの、義務づけるもの（……）」。[*47]

これは言うに言われぬものである。ル・コルビュジエは表現をしたいのであり、そしてテッラーニや『クアドランテ』の他のものたちもまたそうなのである。確言されているように思えるのは、合理主義が死んだということは事実であること、ただしペルシコが持ち出した理由によるのではなく、テッラーニが憶えているように、「建築の行動隊主義の時代」を代表したこと、そして「傾向」として一緒に集約させようという意図のなかで燃え尽きてしまい、その合理主義の灰のなかから新しい「傾向」、新しい「古典的」精神が生まれたことである。この後者の用語については再び戻る必要がある。

［原註］

＊1 第V章の2節と3節を参照のこと。この議論に関する実りの多い貢献については、やはり以下の前掲書を参照のこと。*Materiali per l'analisi dell'architettura moderna. Il Miar.*

＊2 以下の前掲書に記載 *Opera omnia*, vol.XXIV, pp.331-32.

＊3 以下を参照のこと。G.GENTILE, *Fascismo e cultura*, Milano 1928, pp.173 sgg.

＊4 M.PIACENTINI, *Il momento architettonico all'estero*, in «Architettura e Arti Decorative», I, maggio-giugno 1921, fasc.1, pp.32-76.

＊5 G.MINNUCCI, *Moderna architettura olandese*, ivi, III, luglio 1924, fasc.11, pp.492-522. オランダのテーマをより広範に扱ったものとしては、G.MINNUCCI, *L'abitazione moderna popolare nell'architettura contemporanea olandese*, Roma 1926.

＊6 «Architettura e Arti Decorative» に掲載された記事を参照のこと。M.PIACENTINI, *Influssi d'arte italiana nel Nord-America*, I, marzo-aprile 1922, fasc.6, pp.536-55 ; E.GUTKIND, *Estetica tecnica nelle moderne costruzioni tedesche*, III, febbraio 1924, fasc.6, pp.268-76 ;

M.ROUX-SPITZ, *L'architettura moderna in Francia*, IV, settembre 1924, fasc.1, pp.23-44 ; G.MINNUCCI, *Edilizia Cittadina e Piani regolatori (Il Congresso di Amsterdam, 2-9 luglio)*, IV, novembre 1924, fasc.3, pp.69-90.

＊7 以下の前掲書、BOTTONI, *Cromatismi architettonici*.

＊8 特に以下の記事、M.BERNARDI, in «La Stampa», 24 gennaio 1927, e M.BERNARDI, *A proposito del Gruppo «7»*, in «Rassegna Italiana», aprile 1927. 再録は以下の前掲書。*Materiali per l'analisi dell'architettura moderna. La prima Esposizione Italiana di Architettura Razionale*, pp.62-64.

＊9 以下の前掲書、GRUPPO 7, *Architettura (IV)*, p.68, nota 6 ; 註6の文章は以下のように続く。「この試みは外国からの過度な影響への恐れを呼び覚ますだろう。例えばドイツやオランダの最新の建築の特徴のひとつは絶対的な非対称性であり、それは要素としてよりも量塊としてのものである。さて、われわれはこの顕著で興味深い結果をうまく利用することを拒否しようなどということはできない。しかしながら認識しなければならないのは、こうしたことはイタリアの美学を満足させることにはならないということである。われわれの中に在る古典としての基層により、求められるものは、絶対的な左右対称性ではないにせよ、少なくとも多様な部分を均衡させる調整の効果なのである。これが、他のもののなかにあってもイタリア建築が独立したものであることの確かな保証であり、深甚なる独自性の根拠なのである。」

＊10 以下の前掲書、RAVA, *Dell'europeismo in architettura*, pp.81-82.

＊11 同書、p.35.

＊12 以下の前掲書、PIACENTINI, *Prima internazionale architettonica*, P.558.

＊13 C.BELLI, *La città fascista*, in «Il Popolo d'Italia», 31 marzo 1931 ; 近著では以下の前掲書、*Materiali per l'analisi dell'architettura moderna. Il Miar*, pp.176-78.

＊14 ベッリは一九三五年に『*Kn*』を出版することになる。これはカンディンスキーが彼の絵画に記す自署に由来するもので、「擬人的な」芸術、「幼児性」の表現、「永遠の繰り返し」に対する攻撃を刷新するものである（以下を参照のこと。C. BELLI, *Kn*, Milano 1935, p.213 ; 再版はMilano 1972）。以下に書かれていることも参照のこと。M.FOUCAULT, *Questa non è una pipa* (1973), Milano 1980, pp.48 sgg.

＊15 既にグルッポ7は«Rassegna Italiana»誌の記事のなかで「新しい美学を基盤とする絶対的形態」の存在を主張していた。この方法によって古典建築との対比を乗り越えることができ、そしてそれは言語や古典的形態のことを意図しているのではなく、「不変のもの」を意図しているのである。

＊16 以下の前掲書、BELLI, *La città fascista*.

＊17 G.TERRAGNI, *Architettura di Stato?*, in «L'Ambrosiano», 11 febbraio 1931 ; 以下の前掲書に再録。*Materiali per l'analisi dell'architettura moderna. Il Miar*, pp.43-46. 以下の前掲書には記事の草稿が掲載されている。MANTERO, in *Giuseppe Terragni*, pp.157-61.

＊18　公衆の「無理解」、そして彼らを教導することの必要性については、既にグルッポ7の«Rassegna Italiana»誌の三番目の記事において表明されている。以下の前掲書。*Impreparazione, incomprensione, pregiudizi.* ここに書かれているのは「大衆はゆっくりしたリズムで自分自身のテンポに従う。そしてこれが常にそのことよりも進んでいるのである」。脚注にはジャン・コクトーの以下の本が引用されている。*Le Coq et l'Arlequin.*

＊19　以下の前掲書。BARDI, *Architettura, arte di Stato.*

＊20　以下の前掲書。BELLI, *La città fascista.*

＊21　以下の前掲書。M.BONTEMPELLI, *Justification*, in «900», pp.7-12.

＊22　M.BONTEMPELLI, *L'architettura come morale e politica* (agosto 1933), 近著では以下に所収。*L'avventura novecentista* (1938), Firenze 1974, pp.334 sgg.

＊23　同書の以下を参照のこと。M.BONTEMPELLI, *Architettura. Frammenti di polemiche* (luglio 1932 e agosto 1932), pp.322-24.

＊24　以下の前掲書。M.BONTEMPELLI, *Justification*, p.8.

＊25　同書、p.9.

＊26　展覧会に関する経緯については以下を参照のこと。L.ANDREOTTI, *Political Art in Fascist Italy. The Exhibition of the Fascist Revolution*, tesi di dottorato, Cambridge, Massachusetts 1989.

＊27　*Mostra della Rivoluzione fascista*, guida storica, a cura di D.Alfieri e L.Freddi, Roma 1933, p.66.

＊28　同書、p.39.

＊29　LEADER (E.Persico), *La Mostra della Rivoluzione Fascista*, in «La Casa bella», V, novembre 1932, n.59, p.30；近著では前掲書、PERSICO, *Tutte le opere*, vol.II, pp.343-44.

＊30　ジュリア・ヴェロネージが長い註記で解説しているように、許され得ないことではあるものの、ペルシコはこの類似には気づいており«La Casa bella»への記事の中で言及している（同書、p.343）。

＊31　これらの繰り返されるテーマのいくつかは、既に見てきたように、グルッポ7の記事や、以下のリベラの前掲書の中にある。*Arte e razionalismo.*

＊32　E.PERSICO, *Gli architetti italiani*, in «L'Italia Letteraria», IX, 6 agosto 1933, n.32, p.4；近著では前掲書、E.PERSICO, *Tutte le opere*, vol.II, pp.145-50.

＊33　«Quadrante»の誕生は、一九三三年のことで、一年間にわたる議論を経た後のことである。バルディによって「ボンテンペッリの『九〇〇』とバルディの『イル・ベルヴェデーレ』の論争を継続するもの」として着想される（以下を参照のこと。«Bollettino de "Il Milione"», 7-20 febbraio 1933, n.8)。コモのグループやイル・ミリオーネ画廊のグループ、数名のミラーノ出身者たちをまとめるための道具のひとつとなることも想定されていた（バルディは最初からテッラーニの合意を得ている）。最初の案は、編集者の中には、バルディ、ボンテンペッリのほかに、加えて組織する側としてもテッラーニ、

マリオ・ラディチェ、マルチェッロ・ニッツォーリが含まれているべきであり、ラディチェはヴィルジリオ・ギリンゲッリと共に管理側の役割にも従事しなければならないとしている。一九三二年末には、フィジーニとポッリーニ、ボットーニが雑誌をエドアルド・ペルシコに任せる提案を行い、こうして当初の組織は変わりはじめる。ペルシコは、ポッリーニの言によると経済的な面を理由として断わりを入れ、パガーノが編集をしている更新された«Casabella»に編集者として入ることを受けてしまう。«Quadrante»の創立時には、テッラーニ、ラディチェ、ガブリエレ・ジュッサーニが署名入りの執筆者として、そしてボンテンペッリ、バルディ、ギリンゲッリ、ラディチェが運営委員として迎えられる。編集長はバルディとボンテンペッリであるが、実際に雑誌に従事していたのは前者だけである。解散にいたるまでの全体の経緯については以下の前掲書を参照のこと。BISCOSSA, *La rivista «Quadrante»*.

＊34 「英雄的意識」についてペルシコは次の前掲書の記事の最後の部分で語っている。*Gli architetti italiani.*

＊35 前掲書、E.PERSICO, *Punto e da capo per l'architettura.*

＊36 前掲の記事の中でペルシコは「イタリア合理主義が展開されていく中で絶えずつきまとって」いる「〝地中海性〟の曖昧さ」を「ヨーロッパで運動が生まれたことにつながっているイタリア建築の深謀遠慮」に対比する。そこには「この最初の〝合理主義〟という大いなる誇りが今日でも残っている」（同書の以下を参照のこと。pp.310 e 314）。

＊37 前掲書、BONTEMPELLI, *L'architettura come morale e politica*, p.336.

＊38 これらのテーマはパガーノの記事全てにわたっている。なかでも以下の前掲書を参照のこと。*Mussolini e l'architettura* ; *Architettura nazionale*, in «Casabella», VIII, gennaio 1935, n.85, pp.2-7. 近著では以下の前掲書、PAGANO, *Architettura e città durante il fascismo*, pp.42-51 ; *Tre anni di architettura in Italia.*

＊39 言葉が帯びている多様な意味については以下を参照のこと。P.NICOLOSO, *Le parole e l'architettura: mito e ideologia fra la fine degli anni venti e l'inizio degli anni trenta*, tesi di laurea, Venezia 1983.

＊40 プログラムは以下の前掲書に再録されている。PATETTA, *L'architettura in Italia*, pp.227-29. 以下の前掲書を参照のこと。PERSICO, *Punto e da capo per l'architettura.*

＊41 *Le point de vue des jeunes: M.Ernest N.Rogers, Milan*, in «L'Architecture d'Aujourd'hui», IV, ottobre-novembre 1933, n.8, イタリア研究旅行の特集号、この文章は以下に挿入、*Conférences, rapports et communications*, II Riunione internazionale di architettura organizzata dalla rivista francese, dal Sindacato nazionale architetti e dalla Triennale di Milano, Milano 1933, p.XLIV.

＊42 LE CORBUSIER, *Air, son, lumière*, in «Annales Techniques», II, 15 ottobre - 15 novembre 1933, n.44-46, pp1140-45 ; 伊語訳は以下に所収、«Parametro», numero unico *Da Bruxelles ad Atene: La città funzionale*, VII, dicembre 1976, n.52, pp.35-38. 以下も参照のこと。

G.CIUCCI, *Ciam. La poésie en casier*, in AA.VV., *Le Corbusier, une encyclopedie*, catalogo della mostra, Paris 1987, PP.88-92.

＊43 前掲書、LE CORBUSIER, *Air, son, lumière*.

＊44 LE CORBUSIER, *Manifestation décisive*, novembre 1932, dattiloscritto, F.L, «Articles 1922-1958», A3 (2), 231. 特にパルテノンに関するテーマについては以下を参照のこと。G.CIUCCI, *Le Corbusier e il Partenone*, in *Le Corbusier. Il linguaggio delle pietre*, catalogo della mostra tenuta a Crema, Venezia 1988, pp.59-64.

＊45 以下を参照のこと。G.CIUCCI, *A Roma con Bottai*, in «Rassegna», numero unico dedicato a *I clienti di Le Coubusier*, II, luglio 1980, n.3, pp.66-71. ル・コルビュジエの「ファシズム」については以下を参照のこと。M.MCLEOD, *Urbanism and Utopia: Le Corbusier from Regional Sindacalism to Vichy*, tesi di dottorato, Princeton 1985.

＊46 前掲書、PERSICO, *Punto e da capo per l'architettura*, pp.305 e 311.

＊47 LE CORBUSIER, *Prefazione* a SARTORIS, *Gli elementi dell'architettura funzionale*, この前掲書において注意すべきは、このサルトリスの本の表紙にあるタイトルはこの註に記した通り〔機能的建築の要素〕で、本の背表紙では以下のようになっていることである。*Architettura razionale*.〔合理的建築〕

VII
コンペティションの時節

1 「明確な様式」の探求

一九三三年九月、全国ファシスト建築家組合の書記長であるアルベルト・カルツァ・ビーニは、全国評議会における報告に際して、建築コンペティションの持つ他には替えることのできない重要性を繰り返し主張する。そこにおける課題は「より満足の行く名声に向けて方向付けられた常に新しく新鮮なエネルギー」が活躍できる場所を用意することであり、そのためには、「芸術的な発表がなされることの価値」に同意することが必要である。「もしそうならなければ、あまりにも多くの役所における愚かしい節約が障碍となってしまう」。そして、「寡占体制を一掃すること」への同意が必要となる。[*1]

カルツァ・ビーニが奨励していることは、二つの正面性を持っている。ひとつには、特に建築家の職業に関係する問題——つまり職業的な保全、コントロール、発展に関わる面——、もう一面は、より一般的なもので、国家や組合の代表である委託者と専門家たちによって実施された建築との関係の問題である。逸脱するものに対するコントロール、コンペティションのなかで、建築家たちとその文化的役割に対して不利益にならないかどうかを検証できるものとしてのコントロールは、全国組合によってなされるべきことのひとつである。ジェノヴァの都市規制計画のためのコンペティションの結果を承けて、一九三二年の初めに持ち出された論争のなかで、この問題が明快な言葉で示される。このコンペティションは同市の都市規制計画局の技師長（市の事務局長はシルヴィオ・アルディであることを思い起こしておきたい）が勝利を収めたものである。[*2]

カルツァ・ビーニの介入は、システムの機能において場当たり的で不規則なものを単に一般的に記録するだけに留まることなく、それ以上に推し進められる。公社による「寡占」、そこでは「少なくとも報酬を受けている無名のデザイナー」が働いており、そこに「不適任で不適切な事務所」が存在していることを告発する。[*3] こうした攻撃の背景には、組合加盟者に対する保護という面とは異なる問題が浮かび上がる。それはファシズム国家の建築的言語そのものである特徴を定義する際における組合の役割である。

一九三〇年代の初頭、建築のコンペティションに関する論議は、国家の芸術としての建築に対する論争と並行して展開される。コンペティションの応募要綱の内容と審査員の構成は、文化的に厳密な意味を担っている。この双方によって、それぞれの特殊な状況にどのように対峙するのかという指示が形成され、そしてそれぞれの文脈に適したものはいかなるヴォキャブラリーであって、そこに確定された建物は何を意味するものかといった指標が形づくられる。審査員の講評は、ときにはまさに真正な評論となる。幾人かの審査員メンバー自身の権威を持って裏付けられた評論であり、それらはウーゴ・オイエッティ[1]からピアチェンティーニ、パガーノからカルツァ・ビーニ、ジョヴァンノーニからポルタルッピ、ムツィオからリベラ、ヴァッカロ、ピッチナート、ポンティ、その他の多くのものたち、老いも若きも、そしてアカデミシャンや近代主義

1　著述家、一八七一—一九四六、ローマ生まれ。美術史と芸術批評を中心に活動。サルファッティと共に芸術活動としてのノヴェチェントの形成に寄与。

者、新古典主義者、後期合理主義者にわたる。共通の目的は、選択される未来に影響を与えようというものであり、それぞれが自身のグループのイデアを主張するために、そしてこれらのイデアが共通のヴォキャブラリー、全国的な言語、ファシズムの言語として認められるために、ともに活動する仲間を見出している。

しかしコンペティションの役割は、以前から行われたなかで伝統的にみられたものとは、その手法のきめ細さにおいて異なるものとなっている。その上いまや開催数も多く、国内全ての地域において広範に行われているため、建築家たちにとって参加することならびに主張することへの可能性が拡がり、ひいては何らかの「全国的な」テーマに対する「均質化」への同意ともなるのである。

一九三三〜三四年の二年間は、大まかにいって、〈フィレンツェ新駅〉のコンペティションに始まり、ローマの〈パラッツォ・デル・リットリオ〉の第一段階のコンペティションに終わる。これらはある建築言語が是認され決定的な時期を代表するもので、この言語は後に度々「ファシズム様式」として認識されることになる。この数年後に、一九三三年から一九三六年のイタリア建築の総評がなされるに際して、ピアチェンティーニによる解説が付け加えられる。それはこの時期の作品のうちの大部分が以下のことを表明していること、つまり、

統一された外観を持ち、組織的に一貫性があり、そして様式的に定義されている。現行の趣向の規範に従っているだけでなく、全国的な影響との直接の関係のもとにある。この全国的なものという印象には、ほとんどの批評家も疑いを差し挟めるものではなく、たとえ疑問を呈したとしても支持する党派によるものか、もしくは能力の欠如によるものか、または観察眼の感性の不能さのために過ぎない。彼らは

ただひとつの一般的な印象のうちに様々な近代建築の作品をない混ぜにしてしまっている。そしてあらゆる多様な地域において近代運動が拡がっているために、何が何でもこの明快な国際主義に反抗したいのである。それも全国的な趣向の大きな潮流を受容しようということからではなく、単に幼稚な全否定によるのである。[*4]

2 ピアチェンティーニとパガーノの「近代」

しかしながらこの「全国的な近代性」に対する最初の一大イヴェントはコンペティションではなく、第一人者であるピアチェンティーニ自身によって導入された事業、つまり一九三二年から一九三五年にかけて実現されたローマ大学都市である。彼は「総局長兼建築主幹」に選任され、様々な学部の建物の仕事を直接建築家たちに割り振っている。

大学都市のプロジェクトにおいて、ピアチェンティーニはまず最初にアルナルド・フォスキーニを迎える。彼は『アルキテットゥーラ Architettura』〔建築〕誌のジョヴァンノーニ＝ピアチェンティーニの連携による編集からピアチェンティーニ単独の編集に至るまでの決して容易とはいえない移行期間を取り仕切る。[*5] 次にもうひとり迎えたのはガエターノ・ラピサルディで、彼は設計事務所の信頼できる協働者であり、全体施設のうちのもっとも代表的な部分を設計する。それから、アスキエーリ、ジュゼッペ・カッポーニ、ジョヴァンニ・ミケルッチ、ミンヌッチ、パガーノ、ポンティを協働に招き、そして一九三三年に大学を卒業することにな

［図59］ローマ大学都市、1932-35年。アルナルド・フォスキーニ、モニュメンタルなエントランスの柱廊、〈衛生学・細菌学研究棟〉（左）、〈整形外科臨床医学部棟〉（右）；奥はマルチェッロ・ピアチェンティーニの〈学長棟〉（写真、Vasari, Roma）

るとても若い三人、ジョルジョ・カルツァ・ビーニ、サヴェリオ・ムラトーリ、フランチェスコ・ファリエッロを招んで、学生寮の設計を任せることになる。この他に、ピアチェンティーニは、もう一人の若者、二五歳のエッジェニオ・モントゥオーリに彼自身の裁量のもとに、設計者たちの仕事を調整する責務を任せている。[*6]

建築家たちの選定は、疑いなく注意深く調整されており、一面では、均質なメンバーとすることをベースにしている。つまり立場が異なることを表明してはいるものの、ピアチェンティーニ自身とフォスキーニ、そして若者たちを例外として、三六歳から四三歳の間の同世代に属する者たちが選ばれている。リベラやポッリーニ、テッラーニたちの「攻撃的」な世代は「跳び越されて」しまう。もう一方では、この調整は、まさに真正の調停であり、それぞれの地方において培われた経験と政治力を代表させることとの必要性を考慮しており——パガーノはトリーノとミラーノで『カーサベッラ』の編集長、そしてポンティはミラーノで『ドムス』の編集長を務めており、ミケルッチはこの一九三二年にトスカーナ・グループと共に、まさにフィレンツェ駅の最優秀案をまとめている——、その上、MIARのトリーノ支部長だったパガーノと一緒にこの解散したMIARの代表者たちを巻き込むことを意図している。ローマ支部長だったミンヌッチもそのひとりで、彼は一九三二年一月からは新しい『アルキテットゥーラ』誌の編集者でもある。対立する立場ではないながらも不安定なつながりによってのみ一緒に並び立つように見えている多様な立場の者たちが、この調停によって協働し、相互に響き合う建築を生産することができるのである。

共通の建築要素としては、例えば開口部はタイプを絞り込みリズミカルに線状に並べ、ときには背の高い壁に垂直方向に縁取るように並べること、または建物上部のコーニスなどである。そして材料の用い方によって、例えばトラヴァーティン、リートチェラミカ[2]による特殊なレンガ、赤みがかった黄色の漆喰などにより、統一感を出している。こうして部分部分に代表される様々な価値を段階的に見せ、同時に形態としての多様さを和らげている。それぞれの設計者は、それぞれの言語を最大に純化し、ヴォリュームの単純な操作にまで縮減することによって、何ごとかを放棄してしまっているようである。

全体配置計画は大学施設全体の中心を通る対称軸に沿って並べられている。この軸に沿って中心となる部分が広がっており、ファサードはトラヴァーティンで覆われる。しかしながらそのモニュメンタルなイメージは、建物が分節化されることによって弱められている。実際に、いくつかの部分は鏡像の対称となるように形づくられていて、例えばモニュメンタルな入口にあたるところはトラヴァーティンによるもので、アルナルド・フォスキーニによる〈整形外科臨床医学部棟〉と〈衛生学・細菌学研究棟〉の二つの隣りあう建物、そしてピアチェンティーニの〈学長棟〉（中央広場に面する）は、両隣りのガエターノ・ラピサルディによる〈文学部棟〉と〈法学部棟〉とともに、パガーノの〈物理学研究棟〉とピエトロ・アスキエーリの〈化学研究棟〉のヴォリュームの対称にあたる位置に一致する。図59 また中央広場の二つの背景にあたるところも、そこを横断する軸の両端に対し、ヴォリュームとしては対称形になっている。ジョヴァンニ・ミケルッチの〈鉱物学・地質学研究棟〉は二つの入口を持つ水平なファサードであり、それに入口がひとつだけのジオ・ポンティの

2 litoceramica　カオリン粘土をベースに溶融材としての長石と耐熱性のある砂岩を混ぜ込んだもの。

［図60］ローマ大学都市、1932-35年。空からの全体像。手前左、ジョヴァンニ・ポンティ、〈数学研究棟〉；中央左、ピエトロ・アスキエーリ、〈化学研究棟〉；上左、ジュゼッペ・パガーノ、〈物理学研究棟〉；上右、ジョヴァンニ・ミケルッチ、〈鉱物学・地質学研究棟〉；下、ジョルジョ・カルツァ・ビーニ、フランチェスコ・ファリエッロ、サヴェリオ・ムラトーリ、〈学生寮〉。エウジェニオ・モントゥオーリの噴水とアルトゥーロ・マルティーニのミネルヴァ像のある広場は、ナヴォナ広場と同じ大きさ。

〈数学研究棟〉が対置される。この後者の建物は、おそらく最も独創的なもので、ミラーノ的「新古典主義」のある種ローマ版の翻案であり、背面側には「合理主義者」の語彙がほのめかされている。[図60]

一方で、大学都市の「従属的な」部分で、建築的に興味深いものとしては、ポンティの建物の背面側の他には、アスキエーリの〈化学研究棟〉の建物の背面、そしてピアチェンティーニの〈学長棟〉の建物の後側で、そこには大教室の曲面状のヴォリュームが突き出している。その内部の壁はシローニの大きなフレスコ画により装飾されている。この面から後ろに、もうひとつ別の大きな空間が拡がっており、そこには他にも二つの曲面の建物が面している。ジュゼッペ・カッポーニの〈植物学・製薬化学研究棟〉[図61]、そしてミケルッチの〈一般生理学研究棟〉である。前者は、パガーノが云うところの大学都市の「統一的な性質」から少し離れたもので、帯状の窓とガラスの大きな表面による「国際様式」を彷彿とさせるヴォキャブラリーで、いくつかの特徴的な要素をまとめつつ見せている。[*7] 結果としてはコード化するには難しく、そして対置されているミケルッチの建物とは決定的に反対のものとなっている。ミケルッチのものは贅肉を削ぎ落とされた建築であり、フィレンツェ駅に含意される表現的なイメージとは大きく異なっている。それは「ノヴェチェント主義者」的な着想によるある種の

［図61］ローマ大学都市、1932-35年。ジュゼッペ・カッポーニ、〈植物学・製薬化学研究棟〉（写真、Vasari, Roma）

形而上的なものへと近づき、一九三〇年代の多くの建築に特徴的な「リットリオ様式」としても認識されるものへと近づいている。[*8]

パガーノ編集による『カーサベッラ』の創刊号は、一九三三年一月に出ているが、そこに大学都市について書かれている。

> この仕事において、イタリアで初めて、多様な地域の様々な建築家たちが、均質で今日的な構築物のブロックを実現することを目的として協働している（……）。設計者たちと業務の管理局はただひとつの目的を共有していることを（……）私は（……）宣言しなければならない。それは技術的かつ都市計画的、芸術的原理を持っていることを示すこと、それがわれわれの時代に適した統一的な特質として集約的に実施をすすめるなかで刻印されるに値するものであること。この実験は、百もの論争に匹敵するものであると、私には思える。[*9]

彼はその熱意ゆえに、提案的な役割を引き受け、そしておそらくこの作業に従事した他の建築家たちの作品――初めて実施とディテールとによって示された彼ら自身のプロジェクトを通して――の条件づくりの形式を整える立場となる。[*10] パガーノは、ピアチェンティーニが提示する「技術的かつ都市計画的、芸術的原理」の意味を、少なくともこの時には、重要なものとは思っていないようである。主要人物のうちのひとりが語ったことによれば、ピアチェンティーニは、既に基礎が施工された段階で、〈学長棟〉の中央塔を切り落としてしまうことを決める。それは建物の側面の高さに合わせるためで、ただ単に「そのほうが気に入った」というだけの理由なのである。[*11] あらゆる記憶と同じように、これも正確なものではないのかもしれないが、計画的な原理に基づいたものというよりは、そのときの感性に基づいた建築へのアプローチのひとつの証左となるものではあるだろう。この同様の感性について、一九三一年にピアチェンティーニは、水平線は「住宅と休息を示すもの」、垂直線については「壮大で偉大な空間、そして上昇を示すもの」と書いていた。[*12]

確かにピアチェンティーニがお膳立てした選択、つまり大学都市を設計するために建築家たちを呼び、「統一的性質」を示すために個々の建物があまり個性的ではない集約的なイメージとする解決策を採ったことにより、フィレンツェ駅のコンペティションの結果によって火をつけられていた論争を爆発させてしまうことになる。ここで対峙しているのは、ピアチェンティーニとオイエッティで、「円柱とアーチについて」の討論となる。

ここで持ち上がった論争の基盤には、ピアチェンティーニとオイエッティの間で一九三三年二月〜三月に起こった「イタリア性」に関する議論がある。これはイタリア建築を特徴づけるべきものであり、そしてそれが「ローマ風」であるということについての論争である。

イタリア風、イタリア風、ファシズム風、ファシズム風（……）もはや建築においてはイタリア風という語は大きな量塊で安易な対称という融通のきく意味しか持ち得ないとオイエッティが、マルチェッロ・ピアチェンティーニへの手紙に書くことで、論争が始まる。[*13] 闘いのレヴエルはとりわけ高度なものというわけではない。少なくとも二年前にカルロ・ベッリが行ったような洗練されたトートロジーからはほど遠いものではあるが、伝統的な建築文化において、様式としての意味での「近代」へ向けた実際の移行を特徴づけるものである。「種類」による区分は決定的に消え去ってしまう。これについて一九二八年にピアチェンティーニは、合理主義者との論争のなかでまだ拘って書いていた。そこでは建築は「多かれ少なかれ素晴らしいもの――装飾され、構成され、ファンタジーによって創造されたもの――それも主題と場所に応じたもの」[*14]と書き、先ほどの水平線と垂直線の区別ほどには明快ではないようである。先述したこの部分は、彼がまさに『デーダロ Dedalo』〔ダイダロス〕に寄稿したものであり、それこそオイエッティの雑誌なのである。

3 実施との対峙

ピアチェンティーニとオイエッティの間の論争は、後者によるローマの大学都市のためのプロジェクトに対する批評によって始まった。そしてこれはフィレンツェ駅のコンペティションに提出されたプロジェクトを審査するために招集された審査員たちの間で生じている対立が公になったものである。ピアチェンティーニは、マリネッティと同盟を結び、ブラジーニへの説得〔トスカーナ・グループのプロジェクトは他のものに較べて、

［図62］ジョヴァンニ・ミケルッチ、ネッロ・バローニ、ピエル・ニッコロ・ベラルディ、イータロ・ガンベリーニ、サッレ・グァルニエーリ、レオナルド・ルザンナ、〈フィレンツェ駅〉外観、1932-35年

［図63］ジュゼッペ・ヴァッカロ、〈郵便局〉、ナポリ、1928-30年、1932-36年

フィレンツェにとってそれほど暴力的なものではないでしょう）も利用することで、[*15]オイエッティとバッツァーニの見解に抗して、ミケルッチの率いるグループを優勢とさせることに成功する。このグループの構成メンバーはネッロ・バローニ、ピエル・ニッコロ・ベラルディ、イータロ・ガンベリーニ、サッレ・グァルニエーリ、レオナルド・ルザンナである。[*16]

トスカーナ・グループのプロジェクト[図62]は、「古典的」要素の存在によって弱められ、かつ素材の選択による均衡をねらった「近代的」なものとしての解法を提案している。削ぎ落とされた建物の上部にある繰型の冠、そしてフィレンツェのピエトラフォルテの石の壁とコンクリートの差し掛け屋根をつないでいるコーニスである。この壁の石は、「広場を挟んで対面する」聖《サンタ》マリア・ノヴェッラ教会で使われている石と同じものであり、コーニスは銅メッキに酸化処理をした鉄骨造の巨大なガラスの空間が突き出しているところで途切れることになる。このプロジェクトの意図としては、格段に代表的な歴史的文脈のなかに「機能的な」建物をどのように挿入することが可能かということを見せること、そしてその際に、一方の「実践的な部分」に加え、もう一方の「精神的な部分」も断念してしまわないことである。建物の平面は、警士《リットリオ》[3]の束桿《ファッショ》の形状をしており、過去と現在、そして未来を統合するシンボルとしてのイメージを形象化する。

　トスカーナ・グループの成功に対し、国内でほぼ同時期に募集されたふたつの重要なコンペティションでは、ローマの建築家たちが続いて輝かしい主張を行う。ひとつはローマの四つの郵便局のコンペティションで、コスタンツォ・チアーノの指導のもとで伝達省によって企画されたもの[*17]。駅のコンペティションも同省が募集をかけようとしているものである。そしてもうひとつは、サバウディアの都市規制計画プロジェクトのコンペティションで、これはアグロ・ポンティーノの新都市の二番目のものである[*18]。

　審査員のメンバーとコンペティションの勝者とは交錯し合っている。そうした職業的な役割の交換が生み出されつつあるなかで、ピアチェンティーニを筆頭に、「近代性」の最前線が明確にされていく。重要なことは、ローマの郵便局のコンペティションの審査員に、ジョヴァンノーニを始め、カルツァ・ビーニ、デル・デッビオ、パガーノ、ヴァッカロがいることである。ヴァッカロは既にナポリの郵便局[図63]のコンペティションで最優秀賞を獲得している。もしくは、より重要なのは、ジョヴァンノーニと並んで、サバウディアのコンペティションで審査員にリベラがいることである。こちらの最優秀賞はピアチェンティーニにもとても近いところにいる者たちである。ピッチナートは、『アルキテットゥーラ・エ・アルティ・デコラティーヴェ』誌の前の編集者であり、このときは大学でピアチェンティーニの助手をしている。エウジェニオ・モントゥオーリについては、ローマの大学都市のためのプロジェクトのコーディネーター役を務めていることに既に

3　リークトル、古代ローマの執政官の先触れをする役職。権標としての束桿を奉持する。

触れた。このあたりのことはこの時期のイタリア建築におけるひとつの章として、まだ探求されるべきところである。[*19]

ローマの四つの郵便局のコンペティションでは、ジュゼッペ・サモナ[4]がアッピオ地区の建物に対して抜擢される。このプロジェクト[図64]は、ローマに移住したこのシチリアの建築家にとって、「合理主義者」の規範から離れようとするヴォキャブラリーの探求の始まりを示しており、ヴォリュームとしての幾何学的な関係性、各部分の接合方法、そして表現的な結節点を明確化することを目指している。例えば、ターラント通りに面する角を取り去るという一連のデザインが特色となっている。[*20] リベラは〈アヴェンティーノの郵便局〉のプ

［図64］ジュゼッペ・サモナ、〈ターラント通りの郵便局〉のコンペティションのためのプロジェクト、ローマ、1933年

［図65］マリオ・リドルフィ、〈ボローニャ広場の郵便局〉、ローマ、1933-35年（写真、Cartoni, Roma）

ロジェクトを勝ち取り、そこではC字型の対称形平面に対してネオ未来派的な対角線が組み合わされる。この形はおそらくはファシズム革命展の記憶であり、その頃の彼の他の多くのプロジェクトにも見られるものである。ガラスの曲面の表情については、一九二八年の〈山間部の小ホテル〉のものに似ている〔第V章一節参照〕。そして背面では小さな四角い窓のある抽象的なヴォリュームを見せているが、これはファシズム革命展の際に既に提示されたテーマで、次いでブリュッセルの万国博覧会の〈リットリオ・パヴィリオン〉〔第VI章三節参照〕でも再提案される。このパヴィリオンはこの二年後にマリオ・デ・レンツィとの協働で設計されるものである。[*21] リドルフィは、ノメンターノで、表現主義者的なものがたくさん盛り込まれていることに特徴のあるプロジェクトを提示する。[図65] これは続く実施プロジェクトの決定の際には少し弱められ、トスカーナのトラヴァーティンによる平縁が水平に反復されることによって強調されたヴォリュームの流動性をみせて、ドラマティックになり過ぎることを避けている。先行するプロジェクトにみられた抽象性はここにいたって、初めて、施工上の現実と実務的な現実とに対峙することで揺り戻しを受けることになる。[*22]

カンチェロッティ、モントゥオーリ、ピッチナート、スカルペッリによるグループは、「昔の」GURのメンバーであり、サバウディアのコンペティションの最優秀賞を得る。このプロジェクトは平面計画において、カルドとデクマヌス[5]に沿った一連の「合理的な」区画に分節され、中心には、市役所の塔やカーサ・デル・ファッショの塔、教会の塔によって印された同じく分節される空間のシークエンスが創出される。[図66] このシークエンスは、しかしながら、建物の高さを低くしたことにより拡散しがちな径路となってしまっている。明快な都市計画的プログラムに対し、既にアグロ・ポンティーノの土地改良によって示されている地域的なスケールのなかにこの介入が拡張されていくことを見込んで挿入されるのではあるが、同様に明快さを持つ

4 建築家／都市計画家、一八九八—一九八三、パレルモ生まれ。土地の文脈を読み取る形態学的アプローチのもと、ゼーヴィらの有機的建築の影響と幾何学的な構成を融合させる設計を試みる。ヴェネツィアなどで大学教育にも貢献。

5 古代ローマの植民都市の基軸となる直交する主要道路。

［図66］ジーノ・カンチェロッティ、エウジェニオ・モントゥオーリ、ルイジ・ピッチナート、アルフレード・スカルペッリ、〈リットリア塔〉、サバウディア、1933-34年

建築的な解法とは呼応していない。

確かに、サバウディアは、一九三二年にオリオーロ・フレッツォッティによって短期間で計画されたリットリア[6]の平板なモニュメンタリティ[*23]や、この後に続く第三番目の土地改良都市であるポンティーニア[7]のプロジェクトを特徴づけることになる地方色の強い平凡な建物[*24]などとは決定的に異なるものである。このサバウディアでは、手法上の前提と建築的な解法との分岐点が明確になっており、この後に続く数年における計画の好例として印されることになる。そして、そのなかでは唯一リベラの提出したアプリーリア[8]のためのコンペティションのプロジェクトが際立つものである。このプロジェクトは一九三六年に始められ、可塑的な解法を秩序立てることのできるイデア＝形態から生まれ、それが機能的になるところまで進む[*25]。そしてもうひとつは（部分的でしかないものではあるけれども）ヴァッレ・ダオスタの都市規制計画である。これはフィジーニ、ポッリーニ、バンフィ、ベルジョイオーゾ、ペレッスッティ、ロジャース、ボットーニ、レナート・ズヴェテアミッヒ、イタロ・ラウロによって一九三六～三七年に編纂されたもので、アドリアーノ・オリヴェッティの指揮の下で進められる。このことについてはもう少し先で分析をしてみたい。

4 〈パラッツォ・デル・リットリオ〉論争

一九三四年五月二六日の議会において、政令の法律化についての白熱した討論が行われ、公益事業としてローマの〈パラッツォ・デル・リットリオ〉建設工事の事業化が宣言される。この建物はヴェリアの丘の平坦な場所に建ち上げられる想定のもので、マクセンティウスのバジリカの正面、カンピドリオの横にあたり、一九三二年一〇月末にファシズム革命展にあわせて開通された帝国《インペーロ》通りに面した場所である。[*26][図67] この討論の中で、「近代」建築に対する攻撃、つまり介入事業のなかで「ノヴェチェント」、「異国風」、「ボルシェヴィキ風」、「ボルシェヴィキ――日本風」、「チュートン〔ドイツ〕風」として次第に評価をされてきているもの、そしてフィレンツェ駅とサバウディアによって認識された建築に対する攻撃が加えられる。

続く六月一〇日には、ステーファニ機関の通達で、ムッソリーニがフィレンツェとサバウディアのコンペティションの勝者たちを引見したことが発表される。彼らに対し、

国家主席は、彼が好意を持っており賞賛していることを表明した。そして全ての若者諸君に対して、建築やその他の分野で、われわれファシズムの世紀の感性と必要性に適する芸術の実現探求が拡充されんことを望んでおられる。

この一五日間の内に「近代」建築のおかれた困難な状況が完全に転換される。パガーノは凱歌をあげて『カーサベッラ』の記事に次のようなタイトルを付けるのである、「ムッソリーニ、イタリア建築を救う」[*27]。ピアチ

6 Littoria、アグロ・ポンティーノの最初の新都市、現在のラティーナ、ローマの南東約五〇キロ。ここを中心として広大な沼沢地の土地改良事業が進められる。

7 Pontinia、ローマの南東約六〇キロ。

8 Aprilia、ローマの南約三〇キロ。

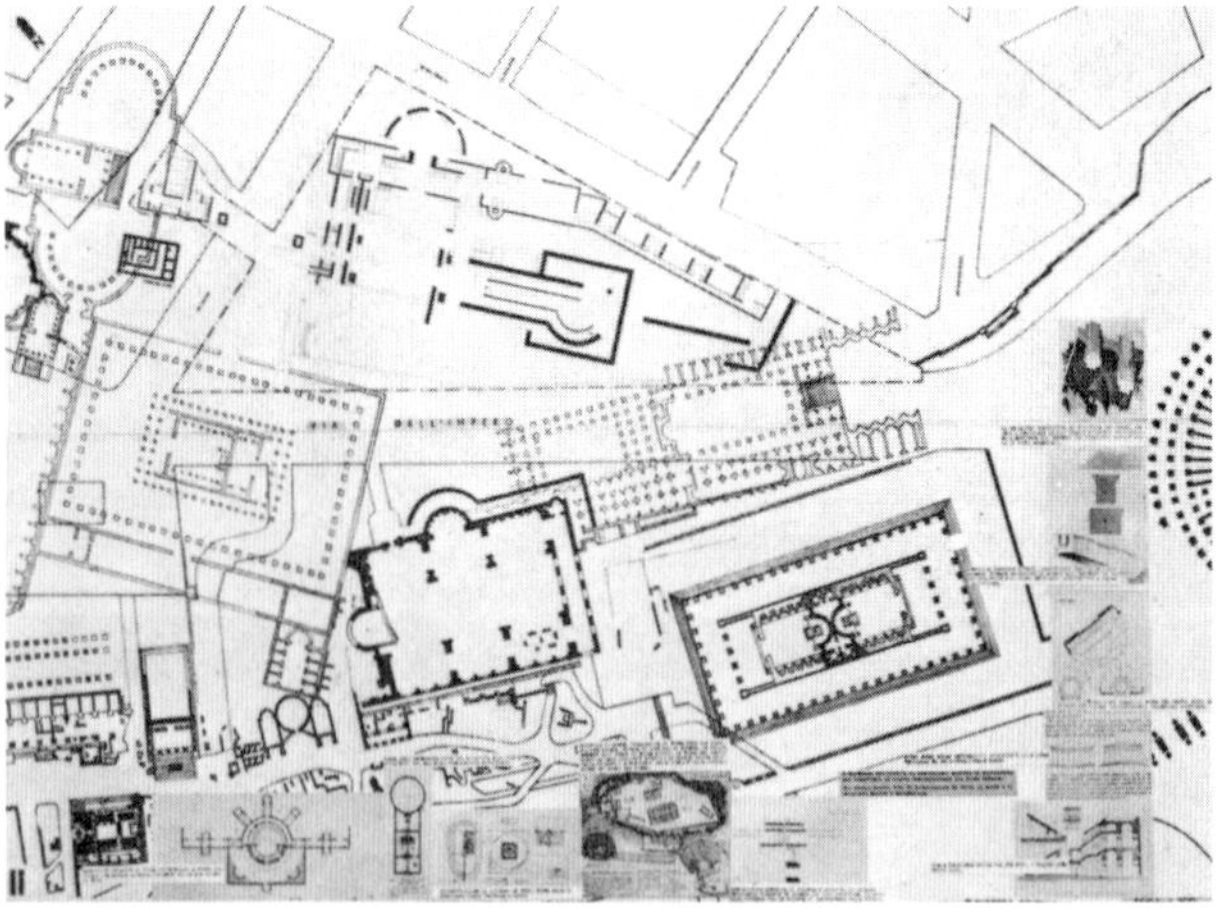

［図67］〈パラッツォ・デル・リットリオ〉のコンペティション、ローマ、1934年。アントニオ・カルミナーティ、ピエトロ・リンジェーリ、エルネスト・サリーヴァ、ジュセッペ・テッラーニ、ルイジ・ヴィエッティ、およびマルチェッロ・ニッツォーリとマリオ・シローニ、計画地配置図と参照すべき遺跡、Aプロジェクトの平面。

エンティーニが『アルキテットゥーラ』の六月号に風雲を蹴散らして掲載したのは、竣工を迎えた「サバウディア」[28]。そして『クアドランテ』の若者たちは、イタリアにル・コルビュジエを招待せんがために嬉々としている。それはまさにこの決定的な日々のことであり、学術会議を開き、そこで彼をムッソリーニに引き会わせる望みを持ちつつ、彼にアグロ・ポンティーノの三番目の土地改良都市の業務を引き受けてもらおうというのである。[29] 近代建築・イコール・ファシズム建築の公理は現実のものとなったかのようである。

　こうしてムッソリーニがイタリア建築を「救っている」間に、何百もの建築家たちが、〈パラッツォ・デル・リットリオ〉のコンペティションに提出するプロジェクトのまとめに向け、応募要綱の中で示された期限をめざして必死に働いている。[30] それは全国ファシスト党を賞賛するテーマのためであったり、建築論争の特別なモメントのためであったりする。まさに「近代」建築が「近代」ファシズム国家の唯一の可能性であるという論旨を確固たるものとするための勇気を奮い起こさせる重要なポイントなのである。

　参加者のなかで、『クアドランテ』誌の周辺にいる若者たちは二つのグループに分かれる。ひとつは雑誌が多くの紙面を割いている側で、バンフィ、ベルジョイオーゾ、ペレッスッティ、ロジャース、フィジーニ、ポッリーニ、アルトゥーロ・ダヌーゾ。もう一方は、このコンペティションに二つの異なる案、AとBを提出している側の、アントニオ・カルミナーティ、リンジェーリ、エルネスト・サリーヴァ、テッラーニ、ルイジ・ヴィエッティで、協働はニッツォーリとシローニ。他の参加者はローマの若い建築家たちでリドルフィ、リベラ、ピッチナート、ムラトーリ、ルイジ・モレッティ、デ・レンツィ、そして少し年嵩のデル・デッビオ、フォスキーニ、ヴィットリオ・バッリオ・モルプルゴ。そして局外者《アウトサイダー》的な立場としては、ポンティとサモナ。

誰もが、このプロジェクトを通して、要綱により明確に要求されているものに形を与えることに意を砕く。それは「建築の概念、ローマの伝統との連続性のなかで国民生活を一新することに対し、ファシズムによって刻印された偉大さと権力に呼応し得るもの（としての）概念」である。[*31] 次いで暗黙のうちに了解されている問題をも満足させること。それはこの国家の建築とはいかなるものであるか、「新しいリットリオ様式」とはいかなるモデルに基づくものか、選定された計画地を遺跡に囲まれたなかに浮かび上がらせなければならないなかで、古代ローマに対峙するとはいかなる意味か、近代と古典をどのように調停するのか、〈パラッツォ・デル・リットリオ〉はいかにして「ファシズム革命」のシンボルとなるのか。ローマの称揚から国家の概念にいたるもの、ファシズムのイデアの純粋さから新しい体制の独自性《オリジナリティ》にいたるまで、ファシズムの大きなテーマが支配的となる。

コンペティションの審査員のなかでは、フィレンツェのときのように、ブラジーニ、バッツァーニ、そしてピアチェンティーニの名が際立っている。オイエッティは外されており、ピアチェンティーニは、再び、文化を選択する支配者であることの責務と「様式」の課題を負うことになる。[*32]

［図68］〈パラッツォ・デル・リットリオ〉のコンペティション、ローマ、1934年。エウジェニオ・モントゥオーリとルイジ・ピッチナート、帝国通り側の模型外観、建物中央部のレリーフはコッラード・カッリの作品。（写真、Vasari, Roma）

［図69］〈パラッツォ・デル・リットリオ〉のコンペティション、ローマ、1934年。アダルベルト・リベラ、模型外観（写真、Archivio Libera, Roma）

パガーノは、おそらくはピアチェンティーニの判断に従属してしまわないために、コンペティションには参加しない立場を選んでおり、ある種の外部の審査員を自任する。そして疑いなく巧妙な動きとして、彼は『カーサベッラ』誌上で、「近代的」な提案をまとめることは不可能であるとの宣言に直ちに同意する。それはつまり「あらゆる方向から貴君の双肩に負わされてしまう高名なる遺骸の真ん中で」[*33]妥協をしないわけにはいかないということ、それはつまり彼にとって古代ローマの遺跡がそうしたものなのであり、その上おそらくは建物としての遺跡だけのことを言っているわけではない。しかしながらまさに彼の拒絶こそが真の妥協なのである。

コンペティションに提出された一〇〇ものプロジェクトに対し、審査員は、そのうちの七一案を認定するものの最優秀賞は決めず、一四案を第二段階のコンペティションへと繰り延べる。[*34]

提出されたプロジェクトに対するパガーノの批評は、『カーサベッラ』の一〇月号に掲載され、その近代的な「性質」を浮かび上がらせることが試みられる。つまりそこに新しい言語の指標を加えるために、簡潔で反レトリック的、無名性を持つことを様々なプロジェクトのなかに見出そうとする。[*35] 彼は第二段階には入選しなかったモントゥオーリ＝ピッチナートのプロジェクトを持ち上げ、[図68]「乏しさにまで近づいてしまいそうなほど削ぎ落とされたものであるが、他のものにない正直さと反レトリック性がある」とする。そして審査員によって次の段階に入選したパランティのものを「戦争成金的で南米的な俗物《スノッブ》」として断罪する。しかし一般的には、パガーノはそれぞれのなかに長所と短所を見出している。例外は、対称軸を持つプロジェクトのなかではリベラのもの[図69]とコセンツァのものであり、最初から「大事にし過ぎている」平面計画としての決定的な点を批判されている。一方でサモナの「スケールアウトした」ものを「優美な泉水」という「装飾的な」コメントに落とし込んでいる。デ・レンツィのものは単調ではあるが荘厳、デル・デッビオ＝フォスキーニ＝モルプルゴのものは「現代性を気にかけた趣向でありつつローマの国民性を表明している」ために記憶にとどめられるべきであるとする。バチォッキの実務的なプロジェクトには平面上の知的な動きを見てとる。イオファンとペルツィッヒ[9]を思い起こさせる「興奮」を抑えようとしているのは、ロンバルディ＝ヴェトゥリアーニ＝ペロジーノ＝カンボのプロジェクト。ペトゥルッチ＝ムラトーリ＝テデスキのプロジェクトには、「リバティ様式への回帰との近い関係性を持つ空力学的な軟柔さ」があるとしながらも賞賛する。そして同じくリドルフィ＝カフィエーロ＝ラ・パドゥーラ＝E・ロッシのプロジェクトを賞賛しているのであるが、中央に古墳のような舞台美術まがいのものがあるために少し抑制されている。パガーノは、あまりにも計画地に詰め込まれた感じがあるとはいえ、ジオ・ポンティのもののなかに最良の解決策を見出す。ア

9　ボリス・イオファン（一八九一—一九七六）。一九三二年のソヴィエト・パレスのコンペティションの最優秀案で有名。ハンス・ペルツィッヒ（一八六九—一九三六）。ドイツ表現主義の第一人者的な存在。ベルリン大劇場の設計で有名。ともに、積層的なデザインがイメージされる。

ロイージオ゠テデスコ・ロッカのものは「曲線の感性」を示しており、クッツィ゠レーヴィ・モンタルチーニ゠ピッフェリのものは「堅固な統一性の概念」を表現しているとする。最後に、『クアドランテ』の二つのグループのプロジェクトについては、「より意図的にヨーロッパ的感性に属すること」において共通し、妥協することもせず、「彼らのよってきたるところの政治的かつ歴史的課題」を称揚するわれわれの時代の芸術作品であるとの判断を下し、第二次コンペティションへの選出に値する（しかしながらこのうちのバンフィのグループのものは選出されなかった）とする。

ペルシコの判断は大きく異なり、より無愛想なものである。例外は第二段階に選出されたものではテッラーニのグループのプロジェクトだけで、選ばれていないもののなかではバンフィのグループのもの、クッツィ、ペトゥルッチ、アニョルドメニコ・ピーカ、ジオ・ポンティのものである。[*36] 一方のパガーノのコメントは公式な審査員の決定に対するまさに真の対抗報告書となっている。そこでは二次に入れられなかったものを取り上げ、一方では選ばれたもののいくつかを断罪する。そして同時に、まさにこのコンペティションにより道が開かれた矛盾、「近代性」と「伝統」の間の矛盾を、まさに先述の反レトリックで無名性の「特質」を探求する調停の内に構築しようという意図を明白に示している。

つまり、パガーノにとって、建築はファシズム国家の政治的かつ社会的秩序の「方向性」に一貫した表現なのである。建築は物理的空間の構築となり、そこにはファシズム・イタリアの「道徳性」が反映され、そして彼自身がそのなかで生き、かつ望んだ反レトリックとしての革命の内容を代表する。彼は「近代」において結合し得る言語に対しては注意深さを示すが、いくつかのプロジェクト――特にリドルフィのグループやテッラーニのグループのもの――が周囲の遺跡とつくり上げている知覚しにくい関係性には興味を示していないようである。

〈パラッツォ・デル・リットリオ〉の第一次コンペティションの結論が出た少し後、パガーノは、「一四年期[10]のイタリア建築」の困難な状況に対する考察をいくつか提示している『カーサベッラ』の彼の記事を次のように締めくくる。

> そしてもしこの困難を克服するなかでイタリア建築が、地域から渇望された虚栄的な空気を捨て去ってしまうことができるようであれば、得るものは大きいだろう。われわれは、より健全で修辞《レトリック》が少なく、より無名性の、そして今日のイタリアに属するより価値のある建築を永遠に手に入れることができるだろう。[*37]

「より健全でレトリックが少なく、より無名性の」建築、このことはパガーノの書くものに繰り返し現れるテーマとなる。美学的な道徳性とは、「謙虚で堅固な建築、数少なく代表的で欠くことのできない建物の周囲に尊大ではなく身を横たえる建築」を意味し、そして「時流の」建築、「明快さ、正直さ、公正さ、経済性（……）、都市計画的教育[*38]」を表現する能力のあるものを意味する。このパガーノの立場としては、『クアドランテ』のグループによって導入された論争、特にテッラーニの詩興を受け入れることなど不可能であることが明らかとなる。

『クアドランテ』は実際に、パガーノの側がピアチェンティーニとの暗黙の了解を通して多少なりとも進めている建築の「社会性」を基礎とした調停に反対している。形態の合理性は、バルディの雑誌の周辺に集ま

10　ファシズム期の年号。政権獲得の一九二二年を元年とする。

った建築家たちにとっては、ヴォキャブラリーの均質さ——パガーノの言うところの「時流の」建築——に至るための条件ではなく、その反対に、条件の特異性の主張であり、知識人の行動の主張、つまり現実へと導いていくイデアを支配するものとしてのディテールに向けられた行動の主張なのである。バンフィのグループのプロジェクト[図70]とテッラーニのグループのBプロジェクト[図71]では、形態の線形性と空間の合理性を通して、イデアの絶対的な純粋さが明らかにされる。バンフィのプロジェクトでは平面計画を確定する三角形が

［図70］〈パラッツォ・デル・リットリオ〉のコンペティション、ローマ、1934年。ジャン・ルイジ・バンフィ、ルドヴィーコ・ベルジョィオーゾ、アルトゥーロ・ダヌーゾ、ルイジ・フィジーニ、エンリコ・ペレッスッティ、ジーノ・ポッリーニ、エルネスト・ナータン・ロジャース、栄誉の広場の透視図

［図71］〈パラッツォ・デル・リットリオ〉のコンペティション、ローマ、1934年。アントニオ・カルミナーティ、ピエトロ・リンジェーリ、エルネスト・サリーヴァ、ジュセッペ・テッラーニ、ルイジ・ヴィエッティ、およびマルチェッロ・ニッツォーリとマリオ・シローニ、Bプロジェクト模型外観、背景にあるガラスのヴォリュームの中にファシズム革命展と戦没者聖堂を納める。

あることによって、外部に対してあらゆる仲裁的な試みをしようとする形態は孤立させられることになる。そして同じように、テッラーニのBプロジェクトにある「ファシズム革命の聖堂」を包み込む大きなガラスのヴォリュームは、穢《けが》れのない無垢なる空間を確定する。

イデアの抽象性に対照されるのは、一九三一年の〈おぞましきもののタブロー〉によって生じた論争の具体性である。それは〈パラッツォ・デル・リットリオ〉のコンペティションの時期に『クアドランテ』に掲載されたバルディのモンタージュ写真へと脈々と続いている。幕の後ろで行われている操作が、選定された計画地を高いところから捉まえようとする貪欲な手によって表される。キャプションは「われわれはこれを許すことはできない」である。建築に対して拡げられたわなは〈スザンナと老人たち〉[11]の主題の再検討という形で形象化される。そこでは渇望される新しい建築を象徴するスザンナの足もとに、まさにバンフィのグループのプロジェクトが配され、そしてさらに、コンペティションに提出されたいくつかのプロジェクトへの軽蔑が、『ラ・セッティマーナ・エニグミスティカ』〔週刊謎解き〕誌のページになぞらえることによってはっきりと示される。そこでは「間違い探し?」というキャプションとともに、これらのプロジェクトが天地を逆にして提示されている。[*39]

もはやパガーノは、『クアドランテ』グループの論争の動機を、そしてその絶対的な選択性を共有することができなくなってしまっており、同様にして、このグループによってコンペティションに提出されたプロジェクトの質を認識していながらも、彼は、そこにある「イデアの純粋さ」に向けられた価値を、そして、雑誌と結びついている建築家たちによって表現された詩情を受け入れることを拒否するのである。

11　旧約聖書にある物語。画題として数多く取り上げられている。

〈パラッツォ・デル・リットリオ〉のコンペティションに始まり展開された論争は、近代国家のための様式と精神的な体制のためのイメージとの複層性のなかで分解し、二分されてしまっているようである。道徳的形態としての建築は、理想的形態としての建築と対照される。建築には、一方では社会の課題、つまりパガーノがファシズムの道徳として解釈しているものを流布させ現実を更改することへの貢献という課題が負わされ、もう一方では、理想的な体制、つまり件の体制の合理性を抒情的に形象化することが求められているのである。

死のイメージ、帝国通りに面して剥き出しにされた遺跡に対して、パガーノによって想起されたイメージ、彼をしてこの地区に対する「道徳的に近代たるべき」何ものかを計画することを阻んでしまうもの、この同じイメージが、テッラーニにとっては、「物語る遺跡」となり、古典のオーダーを語るもの、絶対的形態の再征服と再構成へと向かわせるものなのである。遺跡は、時間とは切り離され、もはや何も与えてはくれない全体の断片であるが、まさに時間の流れの外で、抽象的に再構成することが可能なものなのである。[*40] テッラーニの希求する合理性は、黄金比の合理性、目に見えない秩序の合理性、そして物質を超越したところにある関係の合理性であり、ただ直感的に推測することしかできないものである。〈パラッツォ・デル・リットリオ〉のコンペティションのための彼のグループのプロジェクト――そして一九三八年のテッラーニとリンジェーリによるスケールとしてはより大きな〈ダンテウム〉[12] のプロジェクトは、この同じ場所で計画される[*41]――は、遺跡との関係性、形態的かつ精神的に密接な関係性において考えられ設計されたもので、遺跡は単に歴史的な既存のものというわけではなく、物質的な存在を超越する価値を負っているのである。

Aプロジェクトの大きなカーヴした壁は、おそらくルイジ・ヴィエッティによって考えられたもので[*42]、その場に宙吊りにされ素材感が消し去られている。そこに表れている静定的な線は、隠された構造の力を明らかにしているが、他の力、他の構造を語るデザイン、記述へと変えられる。それは他で語られているように、テッラーニが〈ダンテウム〉の外側の壁に刻み込んだイメージとしての『神曲』[13]の節のように変奏されている。一九三四年のBプロジェクトにおける「ファシズム革命の聖堂」を囲い込んでいるガラスの箱は、〈パラッツォ・デル・リットリオ〉の核となる部分を透過して見せ、コモの〈カーサ・デル・ファッショ〉の透明性のように、まったく別の透過性を印す。Aプロジェクトにおける、「聖堂」を支持するために置かれた壁によって地面にできる刻印は、近くにある〈マクセンティウスのバジリカ〉の壁を模したもので、このバジリカをモデルとして〈ダンテウム〉の平面を支配する黄金比のように、古典世界と近代世界とをつなぐ軌跡なのである〔前節図67参照〕。Bプロジェクトの透視図のなかで一番手前に形象化されている石の円柱は、〈ダンテウム〉の天国にあたる空間を支える素材感を消された天に向かうガラスの円柱へと変わっていく。

物理的な場所、そこに古代の断片が散乱している場所は、画定された表面によって補完される。そこには線によって跡がつけられ、またはテキストが書き込まれ、絶対的なものを囲い込んだガラスの箱に映し出され、ガラスの円柱の森のなかにあふれ出しながら再び凝集される。

古典主義は、古典的オブジェとの単なる対比ではない。少なくともその文学的な再提案であり、プロポーションを尊重し、古典精神を理解し、古典的オーダーの再生としての建築本来の法則の希薄化である。テッラーニの建築では既に与えられたオーダーが推定される。オーダーを希求することはしないがそれを想起す

12　詩聖ダンテ・アリギエーリに捧げられた施設。
13　一四世紀頃に書かれた長編叙情詩。ダンテの代表作。

る。イデオロギー的な内容物を発明する必要は全くないが、ファシズムに負わされた新しい秩序《オーダー》を伝播しなければならない。彼の建物は、変わることのないオーダーについて物語り、古典的調和を保持することを渇望し、日常と対比され、永遠の価値を称揚するのである。

テッラーニは、つまり「謙虚で堅固な」イメージを構築するために仕事をしているのではなく、「明快さ、正直さ、経済的公正さ」を表現する「時流の」生産品のためでもなく、「社会芸術」としての建築のために働いているのでもない。テッラーニは、パガーノによって示される「道徳的プラン」に則って活動をしているわけではない。テッラーニによって計画された空間は、虚の空間であり、存在するために観客を必要とはしていないものである。導かれ、教育されることを求めてその前に殺到する大衆を待ち受ける。モンタージュ写真において、コモの〈カーサ・デル・ファッショ〉の前の広場を埋める群衆〔本書表紙図版参照〕、または〈パラッツォ・デル・リットリオ〉のAプロジェクトの曲面の壁の透視図にみられるムッソリーニの演説を聴くために集まっている群衆は、理想的な空間を満たし、それを絶対的なものへと変換する大衆なのである。

テッラーニの設計による建物は、日常から演繹されたイメージ、建物自身が構築物として持っているイメージの意味性に対比される「古典的」平衡を保持することを渇望する。抽象化は全体的なもので、建物が伝播しなければならない神話（ムッソリーニに集中する力、ファシズムの透明性のイデア、ファシズムによって再構築された秩序）は、現実的な価値について語る策略として存在する。静定的な力の線形、透明な壁、黄金比の長方形、これらはこうした神話を伝達する際にその価値を担うための仕掛けなのである。

テッラーニの建築、つまりボンテンペッリがかつて語った「新しい確固とした世界」を構築するものは、日常を統治するものとしての政治と体制の確かさとの間の矛盾の内部に開かれた乖離を埋める試みとなる。

この矛盾は、構築物としての建築と建築の永遠なる法則（「われわれは建築へと至るために合理主義を行う、合理主義へ至るための建築を行うのではない」とテッラーニは書いている）[*43]との間の区別のなかに見出されるもの、もしくは革命的行動の神秘と純粋芸術の永遠の調和（テッラーニを「原初的革命の両面性、過去の校閲者であり、同時に遠い将来の預言者でもある両面的人格」としてロジャースは書いており、加えて「両面的天才は、芸術の頂点にあり、近過去に対抗した様相に永遠に閉じ込められる。現在と来たるべきものへと向けられた口から出されるものは、構築的な言語である。論争のない芸術、つまりそれ自身に価値を持つ純粋な主張である」）[*44]とを対比するものである。この矛盾は、個々人の精神と群衆に動かされた精神の共存、個別のものと集約的なもの、断片化されたものと全体的なものの共存において繰り返されるのである。

テッラーニは自身の建築を、時も場所もないユートピア的な空間のなかに孤立させようとしているようである。後になってようやく、この非―場所、彼の建築が絶対的なものへと到達するために凝集する場所が、実際には底なしの深淵であることを発見することになる。

テッラーニと彼のグループが〈パラッツォ・デル・リットリオ〉のコンペティションで対峙したもの、時には劇的な緊張を孕む古典世界との関係性のテーマには、同じコンペティションのなかで、より静謐で拡張された対案を見出せる。ルイジ・モレッティ[14]によって提示された二つの案の、特に提案《ヴァージョン》Aの方である。構成そのものの自由度を最大限にいかして、モレッティは建物を分け、形態に応じてあるものを他のものとヴォリュームとして対置する構成を持ち込み、その地区にある他のヴォリュームとの関係性を見つけようとする意図のもとに曲面をつくり、それを変形するところまで突き進んでいる。それはまるで歴史的に確定された文脈のなかに差し込まれたオブジェが湛えている緊張を強調しているかのようである。

14　建築家、一九〇六―一九七三、ローマ生まれ。建築史と修復を学び、全国バリッラ事業団の仕事を通じて建築設計を中心とする活動に入る。戦後は雑誌を創刊しギャラリーを開設するなど芸術一般への興味を示す。数学的な分析を設計に取り入れようとした。

［図72］ルイジ・モレッティ、テルメの〈フェンシング・アカデミー〉、フォロ・ムッソリーニ、ローマ、1936年（写真、Vasari, Roma）

これより少し先のものになるが、一九三六年のローマのフォロ《フォーラム》・ムッソリーニにある〈フェンシング・アカデミー〉のプロジェクト図72においては、その場所に参照すべき過去のものはほとんどなく、モンテ・マリオの丘陵の緑との関係があるだけである。モレッティは大理石を使うことのなかに、そして稀薄な光、はっきりとした空間とヴォリュームのなかに、偶然による抽象性の要求を、そして古典的伝統の神話のなかに全体的に静かに沈み込むことによってのみ到達できる純粋さを表現している。

テッラーニとモレッティは建築において、この「純粋なる印」を捉えようと試みる。それは古典主義の本質である。ただし、彼らは本質的に異なる二つの態度で取り組むのである。前者の道徳的緊張には、後者のある種の「無関心さ」が対比される。もしテッラーニが伝統的な形態要素に取り組むこともできるのであれば、これらの要素は特別な条件の下でその本質を表現することができるだろう――それは例えば一九三〇〜三一年のコモの〈ステッキーニ墓廟〉において確信的に行ったように、そしてE42の〈レセプション・会議場施設〉の第二次コンペティションで提出したプロジェクト（一九三八年）を取り巻く柱廊状の柱の列においてイデア的に行われることになるもののように。しかし、彼は常に「歴史的建築の形態に関わるあらゆる様式的な回帰」[*45]に対して反対する。モレッティは一方で、古典的建築の要素の使用に関して、ある種のこだわりのなさ、まさに無関心さを示している。それは、E42の〈帝国広場に面する劇場〉のプロジェクトに明快に見られる。つまり彼にとって考慮すべきことは、あらゆる人たちに「純粋なる印」へと至ることを知っているということを示すことであり、それは「様式的回帰」によるものであっても構わず、「成果をもたらさず、ほとんど遊びにしかならないような消費されてしまう形態の冒険への熱望」におぼれてしまう[*46]。

一九三〇年代半ばに、「古典」はイタリア近代建築の有効性と信頼性を計測するための基盤となる。「古典的形態」から「古典的精神」へと移行することの必要性について、グルッポ7がおよそ一〇年前にどのように書いていたかは既にみてきた[*47]。このイデアは、引き続いて何度もいろいろな方面で引用される。一九三〇年にはサルトリスが『ラ・カーサ・ベッラ』で次のように主張する。「合理的建築は（……）新しい古典性への到達へと向かっている」[*48]。ペルシコは同じ年に、サルトリスのオートゥイユの〈ジャン＝サラダン・ヴァン・ベルケム邸〉のプロジェクトを評しながら、ここでは「古典芸術の――この場合には驚くべき言葉ではない――美と崇高性に、厳格で近代的な研究を通して」到達している、「つまり言うなれば、合理性の美と崇高性に」至っていると書く[*49]。パガーノは「近代的環境における古典性」というタイトル[*50]のもとに『ラ・カーサ・ベッラ』で室内装飾を紹介する。そこではスヴェン・マルケリウスの〈ヘルシンボリのコンサートホール〉について書いており、「コンポジションの統一性により古典建築の最も賞賛すべき事例と比肩するに値する」[*51]とみなしている。フィジーニは、一九三四年にボンテンペッリに、自身の〈パラッツォ・デル・リットリオ〉のプロジェクトについて次のように書いている。「恐ろしいほど近代的で、また恐ろしいほど古典的です」[*52]。

カルロ・ベッリは『クアドランテ』で、この同じプロジェクトを「純粋さの古典的表現、リズムの均衡を達成し、時代の相貌には妥協をしていない」*53と定義する。テッラーニのものについては既述した。

このあからさまなまでの満場一致の大合唱のなかに、そしてそこに深遠な相違が隠されていることを知っているだけに、ひとつの声が聞き分けられる。エドアルド・ペルシコのあげる声である。最初は、一九三四年の航空展の金メダルの展示室によるもの、次いで一九三六年の第六回ミラーノ・トリエンナーレの勝利の展示室のインテリアのプロジェクトによるものである。

［原註］

*1 A.CALZA BINI, *Relazione al Consiglio Nazionale del Sindacato Fascista Architetti*, Milano, 15 settembre 1933, in «Architettura», XII, ottobre 1933, fasc. 10, pp.662-66.

*2 同誌の以下を参照のこと。E.FUSELLI, *Concorso per il piano regolatore della città di Genova*, febbraio 1932, fasc. 2, pp.81-91. 以下も参照のこと。R.MANSUETO, *Urbanistica e architettura nelle tre piazze della «Genova nuova»: piazza Dante, piazza al Mare, piazza della Vittoria*, tesi di laurea, Venezia 1989.

*3 CALZA BINI, *Relazione*, cit.

*4 M.PIACENTINI, *Prefazione* a A.PICA, *Nuova architettura italiana*, Milano 1936, pp.6-7.

*5 フォスキーニは一九三〇年一月から一九三一年一二月までの«Architettura»誌の編集長である。ジョヴァンノーニとピアチェンティーニは、その職に共に最初の六年間就いていた。一九二七年九月までのことである。その後は編集委員会（A・カルツァ・ビーニ、E・ネグリ、C・チェッケッリ、G・キエリチ、G・ジョヴァンノーニ、G・ムツィオ、M・ピアチェンティーニ、C・トゥッミネッリ）が形成された。それをまさにフォスキーニが引き継ぐのである。一九三二年一月から雑誌の出版が停止される一九四三年五月までは、ピアチェンティーニが単独の編集長である。

*6 以下を参照のこと。«Architettura», XIV, 1935, fasc. speciale sulla Città Universitaria di Roma. 以下の前掲書も参照のこと。G. CANIGGIA, *Il clima architettonico romano e la città universitaria*, in

«La Casa», pp.272-99 ; AA.VV., *1935-1985. La «Sapienza» nella Città Universitaria*, a cura di E.Guidoni e M.Regni Sennato, catalogo della mostra, Roma 1985.

＊7　ジュゼッペ・カッポーニと彼の作品については以下を参照のこと。ただし、出版地出版年不詳。A.CLEMENTI, *Razionalismo e Novecento nell'opera di Giuseppe Capponi.*

＊8　ミケルッチは一九三五年にフィレンツェ駅舎よりも大学都市の彼の建築の方を好む、と書くことになる。「私はこの作品（駅舎）から随分と離れてしまっている。なぜならそれが私に与えた苦しさによって嫌うようになってしまったからであり、そして（例えば）大学都市のように建築的な基盤を持っていないからである。」、ロベルト・パピーニ宛の手紙、一九三五年一一月一四日。以下に再録、V.SAVI, *De Auctore*, Firenze 1985, pp.56-57.

＊9　G.P.P. [GIUSEPPE PAGANO], *Registro (Dell'Università di Roma)*, in «Casabella», VI, gennaio 1933, n.61, p.41.

＊10　以下の前掲書を参照のこと。CANIGGIA, *Il clima architettonico*, p.294.

＊11　エウジェニオ・モントゥオーリの証言による。

＊12　以下を参照のこと。M.PIACENTINI, *Dove è irragionavole l'architettura razionale*, in «Dedalo», XI, gennaio 1931, fasc.8, pp.527-40.

＊13　U.OJETTI, *Lettera a Marcello Piacentini sulle colonne e gli archi*, in «Pegaso», V, febbraio 1933, n.2, pp.213-15 ; M.PIACENTINIは以下で反論する、*Gli archi, le colonne e la modernità di oggi. Risposta a Ugo Ojetti per la polemica su le Colonne e gli Archi*, in «La Tribuna», Roma, 2 febbraio 1933 ; M.BONTEMPELLIは次の議論を差し挟む、*Archi e colonne (lettera urgente a Ugo Ojetti)*, in «Gazzetta del Popolo», 4 febbraio 1933 ; U.OJETTIの回答は、*Ancora le Colonne e gli Archi*, in «La Tribuna», Roma, 15 febbraio 1933 ; 続いて、*Ancora le colonne e gli archi. Risposta a Marcello Piacentini [...] e a Massimo Bontempelli*, in «Pegaso», V, marzo 1933, n.3, pp.358-64 ; そこへA.PANZINIが介入する、*Gli archi e le colonne*, in «Corriere della Sera», Milano, 21 febbraio 1933 ; 最後に論争は次の記事で締めくくられる。M.PIACENTINI, *Piacentini dice addio a Ojetti*, in «La Tribuna», Roma, 26 febbraio 1933 ; それとU.OJETTI, *Risposta di Ojetti a Piacentini*, in «La Tribuna», Roma, 2 marzo 1933. 以下の前掲書を参照のこと。PATETTA, *L'architettura in Italia*, pp.315-33.

＊14　PIACENTINI, *Prima internazionale architettonica*, cit., p558.

＊15　以下を参照のこと。A.BRASINI, Lettera a «Il Giornale d'Italia», 8 marzo 1933, 以下に再録、«Casabella», VI, marzo 1933, n.63, pp.I-II. «Casabella» は62号にオイエッティとピアチェンティーニ、ボンテンペッリの意見を掲載、63号にはブラジーニの他にもカルロ・カッラ、コッラード・パヴォリーニ、アルド・パラッツェスキ、オットーネ・ロザーイ、ベルト・リッチの意見を載せる。

＊16　フィレンツェ駅の経緯については以下の前掲書を参照のこと。L.DE LUIGI, *Il concorso e la polemica per la stazione di Firenze (un episodio di storia italiana)*, in «La Casa», pp.230-45 ; G.K.KOENIG, *Architettura in Toscana. 1931-1968*, Torino 1968, pp.19-35 ; C.SEVERATI, *Cronaca di Santa Maria Novella*, in «L'Architettura. Cronache e storia», XIX, maggio 1973, n.204, pp.54-64 ; V.SAVI, *De Auctore*. 上記前掲書の他、以下も参照のこと。AA.VV., *L'architettura dei fabbricati viaggiatori negli anni del razionalismo*, in «Ingegneria ferroviaria», XL, aprile 1985, n.4.

＊17 ローマの四カ所の郵便局のためのコンペティションは、アッピオ、アヴェンティーノ、ミルヴィオ、ノメンターノ地区で行われ、一九三三年三月八日に応募要綱が公表される。選ばれた敷地は一九三一年の都市規制計画の中に組み込まれていたもので、市街部の発展を見込んだ中心地区実現のためのプログラムの一部をなすものである。郵便局の並びに法務官裁判所（基本設計コンペティション、一九三三年七月二〇日要綱公表、ノメンターノ、アッピオ、アヴェンティーノ地区のためのもの）と判事補のための施設（ノメンターノ、アッピオ、アヴェンティーノ、ミルヴィオ地区、一九三三年七月二一日）が企図されている。後者のふたつのコンペティションは開催はされるものの結論は出されなかった。郵便局については以下を参照のこと。A.CUZZER, *I grandi concorsi*, cit. ; M.TAFURI, *Gli anni dell'«attesa»: 1922-1945*, in AA.VV., *Giuseppe Samonà. Cinquanta'anni di architetture*, Roma 1975, pp.9-55 ; G.ACCASTO, *Città e monumento*, in «Controspazio», VI, settembre 1974, n.1, numero unico dedicato a Ridolfi, pp.31-42 ; QUILICI, *Adalberto Libera*, cit.; AA.VV., *Adalberto Libera. Opera Completa*, cit.

＊18 サバウディアの都市規制計画ためのコンペティションは一九三三年四月二一日に要綱が公表され、着工は同年八月五日、一九三四年四月一五日に竣工。以下の前掲書を参照のこと。MARIANI, *Fascismo e «città nuove»*, pp.90-101 e 254-58 ; R.MARTINELLI e L.NUTI, *Le città nuove del ventennio da Mussolinia a Carbonia*, in AA.VV., *Le città di fondazione*, Venezia 1978, pp.271-93 ; AA.VV., *Sabaudia città nuova fascista*, Catalogo della mostra, London 1982 ; *Sabaudia (Latina)*, a cura di A.Muntoni, Roma 1988.

＊19 以下を参照のこと。I.FERRERI, *I concorsi d'architettura in Italia fra le due guerre*, tesi di laurea, Venezia 1986.

＊20 以下の前掲書を参照のこと。TAFURI, *Gli anni dell'«attesa»*, pp.9-17.

＊21 以下の前掲書を参照のこと。G.CIUCCI, *Lo stile di Libera*, in AA.VV., *Adalberto Libera. Opera completa*, pp.62-79 ; ibid., pp.147-49.

＊22 以下の前掲書を参照のこと。«Controspazio», numero dedicato a Ridolfi, pp.36-37.

＊23 以下を参照のこと。AA.VV., *Latina storia di una città*, a cura di R.Mariani, Firenze 1982.

＊24 以下の前掲書を参照のこと。MARIANI, *Fascismo e «città nuove»*, pp.101-5 e 258-61.

＊25 以下の前掲書を参照のこと。AA.VV., *Adalberto Libera. Opera completa*, p.155.

*26 帝国通りの経緯については以下を参照のこと。A.M.RACHELI, *L'urbanistica nella zona dei Fori Imperiali: piani e attuazioni (1873-1932)*, in AA.VV., *Via dei Fori Imperiali*, Roma 1983, pp.61-163.

*27 G.PAGANO, *Mussolini salva l'architettura italiana*, in «Casabella», VII, giugno 1934, n.78, pp.2-3；近著では以下の前掲書所収。PAGANO, *Architettura e città*, pp.19-24. パガーノは同じページに、下院での討議の速記録とステーファニ機関の通達を掲載している。

*28 以下を参照のこと。M.PIACENTINI, *Sabaudia*, in «Architettura», XIII, giugno 1934, fasc. 6, pp.321-57.

*29 以下の前掲書を参照のこと。G.CIUCCI, *A Roma con Bottai*.

*30 応募要綱は一九三三年一二月二七日に公表される。締切は数度にわたって延期された後、一九三四年七月三一日に決定。このコンペティションの一次資料は以下の通り。*Il Nuovo stile Littorio. I progetti per il Palazzo del Littorio e della Mostra della rivoluzione fascista in via dell'Impero*, Milano-Roma 1936. 以下も参照のこと。«Architettura», XIII, 1934, fasc. speciale dedicato al concorso per il Palazzo del Littorio.

*31 応募要綱第五条：以下の前掲書と当時の主要雑誌を参照のこと。*Il nuovo stile Littorio*.

*32 委員会は、以下のメンバーで構成される。委員長としてPNF［全国ファシスト党］書記長のアキッレ・スタラーチェ、PNFの事務局長であるジョヴァンニ・マルティネッリ、ローマ総督のフランチェスコ・ボンコムパーニ・ルドヴィージ、イタリア・アカデミーからはブラジーニ、バッツァーニ、そしてピアチェンティーニ（委員会の事務局兼報道担当）の三名、コッラード・リッチ（後にピエロ・ポルタルッピと交替）、全国ファシスト建築家組合書記長のアルベルト・カルツァ・ビーニ、全国ファシスト技師組合書記長のエドモンド・デル・ブファーロ、その他に行政側からは、技術局総監督官のパオロ・サラティーノ、史跡および美術事務局長のアントニオ・ムニョス。

*33 G.P.P. [G.PAGANO], *Palazzo del Littorio: Atto primo, scena prima*, in «Casabella», VII, luglio 1934, n.74, pp.2-3；近著では以下の前掲書、PAGANO, *Architettura e città*, pp.28-31.

*34 入賞したプロジェクトは以下の通り。カルミナーティ、リンジェーリ、サリーヴァ、テッラーニ、ヴィエッティ（二案）／デル・デッビオ、フォスキーニ、モルプルゴ（二案）／デル・ジュディチェ、エッレラ、フォリン／デ・レンツィ／ファゾロ／フレッツォッティ／リベラ／L・モレッティ（二案）／パランティ／ラピサルディ／リドルフィ、カフィエーロ、ラ・パドゥーラ、E・ロッシ／サモナ／D・トッレス／ヴァッカロ。

*35 G.PAGANO, *Il concorso per il Palazzo del Littorio*, in «Casabella», VII, ottobre 1934, n.82, pp.4-9；近著では以下の前掲書、PAGANO, *Architettura e città*, pp.32-41.

*36 E.PERSICO, *Bilancio a Roma*, in «L'Italia Letteraria», 29 settembre

1934, p.3；近著では以下の前掲書、E.PERSICO, *Tutte le opere*, vol.II, pp.289-92.

＊37 G.PAGANO, *Architettura italiana dell'anno XIV*, in «Casabella», VIII, novembre 1935, n.95, pp.2-6. 近著では以下の前掲書、G.PAGANO, *Architettura e città*, pp.56-58.

＊38 以下の前掲書を参照のこと。G.PAGANO, *Architettura nazionale.*

＊39 モンタージュ写真はすべて以下に所収。«Quadrante», II, ottobre 1934, n.18.

＊40 タフーリが書いていることについては以下を参照のこと。M.TAFURI, *Il soggetto e la maschera. Una introduzione a Terragni*, in «Lotus», settembre 1978, n.20, pp.5-28.

＊41 以下を参照のこと。T.SHUMACHER, *Il Danteum di Terragni*, Roma 1980. 以下も参照のこと。G.CIUCCI, S.PASQUARELLI, *Un documento inedito. La ragione teorica del Danteum*, in «Casabella», L, n.522, marzo 1986, pp.40-41.

＊42 ルイジ・ズッコリによると、彼はグループとしてスタディされまとめられていたAとBの二つの案がどのように進められたかを記憶している。後にはヴィエッティ主導のもの（A案）とテッラーニを中心とするもの（B案）としてすすめられる。以下の前掲書を参照のこと。ZUCCOLI, *Quindici anni di vita e di lavoro*, p.39.

＊43 以下を参照のこと。G.TERRAGNI, lettera a «Il Giornale d'Italia», 12 maggio 1931；この手紙はMIARの展覧会で生じた〈おぞましきもののタブロー〉の論争のなかで*Intervento del Sindacato*に対する*La risposta dei razionalisti*として書かれている。この二つの手紙は「現代建築の新しい形態に関するイタリアの建築家たちの情熱的な論争」として表現されている。近著では以下の前掲書所収。MANTERO, *Terragni e la città del razionalismo italiano*, pp.102-7.

＊44 E.N.ROGERS, *Per una valutazione primordiale dell'attuale architettura*, in «Valori primordiali», vol.I, Roma-Milano 1938, pp.148-49.

＊45 彼らが書いていることについては以下を参照のこと。G.TERRAGNI, C.CATTANEO, P.LINGERI, *Relazione al Concorso di 2° grado per il Palazzo dei Ricevimenti e delle Feste all'E 42 a Roma*, ACS, EUR S.G.f.23-5, «Palazzo dei ricevimenti e congressi», 部分的に以下に再録されている。«Costruzioni-Casabella», XIV, febbraio 1941, n.158, pp.8-10. オリジナルの素案から削除されたものは以下の前掲書に見られる。MANTERO, *Giuseppe Terragni*, pp.147-51；「歴史的建築の形態へ様式的にことあるごとに戻ることは、イタリアの伝統の精神、継続して革新的である精神を否定すること、イタリアの建築家たちにとって始めから受け取ることが決まっている矛盾を超えるものであり、われわれの前衛的な政治に対して芸術的に等価なものを創造することなのであろう」。

＊46 以下を参照のこと。R.BONELLI, *Moretti*, Roma 1975, p.9. 以下も参照のこと。A.VALENTINI, *Luigi Moretti architetto: vitalismo e solitudine*, tesi di laurea, Venezia 1986.

＊47 以下の前掲書を参照のこと。GRUPPO 7, *Architettura (I)*.

＊48 A.SARTORIS, *La casa liberata*, in «La Casa bella», III, n.26, febbraio 1930, p.9.

＊49 (E.PERSICO), *Un progetto di villa dell'architetto Sartoris*. 上記の前掲書。サルトリスのヴィッラについては以下を参照のこと。*36 progetti di ville di architetti italiani*, a cura dell'Esposizione Triennale Internazionale delle Arti Decorative Industriali Moderne alla Villa Reale di Monza, Milano-Roma 1930, pp.235-41.

＊50 *Classicità di ambienti moderni*, in «La Casa bella», IV, n.40, aprile 1931, p.22

＊51 G.PAGANO, *Un palazzo per concerti a Helsingborg*, in «Casabella», VI, n.63, pp.6-9.

＊52 手紙の文章は次のように続く、「いくつかのモンタージュ写真は、特に、他のものがギリシャの雰囲気を示すなかで、無理にでもローマの〝雰囲気〟を思わせなければならないかのように私には思えます。」この一九三四年九月八日の手紙は、以下の前掲書に再録されている。BISCOSSA, *La rivista «Quadrante»*.

＊53 C.BELLI, *Atto di fede*, in «Quadrante», n.16-17, agosto-settembre 1934, pp9-10.

VIII 展覧会のための建築——一九三三年と一九三六年のトリエンナーレ

1 ノヴェチェントと合理主義の遅まきの出会い

一九二〇年代後半から三〇年代初頭にかけて、若手建築家たちの研究は「合理的住宅」というテーマに凝集されていた。そしてモンツァのビエンナーレやミラーノのトリエンナーレでは実験の場が提供されていた。最初は一九三〇年の第四回トリエンナーレに際して建設されたグルッポ7《セッテ》とボットーニの設計による〈電化住宅〉〔第V章二節図52参照〕を頂点に、次いで居住展で実現された住宅、これらは一九三三年の第五回トリエンナーレの際にパラッツォ・デルアルテ公園[図73]に建てられたもので、大半は新世代の建築家たちによってさまざまなヴィッラや住宅が設計された。

このトリエンナーレにおいて、そのタイトルのなかに初めて「および近代建築の」という語[*1]が加えられ、ここでピーカがポンティの建築を定義づけることになる。[*2]そしてこれに先立つ数年間のイタリアの芸術と建築の二つの極である「ノヴェチェント」と「合理主義」が相見える。ピーカは、こうした二重性の存在を「造形芸術のノヴェチェント、建築における合理主義」と明確化する。一方はシローニで、もう一方のポンティは、「合理主義者」ではないにせよ、それでも新しい体験にはオープンな姿勢を持っている。[*3]

ひとつの事実として、ムツィオの新しいパラッツォ・デルアルテの壁という壁が全て覆われてしまうという作業が行われる。つまり壁画や浮彫り、モザイクといったそのほとんどがノヴェチェント展で展示されたもの、ボッラ、カンピーリ、カゾラーティ、デ・キリコ、デ・グラーダ、デペーロ、フーニ、アルトゥーロ・マルティーニ、モレッリ、プランポリーニ、プラテッリ、サリエッティ、シローニ、ソブレーロ、ジジョッティ・ザニーニらの手になるものである。[図74] 同じように、もうひとつの事実としては、このトリエンナーレへの出品者のなかに、一九三〇年の第二回合理的建築展に参加していた者たち――アロイージォ、バルデッサーリ、ボットーニ、チェレギーニ、クッツィ、デッルアックァ、ファルーディ、フィジーニ、グリッフィーニ[図75]、レーヴィ・モンタルチーニ、リンジェーリ、パガーノ、ピッチナート、ポッリーニ、ソットサス、テッラーニ、ヴィエッティ――と、より若い他の「合理主義者たち」（アルビーニ、BBPRグループ、カムス、ダネリ、

［図73］第五回ミラーノ・トリエンナーレ装飾芸術と近代産業芸術および近代建築国際展、1933年。ミラーノ公園の建物：写真中央左、L.・カルロ・ダネリとルイジ・ヴィエッティほか、〈鉄骨造による標準住宅〉；右、ジュゼッペ・パガーノ、フランコ・アルビーニ、レナート・カムス、ジャン・カルロ・パランティ、ジュセッペ・マッツォレーニ、ジュリオ・ミノレッティ、〈鉄骨造の住宅〉；右下、ジュセッペ・テッラーニ、ピエトロ・リンジェーリ、ガブリエーレ・ジゥッサーニ、ジョヴァンニ・マンテーロ、マリオ・チェレギーニ、オスカル・オルテッリ、アドルフォ・デッルアックア、カルロ・ポンチ、〈芸術家のための湖畔住宅〉（写真、Archivio Triennale, Milano）

G・パランティ）らの名前が見られる。しかしながら、ひとつの展示会にこれだけの参加者たちが集まるという事実を持ってしても、必ずしも幸先が良いというわけではない。芸術の補完、これはシローニからも表明されたイデアであるが、一九三三年末の『壁画に対するマニフェスト』[*4]やその後の一九三四年の『ノヴェチェントのマニフェスト』[*5]では、それが形骸化してしまうことになる。

ピーカが示した熱狂は理解できるものではあるとしても、それを超えたところで、この「造形芸術におけるノヴェチェント、建築における合理主義」という二重性は不成功に至る徴候でもある。芸術と建築は相互の自立を維持したまま、二つの異なる立場として対比される。建築と絵画は出会う方向を向いてはいない。

［図74］第五回ミラーノ・トリエンナーレ装飾芸術と近代産業芸術および近代建築国際展、1933年。ジョヴァンニ・ムツィオ、パラッツォ・デルアルテの大階段、フレスコ画はアルベルト・サリエッティとエソド・プラテッリ（写真、Archivio Triennale, Milano）

［図75］エンリコ・A・グリッフィーニ、〈病理学研究所〉、ミラーノ大学、1932-33年

さらにこのことは既に、展示空間を分けることとそのものにおいて暗に見えていた。ムツィオの建物[図76]にはノヴェチェントの芸術家たちが入れられている。建物としてはノヴェチェントに最も近いことが明らかであるという点から、実際にはその総体において存在するためには芸術家たちの介入は必要とされていない容れ物なのである。シローニや、デ・キリコ、フーニ、その他のすべての者たちによって描かれたフレスコ画の撤去はトリエンナーレ閉幕の数カ月後に実施され、それに対する芸術家たちの間での反動や抗議が引き起こされることもない。そしてパラッツォ・デルアルテはそれ自身の生を生き続けるのである。この二つの傾向が出会うことがなかったのは、おそらくもはやどちらも存在しなくなっているからなのであろう。

このことは一方では、ペルシコが支持しているものであり、それは既に見てきた彼の記事「合理主義は死んだ」にみられ、これはまさにこのトリエンナーレの際に書かれたものである。そしてもう一方では、同じ一九三三年にムッソリーニがノヴェチェントとシローニについて表明をするのであるが、それをウーゴ・オイエッティが彼の『手帳』に、とてもお世辞とはいえない判断として再録している。

そしてノヴェチェント、ノヴェチェント。このおそろしい姿、巨大な手と巨大な足、どこを向いているかわからない目をもった姿は、滑稽で良識から外れたもの、伝統から外れたもの、そしてイタリア芸術から外れてしまっているものである。もうそんなことは止めようではないか、もう一度言う、止める時が来たのである。そしてマリオ・シローニは馬鹿者だ。やつの『ポポロ・ディイタリア』の記事、「もう沢山」は愚かだ。それこそもうたくさん、全くもってたくさんだ。[*6]

［図76］第五回ミラーノ・トリエンナーレ装飾芸術と近代産業芸術および近代建築国際展、1933年。ジョヴァンニ・ムツィオ、パラッツォ・デルアルテの背面ファサード、連続するアーチはマリオ・シローニのプロジェクト（写真、Archivio Triennale, Milano）

ムッソリーニはここで、ヴェネツィア・ビエンナーレの周りで主張されてきている傾向に言及する。この展覧会はトリエンナーレのように広汎な大衆の支持を得ているものである。彼の批評は乱暴なもの言いではあるけれども、この大衆に注意を払って表現されている。大衆は明らかによりわかりやすく調和のとれたイメージの提供を欲しているのである。

もちろん、建築家たちも彼らの住宅の提案のなかでは、必ずしも統帥の提起する現実主義的な要求に適合させようとしているわけではないようである。〈飛行士の住宅（スコッチマッロ、P・ザニーニ、ミダーナによるもの）〉、〈新婚者の土曜日の住宅（ポルタルッピとBBPR）〉、〈研究者のための田園住宅（ルイジ・モレッティとパニコーニ、ペディコーニ）〉、または〈芸術家のための湖畔住宅（テッラーニ他）〉、〈芸術家のためのスタジオのある別荘（フィジーニとポッリーニ）〉、〈植民地住宅（ピッチナート）〉、これらは裕福で、洗練された下流ブルジョアにより適したものであって庶民階級のためのものではない。

実際には、パガーノとダネリによる〈鉄骨造の住宅〉やグリッフィーニとボットーニによる〈庶民住宅の要素の集合体〉などが、確たる生産的な意味において住宅のテーマに唯一取り組んでいるものである。その一方でテッラーニの住宅やフィジーニとポッリーニのものは、構成的に洗練されたスタディを施され、抽象性を表現するものであり、こうした抽象性は、それによってファシズムが大衆を巻き込みたいと望んでいるような内容物を明確に与えられるものではなかった。

パガーノは、そして彼とともにペルシコは、同時代の友人たちの頑迷な論争という暗礁に捉えられてしまったところから、建築を助け出すことの必要性を意識している。同様に、ノヴェチェントが意図していた「永遠の」価値を深化させることの不可能性、そして歴史的な時間に対する「同時代の」建築の主張として、それでもノヴェチェントが表現しようとしていたことの不可能性も認識している。あらゆる抽象性に抗して、つまりそれ自身に様式への回帰という危険性、そして同様に伝統への回帰という危険性を内包し、そして抽象的な構造の形式主義への回帰という危険を持つものに対して、パガーノとペルシコはそれぞれ異なる脱出口を探り出している。直接的な内容を持つ建築、これは近代性の価値を普及させることへの意識を語るものであり、そして隠喩としての内容を持つ建築、これは精神について語るもの。どちらの場合にも、建築は集合的な慣習を称揚するだけに留まるわけではない。

パガーノが監修したイタリア航空展は、同じくパラッツォ・デルアルテで一九三四年の六月から一〇月にかけて開かれ、まさにイタリア航空界を賞賛するテーマが「手堅い」手法で取り扱われる。ムツィオの展示館は純粋な容れ物としての責務を負い、ファサードは（パガーノの言葉によれば[*7]）「アカデミックな図式の外見のなかに（閉じ込められた）構成」の表現であり、ファシズム革命展の際にナツィオナーレ通りの博覧館でリベラとデ・レンツィが行ったものと同じように、ヴォリュームによって被覆される。内部では、入口の壁、アトリウムの壁、そして大階段のある中央の空間の壁に、垂直方向に襞をつけた青い織物が張られ、直接的に空の広がりと結びつけられる。

この展覧会への参加要請は、実質的に全てのミラーノの近代建築家たちに送られ、例外はテッラーニだけである。そして参加した芸術家は、一九三二年のファシズム革命展で卓越していたシローニ、ニッツォーリ、プラテッリたちである。[*8]すべての招待作家たちは、刺激的な径路に沿ったさまざまな展示室に内装を施しており、この径路は基礎となるいくつかのエピソードによって句点が示されている。〈イカロスの展示室〉と〈一〇周年の十字の展示室〉は、どちらもパガーノによるもの、〈金メダルの展示室〉はニッツォーリとペルシコによるもの。これらの空間の「ファンタスティックな」パガーノ、一九四二年にポンティはこのように定義するのだが、[*9]パガーノは故意に党派的で、空間を「自然なままに」して流れと方向性に任せ、観覧者が情感的にイヴェントと、そしてファシズムに巻き込まれることによって参加する感覚をつくり出そうとする。これに対照的なのが、ペルシコの「公平さ」で〈金メダルの展示室〉の展示構造は、直角に配置され宙吊りにされたような壁によって等方性を与えられた空間が光の満ちているなかに広がる。展覧会に合わせた公式な出版物にはペルシコ自身によって編纂された文章が、さまざまな展示室に対するコメントとして付されているのだが、この空間については、「柱間によって分けられている」[*10]ものと解説されている。

パガーノとペルシコの建築を志向する二つの手法は共生することが可能であり、実際に、雑誌の『カーサベッラ』では現実のものとなっており、まさに「近代」に関する妥協の議論が戦わされている。この妥協をパガーノは、ピアチェンティーニやシローニ、ポンティ、そして彼の旧くからの合理主義者の友人たちの幾人かとともに、そしてBBPRからアルビーニ、カムス、G・パランティといったより若い者たちとともに実現しようとする。この妥協は一九三六年の第六回トリエンナーレの際に最も意義深い点に達することになる。

2 一九三三年から一九三六年のイタリア建築総評

第六回トリエンナーレはミラーノで一九三六年の五月にオープンする。つまりイタリアが帝国となったそのときである。エドアルド・ペルシコは五カ月前に逝去し、パガーノはトリエンナーレの監修から五カ月前に身を引いている。これと軌を一にして、マリオ・シローニとカルロ・アルベルト・フェリーチェが一九三四年からこの展覧会組織のために働いている。それでもこのときの展覧会はペルシコとパガーノのトリエンナーレといわれている。[11] 実際には彼らの存在がそれほど特徴づけられるものとなっているわけではない。しかしそう言われるのは、彼らが、そして特にパガーノが、組織の本質的な部分であることと、特に彼らの手がけた内装が、他の展示から独立した形で見分けられるふたつの異なったトリエンナーレを形象化しているからである。つまりは、ペルシコの展示とパガーノの展示というわけである。彼らのプロジェクトは実際に興味を切り分けてより強調することを常に明確化している。しかしそれでいながら、より簡潔であり、道徳性や様式、政治や文化活動のテーマに対するイデアの違いを対比させることを意味するわけではない。

しかし、まさにこのトリエンナーレ——この時点で最も評判をとった展覧会となり、「近代性」のイデアの主張という点において最高の位置を占める（少なくともパガーノの語義によればではあるが、そのパガーノ自身もピアチェンティーニによって、ピッチナート、ルイジ・ヴィエッティ、エットレ・ロッシと共にファシズム革命の二〇周年を祝うものと目されているE42の計画を立案するためのメンバーに選ばれている）[12]——の準備において、イデオロギー上の重大な危機、まさにイタリア建築が直面することになる危機への序章が始まるのである。帝国の創立によってムッソリーニがイタリアに対して提示した新しい課題により、建築と政治の結びつき、つまりこの数年に

［図77］アニョルドメニコ・ピーカ、第六回ミラーノ・トリエンナーレ、イタリア建築ギャラリー、1936年

おける議論の基礎となるテーマはその目標を変える。近代国家を表象することから、新しいローマ帝国の形象化へと移行するのである。

　第六回トリエンナーレに先立つ数年間に、『カーサベッラ』のふたりの編集長は、手に手を取って、補足的ながらも重なり合うことのないふたつの目的に向かって仕事をした。パガーノの言う道徳性は、必要条件ではあるものの、ペルシコの意図するものとしての様式に至るには十分ではない。二人の間には、溝が開きつつあり、ここが分岐点というわけではないにせよ、この第六回トリエンナーレ、まさに一九三三年から一九三六年の建築の総評となっているこの場所が、間接的ではあるもののそのことを明確にしてしまうことになる。ひとつにはアニョルドメニコ・ピーカの監修による建築国際展を通してであり、この展示では近代建築の最近の推移を初めて歴史化することが意図される。また、同じくピーカによるイタリア建築のギャラリー[図77]によって示され、こちらの展示ではピーカ自身が『新しいイタリア建築』の本のイントロダクションで述べているように、一九三三年から一九三六年の総評が「寛容さ」の規範《クライテリア》に準じて行われており、次のものへと到達したとする。

委員の方々の同意、人間として、有名であれ、自然のままであれ、傾向や趣向が異なっても、そして共有する信念と同じ熱望の結びつきのなかにあったとしても、彼らの間での同意、少なくとも暫定的なものであれ、同意を最小限共有すること。[*13]

このピーカのイントロダクションは、このギャラリーに伴って起こった論争の後に書かれ、選考委員たちの間で生まれた交流と調停の可能性を活かしたまま維持することを意図したものである。委員には、トリエンナーレの近代建築研究センターの長であるピーカの他に、三人のディレクター、パガーノ、フェリーチェ、シローニ、そして、アルベルト・カルツァ・ビーニ、ジョヴァンニ・ミケルッチ、ジオ・ポンティ、マルチェッロ・ピアチェンティーニがいる。ピアチェンティーニには『新しいイタリア建築』の本の「前書き」の起草が任されている。

ペルシコとパガーノの間に開いた溝は、こうして第六回トリエンナーレによって追認されるかたちとなる調停の建築によって埋められる。再びピーカが説明するところでは、この展覧会は、国家の芸術としての建築に対する論争を超えたところ、社会芸術としての建築のさまざまな解釈を超え、集約的芸術としての建築の曖昧な意味を超えたところへと向かおうとするものであり、それは建築における次のような質を再認識するため、つまり、

作品としての質、物理的なものはもちろんのこと、疑いなく機械的でもある質、しかし——その本質においては——、表現的で抒情的なもの、つまり単に、活き活きとしたもので、今日の零落を超越した現在的な質。[*14]

こうした漠然としたものを保護しようとしながら、イタリア近代建築ギャラリー〈パラッツォ・デルアルテの隣にパガーノの設計で建てられた新しいパヴィリオンで開かれた建築展のなかで展示された〉[図78]は、ピアチェンティーニの政治的な代表作、たとえ建築的代表作とはいえないものながらも、つまりローマの〈大学都市〉に始まり、

［図78］アニョルドメニコ・ピーカ、第六回ミラーノ・トリエンナーレ、イタリア建築ギャラリー、1936年

［図79］フランチェスコ・マンスッティとジーノ・ミオッツォ、〈バリッラ全国施策本部〉、ベッルーノ、1933-34年

［図80］マリオ・チェレギーニ、〈バリッラ全国施策県本部〉、ミラーノ、1935-36年

フィレンツェ駅とサバウディアで終わる。これらの重要なエピソードの間には、この三年間のイタリアの流行の生産物が集められ、それによって建築の近代言語が普及しはじめてきていることを示そうとする。こうしてファシズムの組織の新しい施設、新しいサーヴィス、新しい公共建築などが人目を引く。ドーポラヴォーロ〔余暇施設〕からバリッラ〔青少年施設〕[図79〜82]や、カーサ・デル・ファッショ〔全国ファシスト党地方支部〕[図83]が続く。同様の手法によって作品紹介がなされており、そこには地理上の地域ごとやグループごとに集めることで統一的なパノラマを示そうという意図が明らかである。それは「地方の様式」を超えるものとして、地域や伝統によって多様性はありながらも、ある「全国的」で「近代的」な精神を表明するためなのである。[図84〜87]

　パガーノの信念——ピアチェンティーニとの調停は、近代建築が普及し流行していることを主張する点で可能になっている——は、イタリア建築ギャラリーにおいて明確に立ち上がっ

［図81］エンリコ・デル・デッビオ、〈バリッラ母の会本部〉のためのプロジェクト、ローマ、1933年（写真、Archivio Del Debbio）

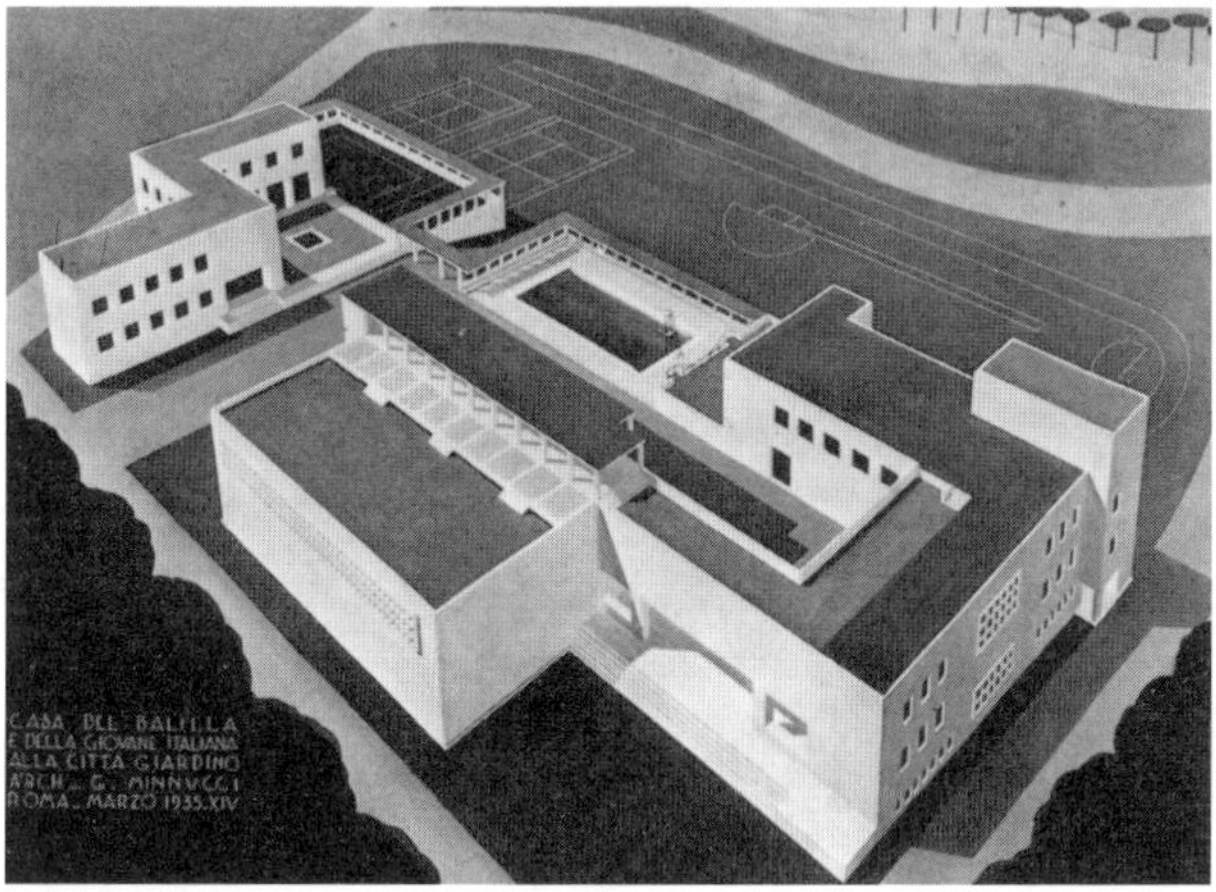

［図82］ガエターノ・ミンヌッチ、〈バリッラとジョーヴァネ・イタリアーナ本部〉のプロジェクト、モンテ・サクロ（ローマ）、1935-37年

［図84］INA技術局（エウジェニオ・ミオッツィのプロジェクトに基づく、アルベルト・マグリーニ監修）、ピアッツァーレ・ローマの〈駐車場〉、ヴェネツィア、1933-34年

［図83］オットリーノ・アロイージオ、〈カーサ・デル・ファッショ〉、アスティ、1934-35年

［図87］ルイジ・ピッチナート、ニコテラ通りの〈アパートメント＝スタジオ〉、ローマ、1937-38年

［図85］フランコ・アルビーニ、〈INAパヴィリオン〉、ミラノ見本市、1935年

［図88］ルチアーノ・バルデッサーリとジョヴァンニ・ポンティ、〈チーマ工場〉、ミラーノ、1933-36年

［図86］ジュゼッペ・ヴァッカロ、〈AGIPの夏の休暇地〉、チェゼナティコ、1936-37年（写真、Archivio Agip, Roma）

［図89］エミリオ・ランチァとジオ・ポンティ、ヴェネツィア門稜堡の〈カーサ・ラシーニ〉、ミラーノ、1933-34年（写真、Monti, Milano）

てくる。ただし、この展覧会がイタリア「近代」建築の広がりつつあるイメージを提供し、そして統一されたプレゼンテーションを通して相応し比較しやすいように整えられたいくつかの言語《ヴォキャブラリー》によって表現されているとはいえ、また別のとても意義深い様相、つまりこの同じ年代を特徴づける都市からみた建築を考慮に入れることまではできていない。

　実際に、このギャラリーから閉め出されてしまっているものこそが本当の面、つまり報告書に登場している同じ建築家たちの作品の中で都市が引き受けているもの、中心地区の取り壊しと再建の結果として現れてきている面なのである。ポンティは、ギャラリーに〈チーマ社の基幹施設〉[図88]を出展している。これは一九三三年にルチアーノ・バルデッサーリと協働で設計したものであるが、ポルタ・ヴェネツィアの〈カーサ・ラシーニ〉[図89]やエミリオ・ランチァと協働した一九三三〜三四年に建てられた〈塔〉は出していない。ピエロ・ポルタルッピは、一九三四年のミラーノ見本市の〈ＲＡＳのパヴィリオン〉を出しているが、一九三三〜三六年のミラーノの〈ＩＮＡのオフィス〉は出していない。ピアチェンティーニは〈大学都市〉を展示しているが、一九三六年に竣工したローマの〈全国労働銀行本社〉は出していない。加えて全般に、このギャラリーにおいては、流行の言語である「リットリオ様式」をまさに手がけている専門家たちが全く見えてこない。これはいまや、

［図91］マルチェッロ・ピアチェンティーニほか、バルベリーニ通りとビッソラーティ通りの再開発、ローマ、1931-43年（写真、E. Monti, Roma）

［図90］エミリオ・ランチァとラッファエーレ・メレンディ、サン・バビラ広場の〈トーロ保険会社ビルヂング〉、ミラーノ、1935-39年（写真、Monti, Milano）

［図93］マルチェッロ・ピアチェンティーニ、ローマ通りの全国ファシズム社会保障協会の街区ブロック、トリーノ、1936年〜（写真、Chomon-Perino, Torino）

［図92］アンニバーレ・リゴッティとイラリオ・ソルマーノ、ローマ通りの聖ヴィンチェンツォ街区ブロック、トリーノ、1934年〜（写真、Chomon-Perino, Torino）

［図94］ジオ・ポンティ、アントニオ・フォルナローリ、エウジェニオ・ソンチーニ、トゥラーティ通りの〈モンテカティーニ事務所ビルヂング〉、ミラーノ、1936-38年（写真、Monti, Milano）

ミラーノのサン・バビラ図90やローマのビッソラーティ通り図91、トリーノのローマ通り図92・93、パドヴァのインスッレツィオーネ広場、他にはペスカーラやバーリ、ポテンツァの中心地区、そして他のイタリアの一〇にものぼる都市を特徴づけているものなのである。図94

「パガーノのトリエンナーレ」は、調停のなかにはありながらも、意図的に党派的なものである。公園のなかのパヴィリオンには、国際的な調査報告やギャラリーの他にも、他の建築展が行われており、そのなかでも展示の新規性と表現の意味深さによって二つの展覧会が目立っている。地方建築に関する展覧会、これはパガーノ自身とグァルニエロ・ダニエルの監修によるもの、そして居住展、こちらはアルビーニ、カムス、クラウゼッティ、ガルデッラ、マッツォレーニ、ミノレッティ、ムッキ、G・パランティ、ロマーノに任されたもので、そこにボットーニ、ドーディ、プッチ（「居住地区の区画」）、BBPR、ビアンケッティ・グループ、パスクァーリ、ペアが並べられる。[*15] この後者の展覧会には、国際建築展のなかで、これもボットーニ、ナトリ、プッチの監修による都市計画の国際部門や、パガーノがフレッテとの協働によってまとめた建設システムと建物の素材展を結びつけなければならない。居住のテーマは、住宅の美学的な問題として取り組まれてきたが、いまや、技術的、社会的、経済的、衛生、都市計画的な問題へと向かう変化もみせている。[*16] このことについては、一九三〇年代後半の都市計画に触れるなかで見ていくことにしたい。

3 ペルシコの古典主義とパガーノの民衆主義

イタリア建築ギャラリーで実現された「近代」に対する妥協は論議を呼んだ。最初は第六回トリエンナーレのなかで、ペルシコとパガーノがそれぞれ別々に取り仕切った展示構成によって主張されたものであり、それらが理想的な形で対峙するはずであった。一方は〈勝利の展示室〉[図95]で、パラッツォ・デルアルテの二階にあり、ペルシコがニッツォーリ、G・パランティ、ルーチォ・フォンタナ[1]と協働して考案したものである。もうひとつは地中海の地方建築展[図96]であり、パガーノとダニエルの監修で、後に『イタリアの地方建築』とい

1　画家、一八九九―一九六八、ロサリオ（アルゼンチン）生まれ。戦前はミラーノのミリオーネ画廊を中心に活動。アルゼンチンとイタリアを行き来し、戦後になって「空間主義」を宣言。

［図95］マルチェッロ・ニッツォーリ、ジャンカルロ・パランティ、エドアルド・ペルシコ（ルーチォ・フォンタナと協働）、〈勝利の展示室〉、第六回ミラーノ・トリエンナーレ、1936年

う本にまとめられる。[*17]

〈勝利の展示室〉では、ペルシコと協働者たちは「古典精神」のテーマを形式的に高いレヴェルで翻案する。『カーサベッラ』の共同編集者の立場で古代ローマ彫刻の写真の特集号として既にまとめていたものを持ち込んだもので、[*18] この部屋では、勝利の女神《ニケ》像を平和のもたらされたヨーロッパのシンボルとして讃え、[*19] ペルシコは次のように言う。古典は特殊な政治的＝社会的構造の専有物ではなく、芸術と建設の均衡への到達を鼓吹する文化の象徴なのであり、「様式的な関係性における同意」を通して表現された芸術そして社会に信頼を置くという行為を伴うものである。[*20]

建築は神秘的な空間となるが、神話的というわけではなく、閉じられて非現実的であり、それが対照されるものとそちらへ変わりつつあるものとが均衡された精神の世界となる。展示室の外部と内部は、もはや単なる壁で仕切られているのではない。今や、相互にずらされた二列の密なパネルの列、それと等価な垂直な虚の空間の列とによって実現されているニュートラルな壁で仕切られているのである。この明暗の遊びは、ペルシコによれば、[*21] 近代建築の固有性である実践的な瞬間と美学的な瞬間とを統合するもの、精神において、抽象的な分割と再構成を再びもたらす遊びであり、それは穴の開いた壁とパネルによるもので、一九三四年のイタリア航空展の際のペルシコとニッツォーリによって実現された〈金メダルの展示室〉の空間を再構成したものである。その空間は、ペルシコ自身により「柱間によって分節された」ものとしてイメージされていることを思い起こしておきたい。これに加えて、賞賛するというテーマから要請されるモニュメンタルな性質があり、「列柱の古典的原理が新しい様相のうちに再び称揚され、同様の実践的な方策は、作品の内側の構造に沿ったもので、エントランスの復奏性に示される」[*22]とする。

この「神殿」の外部と内部との間の壁は、したがって、浸透されるべきものであり、分け隔てながらも現実感を排除せず、同時に、芸術の神秘的な世界に沈潜することも辞さないものである。そしてこの神秘的世界を抱え込んでいるものが建築なのであり、そこではアテナ神がニケとして賛仰され、この勝利の女神《ニケ》は「兵士たち」を守護し手助けするだけでなく、平和に参与するのである。これこそがアテネ文化の黄金時代のアテナ神であり、ルーチォ・フォンタナが彫刻で形象化したもの、叡智の広大さと深甚さに由来する「純粋なる処女」、純粋芸術の守護者、そして手仕事の守護者であり、国家を保全する守護神、都市の女神なのである。

パラッツォ・デルアルテの栄誉の大展示室が[2]、ペルシコによって新しい建築と都市へと浸透すべき「様式」を賛美する意図において改装されている一方で、公園にある新しいパビリオンの中では、パガーノとダニエルの展示が開かれている。対極にあるものではなく、ある意味では〈勝利の展示室〉を補完するものとして、地方の住宅に関する展示は、パガーノが興味を持つ建築と伝統の他の側面を賞賛する。それは機能性の美学的価値と道徳的価値に対する賞賛である。こうしてペルシコが彼の展示室の様式を「新しい建築のより高められた概念」から着想し、そしてヨーロッパの新しい「ルネサンス」へと鼓吹しようという名のもとに「伝統の古典的な香り」を正当化しているように[*23]、パガーノは「アカデミーの失墜」に対して、「(……)建築の

2　美術館の室名としては「栄誉の大展示室」であるが、今回の展示ではその場所を〈勝利の展示室〉という作品に改装している。

［図96］ジュゼッペ・パガーノとグアルニエロ・ダニエル、地方建築展のギャラリー、第六回ミラーノ・トリエンナーレ、1936年

真正で原生の伝統、明快で論理的、真直ぐで道徳的かつ形式としても現代的なものにとても近い趣向」の提供を意図する。[24] 建築の諸要素は無名なものであるべきで、集約的で完全になり得るものでなければならない。これは地方のモデルと同じように古典のモデルの中にも暗に示されていることである。

パガーノとダニエルは展示を分節する。パガーノが撮影した写真のイメージ(図97)[25]、藁小屋から大家屋、ロッジアから外部階段、暖炉から木製の梯子段といったイタリアの地方建築「やその部分」を、一定の「種別」に個別化できるように形態のタイプで細区分する。エンツォ・カルリが、パガーノとダニエルの本の書評で記したように、種類に分化すること自体が批評の新しい手法となり、特化された責任ある職能に不可欠な「レパートリー」形成の基礎となる。[26] 既に、地方建築展開催の一年以上前に、パガーノは「身近な《マイナー》」建築に対して職業的に責任を持つことの重要性について書いていた。そこでの主題は、費用の尊重、余剰の廃止、道徳的でなければならないこと。パガーノは次のように書いている。建築というものは、

全国的なものであればある程、民衆に近づくことになるだろう。庶民に近づくということは、素朴な明快さを意味し、公的資金の注意深い運営管理、模範的な簡潔さを意味する。謙虚であることの勇気を持つような建築家たちこそが、まさに我々の時代のイタリア人であろう。[27]

［図97］ジュゼッペ・パガーノ撮影、サルデーニャ、1936年頃

こうした特質を持つ建築が、ポンティニアの建設において、パガーノによって祝福されることになる。リットリアとサバウディアに続く、ポンティーノ湿地の三つ目の都市である。パガーノは次のように付け加える。新しい自治体の「道徳的、社会的、経済的雰囲気」は「謙虚さに対する誇り」にも合致し、そして「田園の大気」の所産であり、イタリアの郊外《ボルゴ》の「都市計画的で素朴な巧妙さ」を受け継いでいる。[28] ポンティニアの計画は、戦闘的国家政策事業本部を通して編纂されたものであるが、[29]「推定に基づく創造性の貧困さ」、「舞台装置的なつまらなさ」によって、そして「何が何でも独自性を持つこと」の追求によって批判される。このなかで重要なことは、「建設者は注意深く勤勉で謙虚なもの」となるに至ったことである。

　パガーノの「民衆主義」は、ジョベルティ的記憶に由来する選ばれたものによる社会を補完するものであることが明らかになる。そしてその記憶は再考が加えられ進化をしているとしても、ペルシコのその短い生涯につき従っているものなのである。既に触れたことでもあるがペルシコは、古・典のなかに含まれている精神世界とファシズムとは相容れないものであると考えており、だからこそ前者をファシズムから解放することが必要となるのである。そしてパガーノは、古典主義者のモニュメンタリズムによって象徴化されてしまったという堕落に抗して、地方の世界の倫理的な内容をファシズムの中に再導入したいと考えている。

　実際には、このどちらも受け入れられることはなかった。古典主義は一層ファシズム的なものとして固有化されていき、地方の世界は、反ファシズム文化と第二次世界大戦後の「民衆主義」の資産となっていくのである。

［原註］

＊1 タイトルの全文は、「第五回ミラーノ・トリエンナーレ、装飾芸術と近代産業芸術および近代建築の国際展覧会」*V Triennale di Milano. Esposizione Internazionale delle Arti decorative e industriali moderne e dell'Architettura moderna.*

＊2 以下の前掲書を参照のこと。PICA, *Storia della Triennale*, p.37.

＊3 同書、p.31.

＊4 以下を参照のこと。M.CAMPIGLI, C.CARRÀ, A.FUNI, M.SIRONI, *Manifesto della pittura murale*, in «La Colonna», dicembre 1933 ; 近著では以下に所収。M.SIRONI, *Scritti editi e inediti*, a cura di E.Camesasca, Milano 1980, pp.155-57.

＊5 このマニフェストは以下に掲載。«L'Ambrosiano», 26 luglio 1934 ; 近著では前掲書所収。PATETTA, *L'architettura in Italia*, pp.107-11.

＊6 以下を参照のこと。U.OJETTI, *I taccuini.1914-1943*, Firenze 1954, p.414.

＊7 以下の前掲書を参照のこと。PAGANO, *Tre anni di architettura in Italia.*

＊8 展覧会に参加したものは以下の通り。パガーノ、ペルシコ、フィジーニとポッリーニ、BBPRグループ、フレッテ、アルビーニ、カムス、G・パランティ、パオロ・クラウゼッティ、バルデッサーリ、ファルーディ、ボットーニ。画家と彫刻家は文中で触れた三名の他に、エルベルト・カルボーニ、カルラ・アルビーニ、コスタンティーノ・ニヴォラ、ジョヴァンニ・ピントーリ、ジァチ・モンダイーニ、ディエゴ・サンタンブロージォ、アルトゥーロ・マルティーニ。

＊9 以下を参照のこと。G.P. (GIO PONTI), *Stile di Pagano. Pagano fantastico, Pagano tecnico, Pagano metafisico, Pagano architetto*, in «Stile», III, agosto-settembre-ottobre 1943, n.32-33-34, pp.21-31.

＊10 以下を参照のこと。*Esposizione dell'aeronautica italiana*, catalogo ufficiale, Milano 1934, p.91. 展覧会に関しては以下を参照のこと。C.CUCCHIARA, *L'Esposizione dell'aeronautica italiana. Milano 1934*, tesi di laurea, Venezia 1989.

＊11 以下の前掲書を参照のこと。PICA, *Storia della Triennale*, p.37（「このトリエンナーレは（……）パガーノの展覧会となって

しまった」)。そして以下の前掲書、PANSERA, *Storia e cronaca della Triennale*, p.282（「第六回は〝道徳的に〟パガーノとペルシコのトリエンナーレであった」)。

＊12 芸術と近代的趣向の表明における展覧会の役割の評価に関し、より一般的なものとしては以下を参照のこと。G.PAGANO, *Parliamo un po' di esposizioni*, in «Costruzioni-Casabella», XIV, marzo-aprile 1941, n.159-160 ; 近著では以下の前掲書、PAGANO, *Architettura e città*, pp.146-52.

＊13 A.PICA, *Nuova architettura italiana*, «Quaderni della Triennale», diretti da G.Pagano, Milano 1936, pp.9-11.

＊14 同書、p.11。

＊15 この展覧会のひとつの総括は以下に示されている。G.PAGANO, *Tecnica dell'abitazione*, «Quaderni della Triennale», Milano 1936.

＊16 トリエンナーレの統括者であるジュリオ・バレッラの書いていることについては、同書の以下を参照のこと。*Prefazione*, p.7.

＊17 G.PAGANO e G.DANIEL, *Architettura rurale italiana*, «Quaderni della Triennale», diretti da G.Pagano, Milano 1936.

＊18 E.PERSICO, *Arte Romana*, supplemento al n.96 della rivista «Domus», dicembre 1935.

＊19 以下の前掲書を参照のこと。PANSERA, *Storia e cronaca della Triennale*, p.299.

＊20 ジュリア・ヴェロネージが喚起しているように、ペルシコにとって、問題はファシズムから古典性を取り去ることである（以下の前掲書を参照のこと。PERSICO, *Tutte le opere*, vol. I, pp.216-17)。

＊21 PERSICO, *Relazione per il concorso del Salone d'Onore*, Milano 1935 ; 近著では以下の前掲書、PERSICO, *Tutte le opere*, vol. II, tavole.

＊22 同書。

＊23 同書。

＊24 PAGANO-DANIEL, *Architettura rurale italiana*, cit., p.6.

＊25 以下を参照のこと。A.LASTELLA, *Architettura rurale*, in *Giuseppe Pagano fotografo*, a cura di C.De Seta, Milano 1979, pp.12-20.

＊26 E.CARLI, *Il «genere» architettura rurale e il funzionalismo*, in «Casabella», IX, novembre 1936, n.107, pp.6-7.

＊27 PAGANO, *Architettura nazionale*. 上記の前掲書に加えて、以下も参照のこと。PAGANO, *Documenti di architettura rurale*, in «Casabella», VIII, novembre 1935, n.95, pp.18-25, e *Architettura rurale in Italia*, ivi, dicembre 1935, n.96, pp.16-23. この後者は近著では以下の前掲書に所収、PAGANO, *Architettura e città*, pp.217-20.

＊28 以下の前掲書を参照のこと。PAGANO, *Architettura nazionale*.

＊29 以下の前掲書を参照のこと。MARIANI, *Fascismo e «città nuove»*, pp.101-4 e 258-61.

IX

都市計画——国家の芸術と社会的計画のあいだ

1「科学」としての都市計画

近代都市は、ミラーノの第六回トリエンナーレで発表された多彩な展示のなかで、居住展、区画整理展、都市計画展などの具体的な形で示されるのだが、それはつまり都市「ミラーノ」のことである。そのことはこれらの展覧会に参加した建築家たち皆が実質的にミラーノで活動をしていたからというだけではなく、むしろこの都市が近代都市計画実現のための条件をつくり出しているように見えるからである。パガーノが一九四〇年に書いているように、庶民住宅のテーマはミラーノの近代建築と密接に結びついている。図98・99

ミラーノでこそ、成功しつつある実験が実際に行われている。ジュセッペ・ゴルラのおかげで、より実践的な研究とプロジェクトが奨励され、彼の主導によって四つの大きな労働者地区が事業化されつつある。それはもはや単に都市網の周縁に支援住宅を供給するという事実に留まるものではなく、真に組

［図98］フランコ・アルビーニ、レナート・カムス、ジャンカルロ・パランティ、「ファビオ・フィルツィ」地区、庶民住宅ファシズム自治協会、ミラーノ、1935-38年

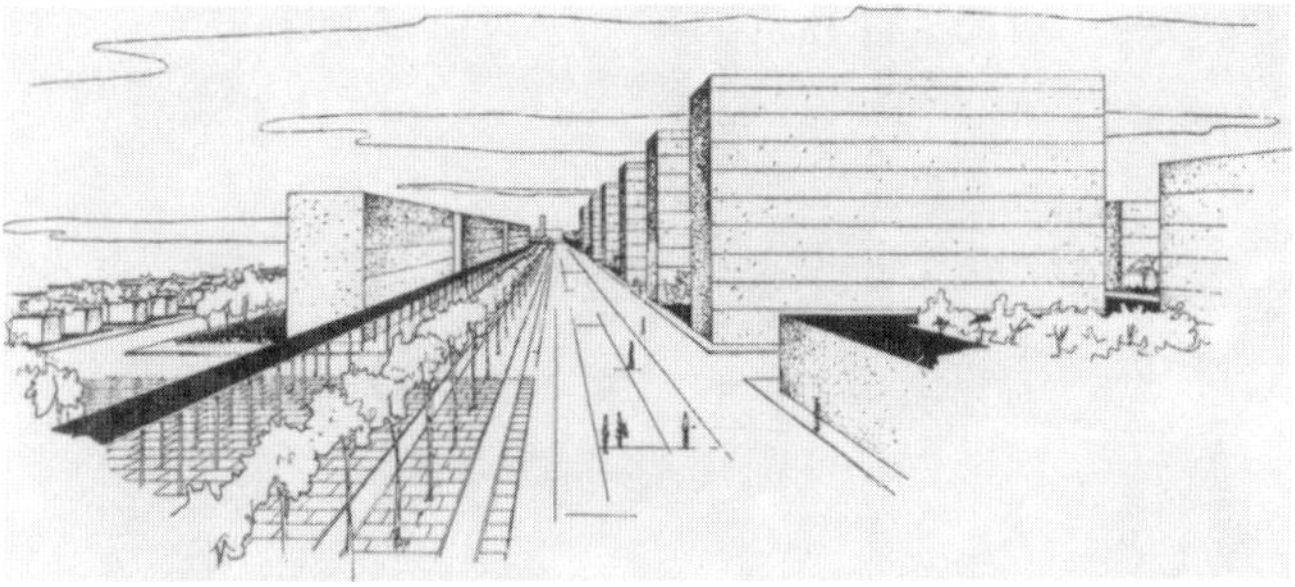

［図99］フランコ・アルビーニ、ピエロ・ボットーニ、レナート・カムス、フランコ・ファッブリ、マウリーツィオ・マッツォッキ、ジュリオ・ミノレッティ、ジャンカルロ・パランティ、マリオ・プッチ、アルド・プテッリ、「コスタンツォ・チアーノ」地区のためのプロジェクト、庶民住宅ファシズム自治協会、ミラーノ、1939-40年

織的で完成された地区となっている。ミラーノでこそ、県の首長であるフランコ・マリノッティの尽力により、産業に対する労働力流入促進のために境界地区において労働者センターが計画されているのである。これらのことは明日の建築における立派な真に偉大な道である。それは都市の一体性の概念であり、建築の現象かつ社会組織の現象として、そしてファシズムが発展させようとする現代世界、この産業と労働者の世界に対して、近代芸術が具体的に貢献しているものとしての概念なのである！[*1]

この四年の間、一九三六年から一九四〇年の間に一連の経験が凝集される。それらは異なるマトリクスに基づいているものでありながら、そこには社会問題に向けられた事業における対立と合意のモメントが見て取れる。

第六回トリエンナーレの居

住展と都市計画展に出展されている都市は、区域のゾーニング化、地区、ブロック状の建物、列状型《スキエラ》の住宅などに基づいている。この背景には一九二〇年代のドイツの都市計画の事例が見て取れる。ただし当初のアイデアは、パガーノがボットーニとマリオ・プッチと協働した居住のテーマに関係づけられた都市計画に関する展覧会のためのもので、一九二七年のシュトゥッツガルトのヴァイセンホーフをモデルに、新しい地区が実現され、建設が進められるはずのものであった。この同じ考え方が、一二年後になって、第八回トリエンナーレの際にボットーニのコーディネートによりQT8《クー・ティー・オット》[1]として実現へと導かれる。

第六回トリエンナーレにおけるこの都市計画展で、ピエロ・ボットーニは次のことを意図する。

曖昧さを解消すること、例えば、都市計画とはある意味ではまったくもって理解できない言葉であったし、他の人たちにとっては、ただ単に「都市の建物」なのである。[*2]

パガーノは、ボットーニがまとめた『トリエンナーレ・ノート』の前書きでその内容を紹介する。この本は都市計画展と都市地区の区画整理展に出展された素材を整理したものである。このなかでパガーノは、都市計画用語の多様な意味と対照的な解釈とを集約し、用語の問題に取り組むことで領域をより明快にしようとする。例えば、合理性、ファシズム都市、近代建築、といった用語であり、都市計画にとっても言葉の意味の上で明確さの必要性、もしくは少なくとも基準となる点を定めることの必要性があることを浮かび上がらせる。パガーノにとって、問題は計画の主導性と責任とを市長《ポデスタ》の非文化的な都市計画から解放するように要求することにある。

単に必要であるというだけではない――とパガーノは主張する――都市計画技師《エンジニア》や芸術家の存在が単に必要であるということなのではなく、彼らが自身の為すべきことのあらゆる社会的責任を知覚しつつ、都市計画というものの広汎な知識を必要とすること、それは技師たちが設計し夢に見て、または要求をするまでのもの、実現されたものや完成されたものまでも含めてのことである。[*3]

最後は都市計画の法規を状況にあわせて更新していくことの定義と「都市規制計画のもっとも美しい部分を非現実的なユートピアにしてしまってはならない」ことへの希求で締めくくられる。[*4]

技師パガーノが「夢見ている」ことは、彼の「ミラーノ・ヴェルデ」〔緑のミラーノ〕のための計画（一九三九年、アルビーニ、ガルデッラ、ミノレッティ、G・パランティ、プレダヴァル、ロマーノと協働）や、「水平都市」（一九三九～四〇年、ディオタッレーヴィ、マレスコッティと協働[図100]）、サルデーニャの「ポルトスクーゾの都市規制計画」（一九四〇年[図101]）にあらわれる。もはや、トリエンナーレでの居住のテーマは、ポンティの『ドムス』からは完全に切り離されてしまう。一九三一年から始められたグリッフィーニの研究[*5]、一九三五年にジュゼッペ・サモナの書いた『庶民住宅』[*6]、ミラーノのサン・シーロ地区の経験をベースとした『庶民住宅の使命と方向性』[*7]つまり『住宅の社会的、建設的、経済的問題』、これは戦中と戦後すぐのディオタッレーヴィとマレスコッティによる二つの著作のタイトル[*8]なのであるが、これらの問題に対処するためのイデアは熟成しはじめている。ポンティ自身も一九四〇年のトリエンナーレだけでなく、一九四一年に彼が新しく創刊した雑誌『スティーレ Stile』〔様式〕誌上で、社会的な用語のもとに住宅問題に取り組んでいる。

1 Quartiere Triennale 8の略。ミラーノ中心市街地北西部外縁の地区。第二次大戦の際の空襲によって生じた瓦礫を利用した人工の山（モンテ・ステッラ）を中心とする都市広域公園などがあり市民に親しまれている。

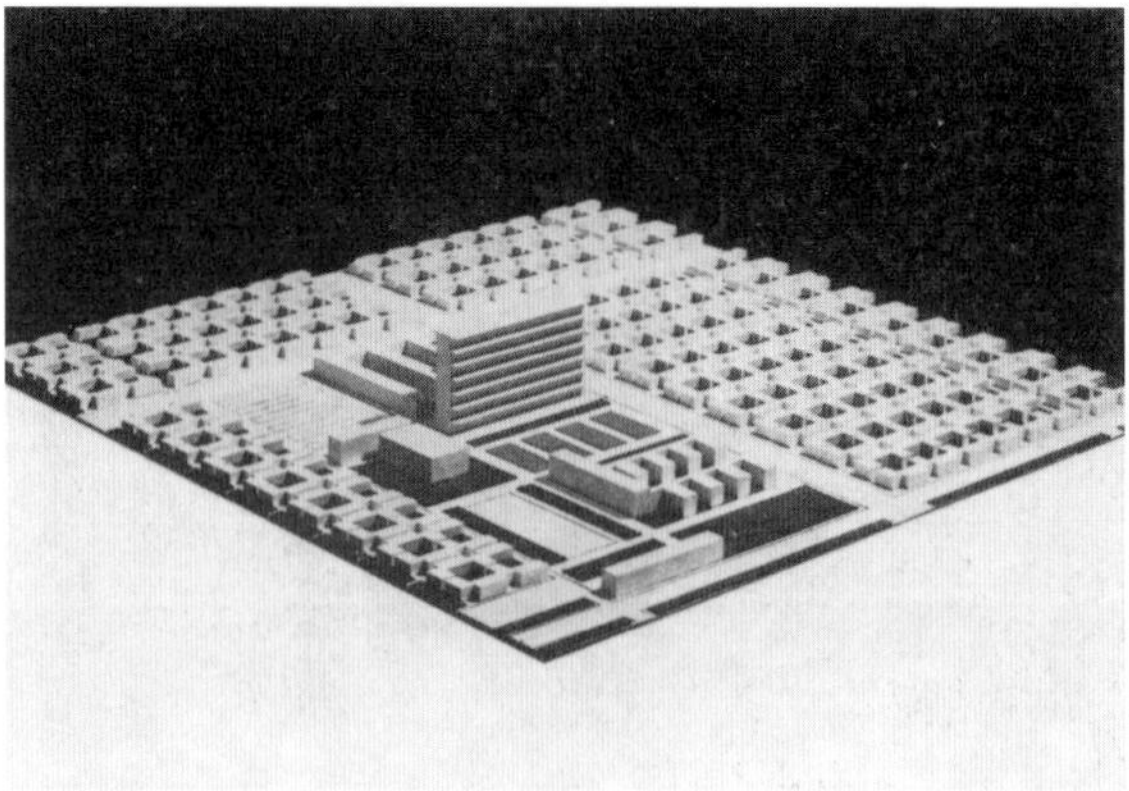

［図100］イレニオ・ディオタッレーヴィ、フランコ・マレスコッティ、ジュゼッペ・パガーノ、水平都市のプロジェクト、ブレラ通りとレニャーノ通り間の地区の模型、ミラーノ、1940年（写真、Giacomelli, Venezia）

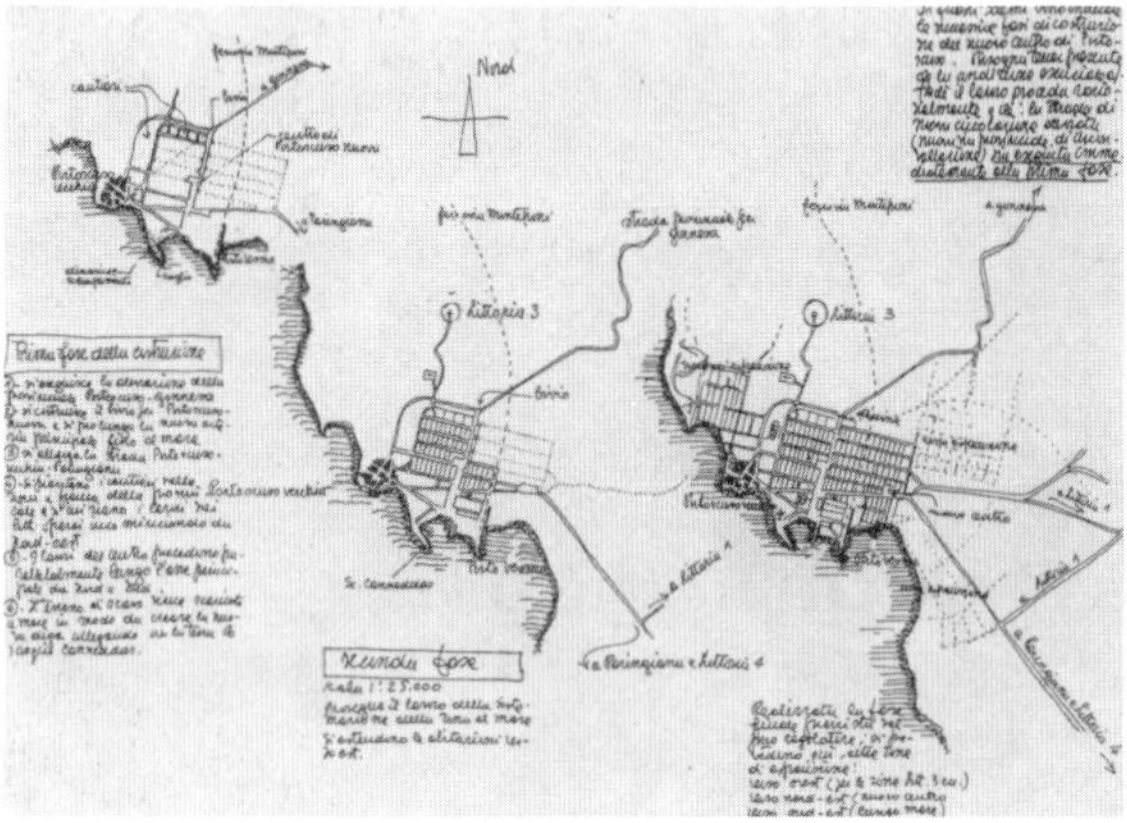

［図101］ジュゼッペ・パガーノ、ポルトスクーゾの都市規制計画のためのプロジェクト、サルデーニャ、1940年

都市計画は、ジョヴァンノーニとピアチェンティーニの最初期の仮説の後、ピッチナートによって刻印された「地方性」への転換に続き、都市と地域の社会的均衡のための「科学」という様相を帯びることへと到る。しかしながら、建築家や都市計画家によって提起される仮説とイタリアの都市と地域の経済的発展の現状との乖離は続いており、そこに、ピッチナートによれば、政治力、つまり行政と技師による力の影響が及ぼされようとしている。[*9] こうした状況のため、一九三四年にムッソリーニによって想起された計画のイメージから取りこぼされてしまったものがある。

いまや「計画《プラン》」の時代である。四カ年のもの、五カ年、一〇年のもの、四〇年の計画。これらの計画は、危機によって、そして旧い偶像の崩落によって打ちのめされた精神の要求に呼応したものである。「計画」は力を抑制する試み、将来を仮説化する試みである。「計画」は現状の発展から気まぐれを排除し、不測の事態を取り除く試みなのであり、[*10]

そして、ボットーニなどの都市計画家によるイメージを利用することなのである。これらのムッソリーニの言説は『トリエンナーレ・ノート』のなかの都市規制計画に関する節へのコメントに用いられる。実際にボットーニはこの言葉のより表層的な面に注目しているため、計画というものがファシズムによって設定された前提に応えるために準備されたものとして立ち現れてくる。そして都市計画家たちには、そこに形態を与え技術的な内容を付与するという課題が与えられる。実際には、ムッソリーニの語るこの計画は、少なくとも地域利用とその管理においては極めて破綻しやすいもので、余りにも未完成なまま、ほとんどコントロールされ得ないことが明らかになる。全国的な都市計画は、まさにこの目的論的な様相に留まったままになっており、それを前述のムッソリーニの言葉が証明し、都市計画家たちによる見通しそのものが裏付けてしまう。

この時点において、都市計画が統計と調査、分析、ダイアグラムに基づいた科学として示され、浮かび上がりつつある社会的矛盾に対する解法を見出そうとするものでありながら、それが空しい試みとして見えてくる。まさにそこが協同体《コルポラツィオーネ》のイデアとして、常に再提案され、大きく開かれた社会間の対立の現実をコントロールしようというものなのであるが、その本質においては一度も施行されたことはない。二つの用語、都市計画と協同体、これらは「協同体都市計画」という提案のなかで既に併列に見られたもので、一九三四年に、ジャン・ルイジ・バンフィ、ルドヴィーコ・ベルジョイオーゾ、ガエターノ・チォッカによって『クアドランテ』誌上で発表されている。これは一九三二～三三年のパヴィアの都市規制計画において既に提起された「協同体都市」の仮説を再提案したもので、彼らと共に、エンリコ・ペレッスッティ、エルネスト・N・ロジャース、エンリコ・アレアーティ、マウリツィオ・マッツォッキが協働している。[*11]「協同体都市計画」は抽象的なスローガンに留まり、均衡を伴った整備のかたちをとれるまでの実行性のある提案として形象化されるまでには成功しなかった。せいぜいが調査や予測、コントロールのための手法を用意する方策を示唆するに過ぎなかったのである。このことが、一九三六年に編纂されたヴァッレ・ダオスタの都市規制計画の結果ともなるだろう。この計画はアドリアーノ・オリヴェッティを調整役として、そのもとでフィジーニ、ポッリーニ、バンフィ、ベルジョィオーゾ、ペレッスッティ、ロジャース、ボットーニによるもので、その配置において、そしてその形態においてとても優美な計画であるが、実施の可能性という点で不明確なものとなる。

2 ヴァッレ・ダオスタの地域計画モデル

一九三六年から一九三七年の時期に、都市計画、都市、そして建築の推移のなかで引き起こされてきた期待——ただし、すぐに幻滅へと変わってしまう——があらわれる。それは三つの特別な出来事としてまとめることができる。ヴァッレ・ダオスタの都市規制計画の編纂、これは一九三六年を通して進められ一九三七年にローマで発表される。そして第一回全国都市計画会議の開催、これは同年の四月五日から七日にローマのパラッツォ・デッラ・サピエンツァで開かれ、先程の規制計画の発表はこの機会のことである。それから一九四一年万国博覧会のローマでの開催決定、これは一九三六年六月に公表されたもので、帝国設立宣言のすぐ後にあたり、ローマ進軍からの二〇周年に時期を合わせた開催年の繰り延べが試みられる。続く一九三七年一月には、パガーノ、ピアチェンティーニ、ピッチナート、エットレ・ロッシ、ルイジ・ヴィエッティによって構成されるその全体計画の設計チームが設立される。

これらの出来事は、それぞれを目立たせるような公的な影響はさまざまではあるものの、あるひとつの到達点を形象化しているようである。それはまるでイタリアが「帝国としての力量」を獲得したかのように思い込んでしまった威信へと向かう熱狂の奔流に付き従うことで、論争と分裂を克服した決着点に至ったこと、そしてそこを基点に将来的に進む道とのバランスを確かめることができるのである。この当時、次に示すような新しい都市のためのプログラム、定礎と竣工が続いていることを確認しておきたい。ポンティニア（一九三五年一二月竣工）、フェルティリア[2]（一九三六年三月定礎）、アルシア[3]（一九三六年四月定礎、竣工は一年後）、アプリリア（一九三六年四月定礎、一九三七年一〇月竣工）、カルボニア[4]（一九三七年六月定礎）、これに続くのがグイドニア[5]（一九三五年四月定礎、一九三八年一〇月竣工）の完成である。こうして件のプログラムの決定的な実現のときが近づいている印象が形づくられつつある。[*12] そして帝国の都市のための計画が企画されつつあることも思い起こしておきたい。そのなかの最初のものはアディス・アベバの計画である。

この時期こそ、パガーノが長い時間を費してきた調停が全般的な目的に到達することによって成功を得たように思える。まさに一九四一～四二年の万国博覧会計画の設計に参画すること、そして個人的な問題の解決、つまり一九三七年のパリ万国博覧会のイタリア館の設計において生じたことなどが解決されるのである。このイタリア館のプロジェクトではピアチェンティーニとパガーノとが直接に協働していた。[*13]

2　Fertilia　サルディニア島北部、サッサリの南西約三〇キロ。
3　Arsia　イストリア半島東部、現在のクロアチア共和国内。
4　Carbonia　サルディニア島南部、カリアリの西約六〇キロ。
5　Guidonia-Montecelio　ローマの北東約二〇キロ。空軍の飛行場ができたことで有名。

［図102］ジャン・ルイジ・バンフィ、エンリコ・ペレッスッティ、エルネスト・ナータン・ロジャース、アオスタの都市規制計画の模型、モンタージュ写真、1936年

また同じように、都市計画がここへきてようやくその綱領、その活動すべき場、政治力との決定的な関係性を見出したかのようでもある。一九三七年の第一回学術会議の際にボッタイは次のように述べる。

都市計画は、それ自身が政治なのです（これは理由のないことではなく、同様に語源学的な研究をすることにより、政治と都市計画がそれぞれポリスとそしてウルブスに由来することに気づくのです。つまりどちらも都市という語から来ており、そして双方とも、都市に規則を求め、そして都市の統治と規範を求めようとするのです）。都市計画を政治の計画の組上にしっかりと載せる必要があるのです。[*14]

そのうえ、ヴァッレ・ダオスタの都市規制計画の発表は、民間企業による確固たる革新性を形象化するもののように思われ、地域計画を担当する政府の事業に対置される。経済不振に喘いでいる地域に投資を行い、「協同体的合理性」と呼ばれる「計画指針」の活動を通した償還の提案がなされる。[*15]

ヴァッレ・ダオスタの都市計画、都市計画会議、Ｅ42のプロジェクトの三つの事象の先進性の中には、それらをつなぐ別の要素を見出すことができる。それぞれの背後には、かつての協同体省大臣であり、一九三五年一月にはローマ総督、一九三六年五月にはアディス・アベバ総督、一九三六年一一月からは全国教育省大臣であるジュゼッペ・ボッタイの姿がある。彼は常に文化的熱情に注意を払い、「ファシズム新世代」の形成に気を配ってきている。

ヴァッレ・ダオスタの都市規制計画は、イヴレアの工場施設のためにアドリアーノ・オリヴェッティによって提起されていた計画の概念を発展させ、「新しい経済における人と社会との間の待ち望まれた和解」[*16]を実現しようとする。計画により、産業構造、経済構造、都市計画に秩序がもたらされ、「以前には自然なものであった調和、個人生活と集団生活との間の調和（……）」への到達が同意される。そして、

この更改は、建築の問題に対して、新しい文明によって与えられるものを理解することからはじめて実現されることになるだろう。それは、社会サーヴィスに取りかかりながら、次第にあらゆる更新の基礎となり得るものである。[*17]

したがって建築は、「人間の要求」に応えるものであり、社会経済的プロジェクトの直接的な物質化となるのである。ヴァッレ・ダオスタ州とカナヴェーゼ[6]の地域環境を合理化することは、都市と田園の間にある伝統的な分裂、産業化された裕福な地区と手工業社会が残されている周辺の貧しい農業地区との分裂、発展した平野地区と停滞した山間地区との分裂を乗り越える試みであることを意味する。様々な地区を均衡させるためには、生産規模のコントロールと新しい工場の社会性を確立することから始めなければならない。このことは社会的プログラム、そして総合的な経済プログラム、交通手段の展開、地域の再整備などを補完す

6　イタリア北西部ピエモンテ州のイヴレアを中心とする地方、ヴァッレ・ダオスタに隣接する。

る部分となる。

ヴァッレ・ダオスタの都市規制計画は、二つの異なる要素、違いはあるものの補い合う要素に基づいている。その要素とは、地域において経済と生活条件を解放するもの、つまり産業と観光である。産業プログラムは、直接対処すべき対象ではないにせよ、都市計画の成果の中心となるものと捉えられている。観光発展への目論見は、この地域の可能性を示す機会を提供する特権的なものであり、そしてそこから経済の再生と住民の社会―文化的な発展へと動き出すものである。提案されている「計画のイデア」は実際には準備段階の作業のみであり、

［図103］ルイジ・フィジーニとジーノ・ポッリーニ、オリヴェッティ社従業員のための列状住宅、イヴレア、1940年（写真、Archivio Olivetti, Ivrea）

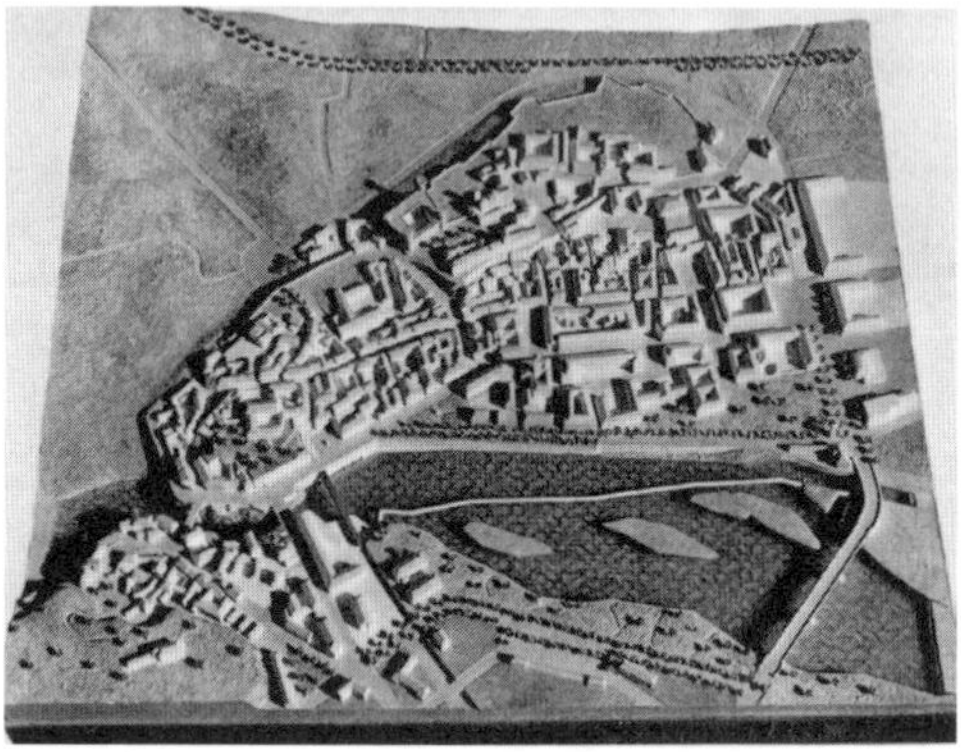
［図104］ルイジ・ピッチナート、イヴレアの都市基本計画の模型、1938-41年（写真、Archivio Olivetti, Ivrea）

［図105］チェーザレ・カッターネオ、ふたつのホテル（短期用と長期滞在用）のプロジェクト、イヴレア、1942年

計画の顕著な特性としては（……）少なくとも最初の時期においては、実現的な権限を全く持つべきものではなかった。問題解決の研究においては、創造的作業と研究作業は全く独立したものとして、可能性の比較検証を通してのみ行われる。それは国からの経済的支援と限られた時間を精神的に克服することの結果として、計画の編纂者に対して示唆されるものである。[*18]

こうした不確定性があることによって、協働のために招聘された建築家の計画介入が形式的なスタディへと翻案されてしまっていることが明らかにされる。

計画の新規性――その時点までは実施されたことがなかった調査、山間部の問題、アオスタ〔ヴァッレ・ダオスタの州都〕の都市部住民の生活条件に関する問題、情報伝達／交通網についての問題に関する調査を伴うもので、こうしたことは全て一九三三年の第四回ＣＩＡＭにおける『アテネ憲章』の起草を思い起こさせる流れに沿って導入される――は、五人の建築家たちによって提起された作業的な草案に対照される。三つのプロジェクトはいくつかの山間地区の観光の再整備を見据えたもので、クールマイユール[7]は、フィジーニとポッリーニ、ブルーユ盆地は、ベルジョィオーゾとボットーニ、ピーラ高地《アルプ》―マッセ駅は、バンフィ、ペレッスッティ、ロジャースによる計画である。四つめのプロジェクトはアオスタの都市規制計画[図102]で、バンフィとベルジョィオーゾ、ロジャースが作業を進める。五つめはイヴレア地区のものでフィジーニとポッリーニによって既に一九三四年にオリヴェッティ工場の拡張と併せてデザインされている[図103~105]。フィジーニとポッリーニはヴァッレ・ダオスタの計画編纂に従事する建築家としても協働しており、アドリアーノ・オリヴェッティは全体統括を担い、そしてレナート・ズヴェテアミッヒがイタロ・ラウロと共に計画の導入部と一般的な

7　Courmayeur　アルプスの最高峰であるモン・ブラン（モンテ・ビアンコ）のイタリア側の麓の町。

部分を準備する。

アオスタの市街地区は、バンフィ、ペレッスッティ、ロジャースによってスタディされた詳細地区の事例により、都市介入のモデルとなる。都市中心地区の住宅の朽ち果てた状態のデータ、そこには写真を伴う調査書類も添付され、都市規制計画によって、建物の除却から補完的な再建までが提案される。保存されるのは歴史的モニュメントだけとなる。これこそが分散化の施策もしくは再構築の仮説に対する回答であり、イタリアの諸都市において実行されつつある第三次産業の再生化プログラムに「合理的に」対処する回答なのである。アオスタにおいては、配置計画としての全体構造は、カルドとデクマヌス、そして古代の市壁によって構築されており、そこに沿って新しい庶民住宅が整備され、傷んでいる建物と取り替えられることになる。こうした布置がその地区に対する投機の無効化のための前提とされる。アオスタは協同体都市の仮想イメージとなることを期待され、「人と社会との和解」となり得る物理的な空間を、経済的組織のそれぞれの社会形態へと適合させることとして了解される。

都市計画は政治を行い、除却は社会的かつ経済的な合理性の行為となる。アドリアーノ・オリヴェッティの考えと建築家たちの行動は、社会性の名において、合理的な選択肢の検証のなかに、そして都市中心市街において金融資本によって導入される作業のなかに、ボッタイのイデアとの連携を見出している。

3 第一回全国都市計画会議

ヴァッレ・ダオスタの都市規制計画は孤高の事例であって、その優れた点を他の事例と比較することがたとえ難しいとしても、第一回全国都市計画会議においては、地域整備に関する論議、発展する都市の社会的かつ経済的問題、都市計画の機能に関する論議のなかで、その時点までに生じてきていた様々な立場が取りまとめられ比較される。会議は重要な出会いの場となったが、本来これらの論議の中心となるべき数人は不在であった。そのうちの最初に挙げられるべきはパガーノである。

都市規制計画とそれに関連する経済的利点が会議の中心課題である。そこに植民地の都市計画と地方の都市計画[図106]の課題が結びつけられる。[*19] 後者は「ファシズムの都市計画」に特徴的な要素と考えられている。「都市規制計画の経済的利点」の問題に対処しつつ、規範に内包されている根本的な矛盾、会議のプログラムによって明らかにされている矛盾を乗り越えることが目指される。つまり、都市計画は都市への人口流入によってつくり出された被害《ダメージ》に対処しそれを解決するために求められているものであること。ただし実際には、都市規制計画は都市の成長予測の面において、その実際の規模を上回りすぎているのである。前述したように、これは一九三四年にムッソリーニが表明したことであり、今やそれが明確化された。

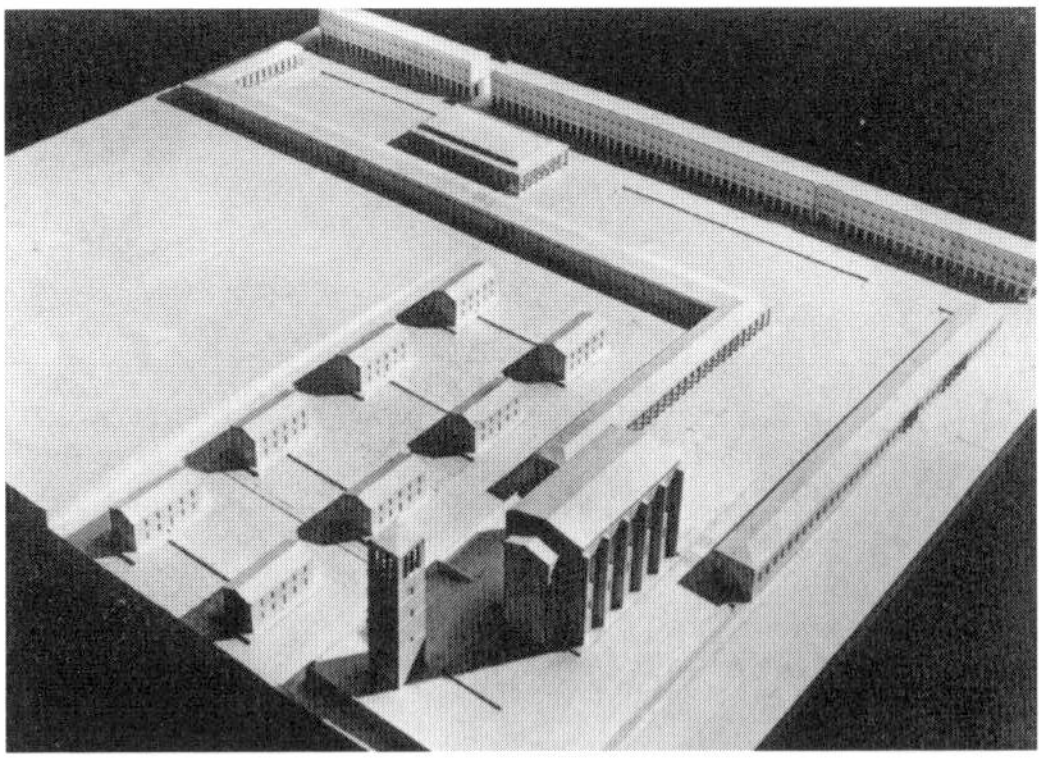

［図106］サヴェリオ・ムラトーリ、コルトギアーナの都市規制計画のためのプロジェクト、サルデーニャ、1940年

批判されていることは明快で、地域経済の力により、土地からの収益を増加させるために都市規制計画が利用され、建設可能な土地が不釣り合いなほどの量で市場に投入されること。その上、これらの計画は、自然な人口増加に基づくように都市の発展をコントロールする手だてを持っていないばかりでなく、公共利用のための地区がより広範囲に確保されることにすら貢献せ

ず、設定された都市機能が効果的に活用されることも予見し得ていない。

この特化されたテーマに対する一般報告書において、ヴィルジリオ・テスタとアルマンド・メリスは、都市規制計画は都市発展の管理とコントロールのための「合理的な」手法として、私的領域に被害的な影響を及ぼさないものたり得ることを強調している。[*20] そして、一九三一年のローマの都市規制計画の「合理性」を例に、全てのイタリアの地方自治体に対し、承認の過程、次いで施行、都市規制計画の二段階の過程への分割が広範囲に適用されるよう切望する。この都市規制計画の二段階の過程とは、都市計画区域の策定と、それに続く、区域内部における新設地区のための詳細計画の策定である。

この段階的な介入は、地域計画の施策によって補完される。ひとつは地方の都市計画のテーマの中において提起され、そこでは脱都市化が再び主張され、「新しい」協同体的構造に基づいた権能と利益の調整が図られる。もうひとつは都市規制計画の経済的利点をテーマとする最終票決のなかで提起される。結論としては、実施される計画を作成するための「都市計画のために組織された機関」の作業に対するより強大なコントロールが求められ、そして地域計画のネットワークの中に計画を位置づけること、建設可能な土地の国有財産化の形成、建設可能な土地へと変更された時点での実際的な購買価値に基づいた地価の上昇の評価が求められている。

そこには、建築家＝都市計画家たちが彼らの計画においてあまりにも等閑視してきた一連の技術的な問題がある。そうした問題に対処することが一九四二年の都市計画法の基礎になっており、そもそもそこに至るためにこの会議が組織されたのである。そして結論としての評決において、一般報告書と通達によって以下のことが切望されることになる。「来たるべき都市計画法の活用され得る本質的な部分」が構築されること、そして「それとともにファシズム体制の新しい都市計画的法規が創造されなければならない」[*21]。

会議の成果の中でより際立っていることは、一九三七年の時点において、この一〇年にわたって活動してきたファシズムによる地域政策と都市政策によってもたらされたいくつかの要素が検証されていることである。なかでも特に、国内移民のコントロール、そして脱都市化と地方化は、いまだに実現化の方策が見つかっていない。まさにこの時期には、一九三六年から一九三七年にかけての都市へ向かう人口流入の圧力が再び問題となっており、また土地改良事業については著しい遅れが目立ってきている。同時に建設部門は全般的に停滞の方向へと向かい、非居住用の建物が優先され土地投機の見直しがなされるのである。

ヴァッレ・ダオスタの都市規制計画は、地方のコントロールのための地域計画を進めることへの需要増に対する「合理的な」介入として応える試みとして立ちあらわれる。オリヴェッティによれば、計画は「まさに全国的な都市計画の干渉と地方の需要と環境を併せたものを通して」生まれ、そして実現される[*22]。第一回全国都市計画会議において表明された最終評決の効果が現れないこと、そしてローマの都市規制計画の施行段階において詳細計画が基本計画を圧倒しているという実態、加えて、一九四二年の都市計画法自体の適用が待たれていること、そしてこの法は第二次世界大戦後になって施行されることになるなど、こうしたこと全てにより、まさにもっとも評価され発明的な点において、ヴァッレ・ダオスタのための都市計画はオリヴェッティの経験としての特異性のなかにおける抽象的で孤立したモデルにされてしまっているのである。

［原註］

＊1 以下を参照のこと。G.PAGANO, *Sconfitte e vittorie dell'architettura moderna*, conferenza al Centro per le arti, Milano dicembre 1940, in «Costruzioni-Casabella», XVII, dicembre 1946, n.195/198, fascicolo speciale dedicato a Giuseppe Pagano a cura di F.Albini, G.Palanti, A.Castelli, pp.18-22. 近著では前掲書、PAGANO, *Architettura e città*, pp.115-28.

＊2 P.BOTTONI, *Urbanistica*, «Quaderni della Triennale», Milano 1938, pp.8-9.

＊3 G.PAGANO, *Prefazione a* ibid., pp.6-7.

＊4 同書、p.7.

＊5 以下を参照のこと。E.A.GRIFFINI, *Costruzione razionale della casa*, Milano 1931.

＊6 以下を参照のこと。G.SAMONÀ, *La casa popolare*, Napoli 1935. 以下の形で再版、SAMONÀ, *La casa popolare degli anni '30*, a cura di M. Manieri Elia, Venezia 1973.

＊7 一九三二年にサン・シーロ地区に対するコンペティションが行われ、アルビーニ＝パランティ＝カムス・グループ、アンジレッラ、モローネとナトリが同点受賞となる。以下を参照のこと。E.BONFANTI e M.SCOLARI, *La vicenda urbanistica e edilizia dell'Istituto case popolari di Milano*, Milano 1981, pp.124 sgg.

＊8 I.DIOTALLEVI, F.MARESCOTTI, *Ordine e destino della casa popolare*, Milano 1941 ; I.DIOTALLEVI, F.MARESCOTTI, *Il problema sociale costruttivo ed economico dell'abitazione*, Milano 1948-50. この後者の本については以下の凸版による再版を参照のこと。a cura di M.Casciato, Roma 1984. 前者は以下に掲載された記事を集めたもの。«Costruzioni-Casabella», nn.162-64 del 1941. 後者は図版を集成した本で一九三〇年代から四〇年代に行われた研究を集約したものである。

＊9 以下を参照のこと。L.PICCINATO, *Urbanistica*, in *Enciclopedia Italiana*, vol. XXXIV, Roma 1937, pp.768-71.

＊10 MUSSOlLINI, *Sintesi del Regime*, cit., p.191.

＊11 協同体都市計画については以下を参照のこと。G.CIOCCA, *Per la città corporativa*, in «Quadrante», marzo 1934, n. 11, pp.10-13 ; G.L.BANFI e L.BELGIOJOSO, *Urbanistica anno XII; La città corporativa*, ivi, maggio 1934, n. 13, pp.1-2 ; G.L.BANFI e L.BELGIOJOSO, *Urbanistica corporativa*, ivi, agosto-settembre 1934, n. 16-17, p.40. パヴィアの都市計画については以下の前掲書を参照のこと。BONFANTI-PORTA, *Città museo, architettura*, pp.25 sgg., appendici A8-A9, con relativa bibliografia.

＊12 MARIANI, *Fascismo e «città nuove»*. 上記前掲書の他に以下を参照のこと。R.MARTINELLI e L.NUTI, *Città nuove in Sardegna durante il periodo fascista*, in «Storia Urbana», II, 1978, n. 6, pp.291-324 ; R.MARTINELLI e L.NUTI, *Le città nuove del Ventennio*, cit., pp.272-77. グイドニアについては以下を参照のこと。*Guidonia: La città dell'aria*, in «Architettura», XVII, aprile 1938, fasc. 4, pp.193-238.

＊13 同誌の以下を参照のこと。*L'edificio dell'Italia all'Esposizione Internazionale di Parigi* 1937, XV, novembre 1936, fasc. 11, pp.521-26. ここでは、ピアチェンティーニによってまとめられたプロジェクトが紹介されている。協働はパガーノとチェーザレ・ヴァッレ。また「建物のコンセプトを主導する意図」に関する説明書には、委員長のピエル・ルッジェーロ・ピッチオと、委員であるジュリオ・バレッラ（トリエンナーレ理事長）、ファビオ・マイノーニ、アントニオ・マライーニ、マルチェッロ・ピアチェンティーニの署名がある。

＊14 G.BOTTAI, *Discorso inaugurale al I Congresso nazionale d'urbanistica*, in *Atti del I Congresso nazionale d'urbanistica*, cit., vol. II: *Discussioni e resoconti*, p.5.

＊15 以下を参照のこと。A.OLIVETTI, *Razionalizzazione e corporazioni*, in «Quadrante», gennaio 1935, n. 21, pp.5-6 e 9.

＊16 A.OLIVETTI, *Presentazione del Piano*, in *Studi e proposte preliminari per il Piano regolatore della Valle d'Aosta*, Ivrea 1943, p.13.

＊17 同書、p.14.

＊18 同書。

＊19 ＢＢＰＲグループは、エウジェニオ・ラディチェ・フォッサーティとアルナルド・バンフィと共に、まさに地方の都市計画に関する報告書を送っている。以下の前掲書を参照のこと。*Atti del I Congresso nazionale di urbanistica*, vol. II, Relazioni aggiunte, pp.24-27. 同報告書は、同じ一九三七年六月に、パリの第五回ＣＩＡＭで報告を行うためにル・コルビュジエに送付されている。

＊20 TESTA-MELIS, *Relazione generale*, cit., p.10.

＊21 *Voto generale*, in *Atti del I Congresso nazionale di urbanistica*, cit., vol. II, p.7.

＊22 OLIVETTI, *Presentazione del piano*, cit., p.13.

X 最初の結論――E42

1 モデルとしてのローマ

一九三七年の第一回全国都市計画会議におけるローマに対する働きかけ、その首都としての役割ならびに都市計画、「近代都市」であることに対する言及は、それが参照すべき理想的なモデルであることを示す。そこに付け加えられることとしては、その発展が無調整なままである点において――あらゆる規制の外で動いている民間の開発を認めてしまっている数限りない詳細計画の「変更計画《ヴァリエーション》」を通して――も、全国各地でみられる状況に対し広範囲にわたって反映されるモデルなのである。しかしそれは、この時点では公に言葉にしてはならないことであり、ただつぶやくことができるだけなのである。ファシズムにとって、ローマは、その過去から現在、そして未来において国家の首都であり、それがついに確かな方法で結びつけられたのである。起源としてのローマ、帝国のローマ、そして教会のローマの後に、いまやムッソリーニのローマの時がきたのである。E42は、この第四のローマの統合でありシンボルとなる。

万国博覧会のために解決しておかなければならない課題を確認するには、もう一度一九三六年の推移を簡潔に見直さなければならない。ファシズムの歴史にとっては重要な一年である。

一九三六年五月九日、イタリア軍によるアディス・アベバ占領の四日後、ムッソリーニは帝国の設立を宣言する。エティオピアの大事業によって、ファシズムは国内における最大の支持を得るまでになり、今度は七カ月前に始まったエティオピアへの侵略によって不安定となった国際的な同意を再獲得することが課題となる。およそ全ての国々がイタリアに反対することになってしまったのである。

帝国宣言の際に、ムッソリーニは二つの局面を強調し、他の多くの話題の中でも折にふれてそこに戻ることになる。つまりイタリアは「平和の帝国」を求め、「文明の帝国」を欲するということである。

> イタリアはようやく帝国となり得た（……）それは平和の帝国である。なぜならイタリアは自分自身のため、そして全ての人びとのために平和を欲するからである。そして、ただ切実で抑制し得ない生活の必要性によって強制されたときにのみ戦争を決断するのである。エティオピアの全ての人民のための文明と人間性《ヒューマニティ》のための帝国（……）人民を高みに引き上げるため、もしくは非正規兵のため、そして教育、鉄と心のため、一五世紀もの時間を飛び越えて、ローマの運命の丘に帝国が再び出現するのである。[*1]

イタリアに対する経済制裁は、エティオピア侵攻をうけて、一九三五年一一月一八日に国際連盟により宣言されたのだが、その政治的根拠は失われ、一九三六年七月一五日には国としての経済的孤立は撤回される。実際にはこの撤回は形式的なもので、制裁自体がそれを実行すべき国々そのものによってあらゆる方面で発効されていなかったほどである。特にドイツは、その実行を拒否していた。しかしながら、制裁そのものはファシズムによって利用されることになる。例えば政治的には、帝国的な権力へと向かおうとすることによって他の国々により孤立させられた国としてのイメージを創り出し、経済的には、自給自足体制に大きな広がりを与えることで、一九二九年の経済危機に続いて数多くの国々によって受容されたモデルに従い、国内価格を保持するための関税保護による政策をとろうとした。

一九三五年に始まる自給自足《アウタルキア》政策は、イタリアにとって産業投資の再開を意味する。それは動産市場の再構築と、危機に陥った産業の再組織化に対する国家介入へと続く。そしてこれは既に一九三三年に施行されている。ムッソリーニは経済制裁をまさに利用しながら、「新しいイタリア経済の規制計画」のプログラムとしての方向性を表明するに至る。それは一九三六年三月二五日のカンピドリオでの提言におけるもので、新しい「帝国の経済」のための前提となる。[*2]

こうした全般的な状況のなかで、一九三六年六月二五日、帝国設立宣言の四五日後、そして制裁撤回の二〇日前に、万国博覧会事務局はイタリアに対して一九四一年の「第一カテゴリーの万国博覧会」〔一般博〕開催に向けた決定を満場一致で採決する。こうして一九三五年一一月に提出された申請が受理されるのである。

一九四一年という開催年は、この型式の博覧会として定められた六年ごとという期日に従ったものであるが、[*3]それがもうひとつの一九四二年という年と意図的に混交される。ここでムッソリーニは、ファシズム二〇周年の機会にローマで万国博覧会を開催することを考えたのである。[*4]博覧会開催が決まると、それは最初イタリアでは「一九四一〜四二年博覧会」として発表されたのだが、その後一九三七年初めの頃には「一九四二年博覧会」となり、「E42」となる。E42は、この後から、この博覧会の公的な略号となり、EUR《エウル》という略号は、一九三七年から建設の始まるこの新街区に対する戦後になってからの呼称となる。これはローマ万国博覧会の組織化と機能化を目的とする業務を行う公社設立のための一九三六年一二月の法律に基づいている。

一九四二年博覧会[図107]は、その「第一カテゴリー」という性質を超えて、すぐにも一九三〇年代に開かれた他の全ての博覧会の特別テーマと対比されるようになる。それは、ブリュッセルのみならず、シカゴ（「進歩の世紀」一九三三年）、パリ（「芸術と技術」一九三七年）、ニューヨーク（「明日の世界」一九三九年）などである。一九四二年という年時によって表象される特殊性を示し、イタリアの新しい面を見せる機会ともなることが期待され、この博覧会はムッソリーニによって「文明のオリンピック」[*5]として宣言される。一九三二年にはムッソリーニによる権力奪取の一〇周年が祝われてはいたものの、それは少なからず地域的なものに過ぎないファシズム革命展というかたちであって、今回はイタリアを帝国となることへと導いた体制の国際的役割を主張しようというのである。

ベルリン・オリンピックの同年、そこでドイツは世界のスポーツ界の第一等国としての主張をすることになるが、一方のイタリアは二番手から滑り落ちてしまい、一九三二年にはロサンジェルスに獲られていたので三番手となる。[1]「文明のオリンピック」宣言は、イタリアが明確に分けられた部門において他の国々との比較を恐れないということだけを主張したいからのようであり、スポーツばかりでなく、同様の平和的対比、まさにオリンピックという印によって、イタリアはそこから勝者として抜け出すことを確実にする。[*6]「文明のオリンピック」はムッソリーニにとって平和への姿勢を示すものであり、「ローマによる平和」の表明なのである。[*7]ムッソリーニ自身はこの平和への意思を繰り返しており、一九三六年五月末の『デイリー・テレグラフ』紙に許可されたインタヴューを次の言葉で締めくくる。

1 一九三六年のベルリンに次いでローマが一九四〇年のオリンピック開催地に立候補する。最有力とされたようだが、政治的かけひきにより結局は東京での開催に譲歩したとされる。ただし、東京も日中戦争の影響から辞退、投票で二位であったヘルシンキでの開催となる。

［図107］ローマ万国博覧会ポスター、1940年

ファシズムのイタリアは平和を望んでおり、その権力の座に就いて行使する全てのことを平和を維持するために行うであろうことを、全ての人びとにおわかりいただくよう繰り返してもらいたい。ヨーロッパにおける戦争はヨーロッパの災厄となるであろう。[*8]

ムッソリーニの表明が誠実であったにせよそうでなかったにせよ、それから間もなくスペインにイタリア軍が派遣されることになる。[2] それでも平和のテーマは繰り返し表明され、宣伝されるのである。一九四二年博覧会は、この政策に息吹と本質を与えるための機会として示される。

ドイツとの同盟はこの印の元にあるもので、博覧会のテーマを精緻なものにしようというこの同時期に、イタリアの対外政策がヒトラーのドイツとの特別な関係へと向かう決定を志向することになるのは偶然というわけではない。一九三六年六月にガレアッツォ・チアーノ[3]は外務大臣に指名され、同年一一月六日に、イタリアはドイツとの条約に調印する。これによりローマ―ベルリン間に枢軸が確立されることになる。イタリアとドイツは、日本の支持を得て、共産主義の攻撃から全世界を護ることを引き受ける大きな力となろうとする。それがたとえヨーロッパのためには新しい役割の再提案となるとしてもそれを辞さないのである。

一九四二年博覧会は、こうして、そのなかに多重の価値を包み込んだイヴェントとして構想される。文明を対比することで平和を賞賛すること、イタリアを平和のために活動する世界的な力として見せること、ファシズム体制を新しいヨーロッパのためのバランスを示す指標として提示すること、協同体のシステムに国際的な反響を持たせること、つまり二つのシステム、秩序を覆そうと破壊する共産主義と危機に陥っている資本主義のシステムとの間の第三の道を目指しているのである。建築家たちは、E42において、新しいイタリアの相貌を表現するために招聘される。ローマはこのイヴェントの堂々とした額縁となるであろう。

2 新しい記念碑的中心地区

E42はこうしてムッソリーニのローマの刻印とならなければならない。ファシズム体制の代表となる都市のイメージ、首都を補完し完成させるものとして、それはまさに理論的には全国レヴェルでのモデルとしての価値を持つ計画なのである。実際に、E42は単なる博覧会から変貌し、最終的には近代的地区モデルとして、ファシズムのローマ、帝国のローマ、イタリアが支配しようとしている地中海に向けて投影された都市の新しいモニュメンタルな複合地区へと変わらなければならない。展覧会全体の仮設の特徴的な建物である各国のパヴィリオンは、ひとつの平面計画のなかに枠取られる。その額縁となる部分には恒久的な建物が計画され、質の高い展覧会によりイタリアとローマの文明史を称揚する場所として考えられている。これらの展覧会は常設の博物館を生み出す中心核として考えられ組織される。それが〈イタリア文明博物館〉であり、建物にはこの博物館の名前が与えられ、プロジェクトの理想的な支点として形象化される。〈民俗

2 一九三六年七月に始まったスペイン内戦に介入、フランコ派への援助として一一月に派兵する。一方で、既に七月と一〇月には反ファシストによる義勇軍が共和派支援のために派遣されている。

3 政治家、一九〇三―一九四四、リヴォルノ生まれ。ムッソリーニの女婿で若くして外務大臣となる。ナチス・ドイツとの関係が深くなりすぎることを憂慮していたと言われ、ムッソリーニ失脚に協力し、後に銃殺刑に処される。

［図108］海への道、ローマ、除却後でまだ戸籍事務所が建設される前の様子、1935年

［図109］マルチェッロ・ピアチェンティーニとアッティリオ・スパッカレッリ、ピエトロ・アスキエーリ監修による。コンチリアツィオーネ通りのためのプロジェクト模型のモンタージュ写真、ローマ、第七回ミラーノ・トリエンナーレに出展、1940年（写真、Archivio Triennale, Milano）

［図110］ヴィットリオ・バッリオ・モルプルゴ、アウグストゥス帝広場の建物、ローマ、1931年と1936-38年（写真、E. Monti, Roma）

伝統芸術博物館〉、〈科学博物館〉、〈古代美術館〉、〈近代美術館〉が、都市計画的コンポジションの中央にある帝国《インペリアーレ》広場の周りを囲む建物に配置される。〈ローマ文明博物館〉はロマニタ広場に対して開かれ、国力の中心である〈軍事博物館〉は、「古典的でモニュメンタルな感性」から建築的に発想されたものであり、そのなかでの協同体展と自給自足展の開催が決定される。[*9] その他の常設の建物では、活動の中心となる〈レセプションと会議場〉施設、そして〈帝国劇場〉がこの同名の広場に面しており、教会は〈イタリア文明館〉とともに複合地区全体を支配する位置にある。この教会のクーポラは聖ペテロ《サン・ピエトロ》大聖堂のクーポラに次ぐ大きさとなる。

新しい複合地区には、主要軸であるインペリアーレ通りが通されており、この道路はE42地区をローマへと接続し、南から北へと市街を通り抜けてフォロ・ムッソリーニへと至る。もう一方はオスティア・アンティーカ[4]へ延ばされ、最終的には海まで続いている。この長い軸は、歴史的地区内で実施されつつあるかまたは予定されている既に実現された改変に接ぎ足されたものである。[図108・109] つまりカラカッラ浴場の周りに一九一一年に整備された考古地区、大競技場《チルコ・マッシモ》とコロセウム《コロッセオ》をつなぐトリオンフィ通り、コロセウムとヴェネツィア広場の間の帝国《インペーロ》通り、コルソ通りの再整備、アウグストゥス帝広場[図110]をつなぐものである。この都市への接ぎ木によって、テルミニ駅との接続の機能も生まれ、駅自体の改築の実施もすすんでいる〔第Ⅳ章三節註28参照〕。その上インペリアーレ通りに沿って、トラステヴェレ駅とオスティエンセ駅との新しい中心を結ぶ二つの街路がE42付近で収斂されている。後者の駅は一九三八年にヒトラーのローマ訪問の際に建設されたものである。

インペリアーレ通りの径路は、考古地区の境界であるアウレリアヌス市壁にそのために開けられた四つのヴォールトから、E42の中に整備されたインペリアーレ門までを含めて、将来の都市発展の軸となり、「近代的で、イタリア的で、充実した建物」によって特徴づけられ、一〇〇メートルの道路幅によって「壮大さ」を付与され、四つの広場によって「気高いもの」となる。[*10]

インペリアーレ通りは、商業と居住に向けた新しいローマのまさに真の脊柱、「都会《ウルベ》の脳髄であり心臓である」ヴェネツィア広場からE42へと至る背骨を表象する場所、この脳髄と心臓を称揚する場所なのである。インペリアーレ通りは、このように帝国のローマの新しい都市規制計画のために非現実的な前提として付け加えられるものとして見なければならない。非現実的な前提というのは、つまりE42の計画全体が一九三一年の都市計画と相反するものであるためで、この三一年の計画自体は現行のものとして継続され、新しい計画は準備すらされていないからである。都市拡張の二つの案の間の不整合はまさに一九三一年の計画とE42

4　ローマの南西約二〇キロに位置する。古代都市ローマと海をつなぐ港湾都市として栄えた。

の計画において代表され、その後も解決されることはなかった。それどころかローマが象徴的に示しているものは、海に向けて、地中海の支配を賛美することの政治的かつ経済的なイメージなのである。「広く荘厳な五〇メートル幅の高速道路」に沿ってローマからひと走りのオスティアの海水浴施設は戦後になって縮小されてしまうのであるが、本来はより荘厳な「レクリエーションとスポーツセンター」として、北にあるもうひとつのスポーツセンターであるフォロ・ムッソリーニと対をなすものとならなければならなかった。

しかし、これはこの後のことである。ここで興味を向けておきたいのは、この帝国的な軸に沿って考えられた、ムッソリーニの「新しい」ローマの特質を理解することである。「偉大である」ことを概念化した都市、そしてまた一九四四年にローマでの開催を目されたスポーツのオリンピックの機能も有している都市、この都市の新しいモニュメンタルな中心地区はファシズム時代の「様式」によって特徴づけられなければならないのである。博覧会の全貌に関する一九三七年一月の記者会見におけるEUR公社の委員長ヴィットリオ・チーニの表明は以下の通り。

この盛大な博覧会ではファシズム様式が大いに喧伝されることになるだろう。建物の様式によって将来の都市の装飾となるモティーフが構築されるべきであり、この時代の傾向が明らかにされなければならないだろう。[*11]

これから六カ月も経たないうちに、チーニによる公社の活動に関する公式報告書においてより明確な指標が出される。その「様式」の節に以下の文面が見られる。

ローマの博覧会はわれわれの時代の決定的様式の創造を目指している。ファシズム紀二〇周年の様式、「E42」の様式である。それは偉大さと記念碑性の規範に従うことになるだろう。ローマの意味するところは永遠と同義であり、全宇宙的なものとなり、五〇年や一〇〇年のうちにもその様式は古びることなく、また劣化することも堕落することもないほどに続くことを目されている建設行為、その着想において、そしてその実施において優越するもの——そして賞賛に値するもの——となろう。その反対に、パヴィリオンは仮設のものであるため、芸術家たちは大胆で未来先行的でもある提案を試みることができるのである。[*12]

選択された結果は明快である。「永続すべき建物」のためには公社の管理によるコンペティションが開催され、仮設のパヴィリオンに対する規制はない。ここで考慮しなければならない事実は、仮設のうちの多くが民間企業や外国のものということである。パガーノが見るところでは、「近代的趣向への役割を果たすイデアの知識、普及、分析」のための博覧会の重要性に注意を向け、「暫定的であることはより好ましい条件のひとつである。そのことによって博覧会は本当に活発で興味深いものとなる」のであり、博覧会の広告芸術のみが「一貫性のなかに、この簡素で人間的な救済を見出しており、そしてなんらの恥じらいも偽物の自制もなく、勇気を持って現代生活への称揚から霊感を得るのである」[*13]とする。パガーノがこれを書いたのは一九四一年のことで、それは彼の博覧会計画への参加、まさに一九三七年一月に始まったものが、不運な辛い結果に終わってしまったときにあたる。

最初から明らかであったのは、体制の称揚、ムッソリーニの、イタリアの、そして帝国の称揚を常に志向することを決意し、それを続ければ続けるほど、祝祭的な記念碑性《モニュメンタリティ》へと向かってしまうことである。このことは、介入する建築家たちに要求されるテーマであり、そしてこの記念碑性を選択することに関して、今ひとたび論議が開かれる。言葉の意味について――そして建築の意味に関して――近代、古典、モニュメンタル、イタリアのもの、ファシズムのもの、論争は暴力的ともいえるものとなるだろう。この論争で、イタリアの建築家たちが様々な派に分かれることになるが、それはもはや対立する二つの明確な線に分けられるということにはならない。多様なニュアンスが現れ、表明の多くがあまり明快ではなく、確信のあるものでもなく、あまりにも多くの興味が弄ばれる。そこで主張される曖昧さは、ほとんど例外なく、常に「Ｅ42様式」において、古典のイデアを伴った近代としての切望を構築しようとすることにある。「Ｅ42様式」によって成し遂げようとすることのための選択において、パガーノとピアチェンティーニの妥協は挫折する。

3 全体計画から建築コンペティションへ

当初、Ｅ42の経過はローマ大学都市の「幸せな」経験をたどり、展開するかのようにみえる。前回と異なり今回は、チプリアーノ・エフィシオ・オッポによって、軽重や長短が注意深く評価された後に、そして多数派か少数派かを精確に測定することを経て、全体計画のまとめのために五人の建築家が選ばれる。もちろんピアチェンティーニの同意の上でのことである。この他にそこに見られる名前はパガーノ、ピッチナート、ヴィエッティ、エットレ・ロッシである。建築公園庭園局主幹にはガエターノ・ミンヌッチが指名される。

彼はリベラと一諸にMIARを主導する立場にいたことを思い出しておきたい。[14]

今回はしかしながら、大学都市のプロジェクトにおいて見られたこととは異なり、様々な傾向の間の妥協が短期間しか続かなかった。上述した推移——帝国の設立、イタリアの新しい役割、自給自足、国際協約——は、既に転換点を迎えている。この全体的な枠組みに、決定されつつある選択、つまりローマの新しい記念碑的中心地区創造のための前提として博覧会を利用することの選択を付け加えてみるならば、博覧会の個々のテーマを称揚することよりも、ファシズムの自画自賛が優先されるべきものであることに首肯できるだろう。

一九三七年初頭の当初の都市の全体計画は、五人の建築家によって編纂され、そのなかでインペリアーレ通りは中心となる街路として考えられている。鉄骨、コンクリート、ガラスによる建物の複合地区には横断する高架道路が想定されていたが、同年の終わりにはその案は流れてしまい、より厳格に決定された計画へと向かう。インペリアーレ通りによって、より「高貴で」、より「ローマ的で」、より「帝国的な」軸が構成されることになるのである。ピアチェンティーニは、チーニ〔委員長〕との緊密な関係において、この改変計画の第一人者としての責任を引き受け、他の四人の計画者を中心的ではない役割へと追いやってしまう。[15]

しかし、この転換の前の一九三七年の中頃には、パガーノは次のように書いている。五人の建築家の間では「意図と熱意の完璧な融合」が確立され、

業務の確固たる大地の上で、イタリア・アカデミーの会員であるピアチェンティーニの権能は、他の同僚たちの熱意とすぐにも溶け合い、この協働は全体的で本当に幸せなものとなった（……）、こうして、

共感の和やかな雰囲気のなかで生まれたもの、その特別かつファンタスティックで優美な状態は、都市計画という創造においてこそ姿を現すものなのである。[*16]

都市計画という創造、そこにはしかしながら既に曖昧なモティーフが通底している。そのモティーフとは「モニュメンタルな軸」と「溢れんばかりの柱廊」である。しかしパガーノは次のように書いてしまうまでに、この調停を受け入れている。

この都市計画という複合地区は新しい精神と意図を持って考えられたものである。そこにはわれわれの栄光ある過去の事例とのイデアとしてのつながり、そのなかでもとりわけローマ芸術とのつながりがある。[*17]

一年と少し後の一九三八年九月から一〇月に、パガーノは『イル・ジョルナーレ・ディイタリア Il Giornale d'Italia』〔日刊イタリア〕紙にピアチェンティーニによって書かれた三つの記事の「高尚な傾向」を攻撃する機会を得る。[*18] その記事はピアチェンティーニ自身が「建築的責任」を引き受けた後に博覧会に対する思いを印したものである。この時点でパガーノは「謙虚さの誇り、誠心さ、明快さという前提が、合理化されたモニュメンタルな虚飾と」[*19]両立することが不可能であることを理解する。そして次にピアチェンティーニの「真の古典主義」が、あの「彼が『偉大な空間』や『偉大な列柱』において個別化するもの」であることを明確化する。

彼は、イタリアの近代建築の精神が、全国的で自給自足的な意味において解決されることを信じており、それは「古典主義の本質への回帰」であると示唆する。しかし、彼のいう、古典主義の本質とは何だろうか。明快さと論理的な正直さだろうか。そうではない。彼はそこに形式的な教唆を読み取っているに過ぎない。[*20]

この一九三七年の半ばから一九三八年の半ばにかけた一年間に、新しい関係性が交錯する。「転向」を使い切り、回復不能な断絶をつくり出し、異なる道へと歩み出した人びとが再び近づくことになる。全ては、建築のコンペティションの方向性によって、つまり恒久的な建物のうちのいくつかのものに対して募集されたコンペティションの方向性によって生み出されたものである。[*21]

コンペティションの審査員は常に都市全体計画の計画者のうちのひとりであり、そのコンペティションの結果によって、建築家たちの多く、建築に関する論議で「近代的」立場をとっていたはずの者たちの多くが、寝返ってしまうことになる。[*22] リベラは、〈レセプションと会議場〉の第二次コンペティション（審査員にはE・ロッシがいるが、後にピッチナートに替えられる）で最優秀賞を獲得する。フィジーニとポッリーニはマリオ・デ・レンツィと共に〈軍事館〉のコンペティション（委員はヴィエッティ）の同点首位を勝ち取り、ルイジ・モレッティは、〈インペリアーレ広場〉のコンペティションで[図111]、とても若いフランチェスコ・ファリエッロ、サヴェリオ・ムラトーリ、ルドヴィーコ・クァローニ[5]らと最優秀賞を分け合うために呼ばれる。ここでは、ブルサ、カンチェロッティ、モントゥオーリ、スカルペッリによるグループ（彼らはサバウディアの設計チームである。この委員はピアチェンティーニで、ピッチナートもいる）が次席となり、この広場に面する〈科学館〉の業務

5　建築家、一九一一―一九八七、ローマ生まれ。経験を継続することを重視し、建築、都市計画、社会学を横断する知識人として、戦後も都市計画や建築設計、雑誌への寄稿、大学教育などで活躍。

を受けることになる。残りの〈古代美術館〉と〈近代美術館〉の建物は、ファリエッロ、ムラトーリ、クァローニのプロジェクトに基づいて建てられることになるが、ルイジ・モレッティの〈帝国劇場〉は、プロジェクトの段階から先へと進むことはない。BBPRグループはガエターノ・チォッカと共に、〈イタリア文明館〉のコンペティション（委員はピアチェンティーニとパガーノ）で次席となり、その報奨としてか、〈郵便電報局〉の業務を委託される。アルビーニ、ガルデッラ、ミノレッティ、G・パランティ、ロマーノのグループは、ミケルッチと他の数名と共に、〈水と光の館〉のコンペティション[図112・113]に招待され、最優秀は決められな

［図111］フランチェスコ・ファリエッロ、ルイジ・モレッティ、サヴェリオ・ムラトーリ、ルドヴィーコ・クァローニ、E42のインペリアーレ広場の模型、第七回ミラーノ・トリエンナーレに出展。左側壁面、マルチェッロ・ピアチェンティーニとE42技術局による計画最終平面図；中心奥に、ジョヴァンニ・グエッリーニ、エルネスト・B・ラ・パドゥーラ、マリオ・ロマーノの〈イタリア文明館〉の模型、1940年（写真、Archivio Triennale, Milano）

［図112］

［図113］マルチェッロ・ピアチェンティーニとE42技術局、人工湖と野外劇場の透視図、インペリアーレ通りと〈光の館〉の上に架かる大アーチ、ローマ、1938年

［図114］ジョヴァンニ・ムツィオ、マリオ・パニコーニ、ジュリオ・ペディコーニ、E42のインペリアーレ門のための模型、〈INAとINPSのオフィスビル〉の半円形部、ローマ、1939-40年（写真、Cartoni, Roma）

［図115］ジョヴァンニ・ムツィオ、マリオ・パニコーニ、ジュリオ・ペディコーニ、〈INAビルヂング〉（部分）、エウル（ローマ）（写真、Cer.Co.Mi, Roma）

かったものの、彼らのグループが住居―ホテル地区を設計することになり、ミケルッチは〈野外劇場〉を委嘱される。他の恒久的な建物では、ムツィオ（レセプションと会議場のコンペティションの委員）に直接委嘱されたＩＮＡとＩＮＰＳの二つの半円のオフィスビル図114・115があり、これにはパニコーニとペディコーニ（同コンペティションの次席）も協働している。アスキエーリのグループ（レセプションと会議場のコンペティションの同点首位）はパスコレッティ（イタリア文明館のコンペティションで入選）と共に、フィアットの出資によるロマニタ展の建物を担当し、フォスキーニは〈聖ペテロと聖パウロ教会〉、Ｅ・ロッシ（当初の五人の設計者のひとり）はレストラン、プリニオ・マルコーニはジュゼッペ・サモナ、グイド・ヴィオラと共に農業と土地改良展の建物を担当する。そして他の多くの設計者たちが、この交錯のなかで、実質的には全ての登場人物たちが、先行する数年間に際立っていたものとは異なる様々な形や方法で、姿を見せるのである。

しかしコンペティションでの勝利や業務委託とは別のところで、この経過において最も意義のある面は、設計者たちに対して順に少しずつ示唆される（ときには建築家たち自身が先回りをする）変更によって示される。それはプロジェクトの「古典性」が常により強調される方向へと向かうことであり、限られた素材（トラヴァーティン、大理石、花崗岩）を用い、確定された建築要素（アーチと円柱）、プロポーション、左右対称性に基づいたものとなる。基本的で直接的な意味における方法——博覧会案内の出版物のなかで思い起こされるものとしては、ジョヴァンニ・グエッリーニ、エルネスト・B・ラ・パドゥーラ、マリオ・ロマーノによる〈イタリア文明館〉の（偽の）アーチとロッジアが、「ローマ文明」の要素、「イタリアと地中海の」要素と定義されていること——による明確化への要求により満足されること、またはローマ時代の建築の「壮大さ」に対し規模としての関係性を再発見しようという方向性——例えばリベラの〈レセプションと会議場〉の最初のプロジェクトでは、「ローマのパンテオンを精確におさめることのできる」[*23]大きさの建物であるという事実がその特殊性を示すこと——になるのである。

一方では、建物自体をひとつにまとめあげている内容の表現と空間の機能的な組織化との間の明快な分離によって、展示—博物館としての「精神的な」内容を称揚するという課題に対しては、イメージが残されるだけであり、それはもちろん、まさに形態と機能の間の対話的な関係から始まるプロジェクト、つまりプロジェクトとしての提案をスタディするようなプロジェクトの助けになるわけではない。最も象徴的で代表的な建物、〈イタリア文明館〉[図116]のコンペティションにおいて意味深いことは、最優秀となったプロジェクト

――四面に四一六のアーチが彫込まれたキューブで、内部には斜路でつながれた展示階が無定形に連続するもの――と、内容や組織的な機能性、象徴的イメージ、建築要素とが緊密に依存していることによって特徴づけられるBBPRの拒絶された案（次席）との相違である。[*24]

この差異はここでは喧しいほど多く、他の事例でも見出せる。例えば〈軍事館〉の場合には、フィジーニとポッリーニのプロジェクト、デ・レンツィと共に同点首位を勝ち取ったものにみられる表現的な構成と、そこにデ・レンツィによって与えられた厳格な架構とを混ぜ合わせようという不可能な試みが見られる。結果として、実施された解決案は、全てを覆い包む列柱という前衛的なものへと滑り落ちてしまう。意義深いのはルドヴィーコ・クァローニ[図117]の思い出である。彼自身も帝国広場の多くの円柱を設計している。

> 決定的な点は、過程が進行するなかで、ここではムッソリーニに好まれることをするのだ、ということがわかったことです。そうでなければ

［図116］マリオ・リドルフィとヴォルフガング・フランクル、E42の〈イタリア文明館〉のコンペティションのためのプロジェクト、ローマ、1937年（写真、Archivio Ridolfi, Roma）

［図117］サヴェリオ・ムラトーリとルドヴィーコ・クァローニ、〈新合同法務官裁判所〉のコンペティション、ローマ、1936年

勝てなかった。そして当時、われわれは勝ちたかったので、この道を選択したのです。ムッソリーニが非公式な席で次のように怒鳴り散らしたとしても。「一体この若造たちは、この近代というものが帝国の建築にはなり得ないことが、いつになったらわかるのかね？」[*25]

リベラの図々しさ、つまりコンペティションの段階で〈レセプションと会議場〉の最初のプロジェクトは円形平面であったものを、二番目の最終案では大会議場のキュービックなヴォリュームを伴う四角い平面へと移行させてしまう図々しさによって、テッラーニは「全ての関係者への害を為す詐欺である」と語ることになる。テッラーニはリベラのプロジェクトを懸念し、「新古典主義と合理性のハイブリッドな妥協であり、誰が行い、誰が選択したかという栄誉に帰することのない真の混乱」でしかないことを主張した後、プロジェクトが建築家自身によって「より率直な近代性」へと向かうように変更されており、

もしリベラが妥協のプロジェクトで勝ったのであれば、コンペティションにおいて提示されたものそのままで建設されるべきである。そうでなければ無精者と無節操漢のためのおそろしく俗悪で特権的な状況をつくり出してしまう。全ての関係者は、その基本的な権利において保護されるべきである。これは些細なこととして見過ごすわけにはいかない。[*26]

テッラーニには、建築界において醸成されつつあった雰囲気を改善することができない。グルッポ7《セッテ》の旧知のメンバーたち、「建築行動隊主義者たち」は互いに相争っており、そして円柱とアーチに関するピアチ

エンティーニとオィエッティの論争は、ほんの数年前のことでありながらも、埋葬されすっかり忘れ去られてしまう。アーチと円柱は、Ｅ42の様々な建物の統合的な要素となり、そのいずれもが「近代の鍵」として解釈されているのである。あらゆる道徳家的な判断や、あるいはファシズムのシンボルへのあらゆる本能的反感を期待してはいながらも、幾人かの建築家たちをかなり前の時点から動かしていた「精神」が、実現されたいくつかの建物において生き延びている。このことについては、コンペティションに提出されたプロジェクトのいくつかを見た後で、リベラの会議場との関わりで語っていきたい。

4 三つの「失われた機会」とひとつの再発見

一九三七年と一九三八年のコンペティションに提出されたプロジェクトのなかで、そのうちの三つが先行する数年間の形態的な研究を再生し再提案することに注意を向けている点で目立っており、コンペティションの中で提起されてきた要求も補完している。このうちの二つは〈イタリア文明館〉に関するプロジェクトで、バンフィのグループのものとアルビーニのグループのもの、もうひとつはテッラーニのグループのもので、〈レセプションおよび会議場〉の第二次コンペティションのプロジェクトである。

バンフィ、ベルジョイオーゾ、ペレッスッティ、ロジャース、チォッカのグループによる〈イタリア文明館〉のプロジェクトは、ＢＢＰＲに関する本でボンファンティとポルタが語っているように「特異性の探求」[*27]によって際立っている。垂直の隔膜によって形成された周壁が、二つの曲面の壁と建物のヴォリュームを浮かび上がらせる内部空間の境壁となる。垂直の隔膜は三方の面にあり、二層にわたる狭いロッジアを構成する高さを低く抑えられたアーチと結ばれている。もうひとつの四つ目の面は、互い違いに配された隔膜の二つ目の線に平行に配置され、ニッツォーリ、パランティ、ペルシコが〈勝利の展示室〉〔第Ⅷ章三節参照〕のために考案した仕切り壁のモデルに基づいて、ひとつの空間から次の空間への通り抜けを強調する一連のエントランスをつくり出している。周壁の内部では、二つの曲面の壁が建物の内部から内部―外部を分け、そこには曲面の表面に貫入する四つの渡廊が結ばれている。これはおそらくテッラーニのグループの〈パラッツォ・デル・リットリオ〉のコンペティションのためのAプロジェクトにある劇的な曲面の壁の記憶であろう。イタリア文明展の展示構成は、マッシモ・ボンテンペッリとヴァレンティーノ・ボンピアーニによって立案され、ひとつの大空間を分節するもので、上部から採光され、そのなかには「時間と素材を主題として展開される二重の規則にのっとったシステム、ピタゴラス的に秩序化された横座標のシステムによる」[*28]柱が配置されている。

アルビーニ、ガルデッラ、G・パランティ、ロマーノのグループによる〈イタリア文明館〉のプロジェクトは板状の低い建物で、簡素な柱廊によって囲まれ、四角くてとても薄い垂直方向の構造が併置されている。この構造は梁と柱からなるもので、内部には浅浮彫りのある四角いパネルが配される。この透過する構造は、ガルデッラが一九三四年にミラーノのドゥオモ広場の〈リットリア塔〉のコンペティションの鮮明なプロジェクトで既に試みていた純粋な構築的テーマを再提案したものである。[*29]同じコンペティションにおいて、数学的なプロポーション、黄金比の矩形、幾何学的な精確さに基づく同様の形態的なイメージが、ビアンケッティとペアによって提案されている。これはマリオ・ラディチェとラッファエッロ・ジョッリの協働による。このどちらのプロジェクトも審査員からの評価は入選どまりであった。

最後の、〈レセプションと会議場〉の第二次コンペティションのプロジェクトは、この一九三八年にカッターネオ、リンジェーリ、テッラーニによってまとめられたもので、[図118]建物のヴォリュームが網目状の構造に沿って並べられている。その構造は、このヴォリュームを基準にした軌跡から立ち上げられたもので、彫込まれ、内側を掻き取られ、純粋に論理的な構成に従うことによって、そこに透過性が与えられる。ファサードは、吹き寄せにされた柱でリズムを刻み、「空間」の問題として解決され、厳格で機能的な解法から独立した要素を秩序づけている。設計者たちは次のように説明する。

> この全てによって、われわれの選択した自由が、同様の柱を交互に軸間に配置することにおいて正当化される。同様のことが、より個人的で、主観的で、創造的な問題に対処するための厳格な機能という事実を克服する建築の価値なのであり、それがファサードの空間である。[*30]

ここにまた、テッラーニが一九三一年に表明したこと、そして彼のプロジェクトに常に存在していたものを見出せる。つまり、建築は構築物ではなく、物質的な需要を満足させるものでもない。それは「プロポーションの調和」であり、観想と興奮を引き起こすものなのである。[*31]テッラーニとリンジェーリが表現しようとするものは、同時期の〈ダンテウム〉のプロジェクトにも見られる。

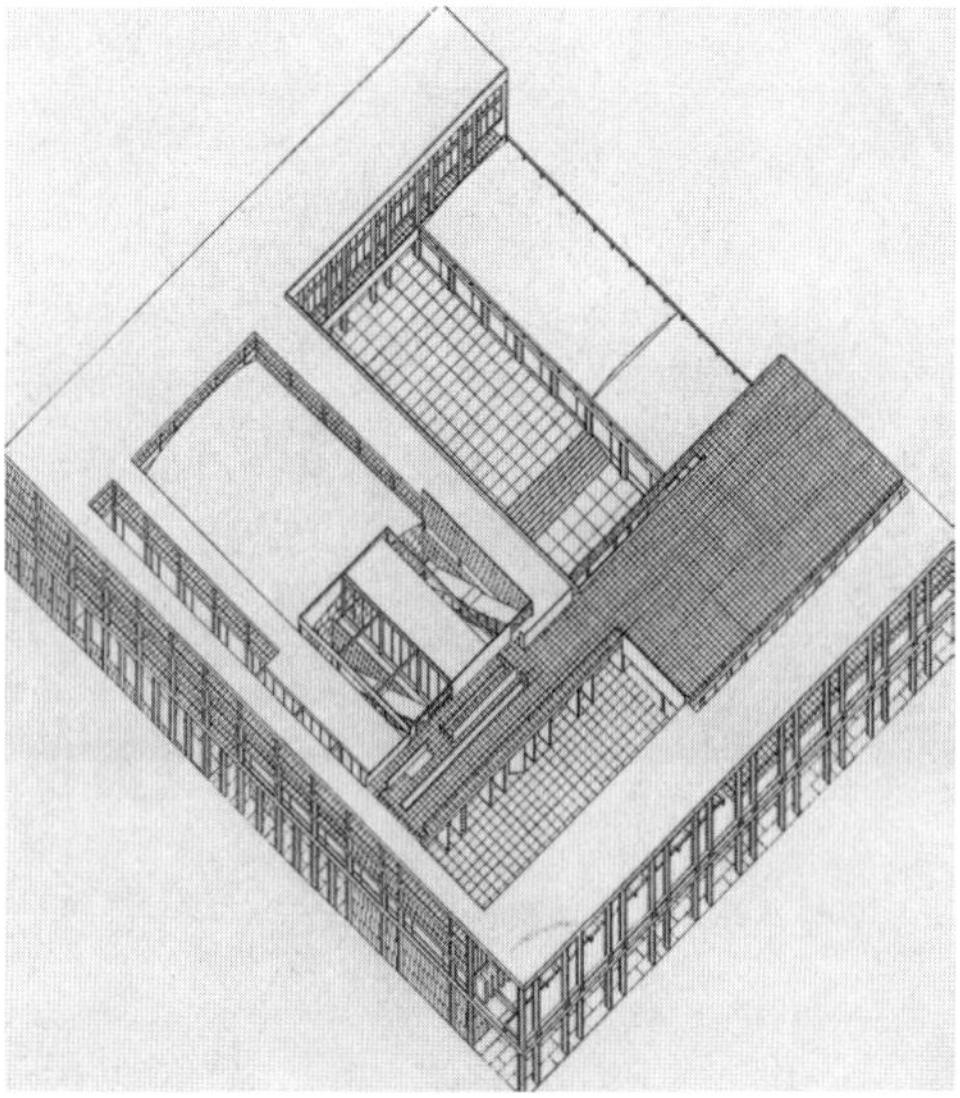
［図118］チェーザレ・カッターネオ、ピエロ・リンジェーリ、ジュセッペ・テッラーニ、E42の〈会議場〉の第二次コンペティションのためのプロジェクト、ローマ、1938-39年

これらのコンペティションのプロジェクトは、ファシズム体制の表現としての建築の意味を未だに与えようとする極端なまでの意志として現れている。テッラーニのグループはそこをとてもうまくまとめており、〈会議場〉のプロジェクトの提案書に次のように書いている。基礎となるテーマは「ファシズム時代の建築」の実現化であり、

近代建築のための重要な革命運動の統合と克服がひとつになったもの（……）。一九四一年の建築は、この数年にわたる創造的世界によって蓄積されてきた素材を取捨選択しなければならないだろう。論争的な偶然性のあらゆる面を削ぎ落とし、そして地中海文明の民衆の変わることのない願望に対する現状における表現として再度練られねばならない。つまりそれは絶対的な幾何学的価値の可塑的な基礎的形態の創造である。[*32]

ファシズム時代の表現としての建築と「より個人的で、主観的で、創造的な問題、それがファサードの空間である問題」に立ち向かう自由との矛盾は、その頂点に達する。まさに建築の「再出発」を考える時点ともいえる。テッラーニは、そしてパガーノとその他の少数の者たちは、「建築の根拠」のための「戦場」へと再び向かう準備ができている。[*33] もはや内部的な論争のときではない。

これらの三つのプロジェクトは「敗退した」プロジェクトとして括られたグループに加えられることになる。それはパガーノが『コストゥルツィオーニ―カーサベッラ』の一九四一年二月号に、「失われた機会」として掲載したものである。パガーノは、前述したようにピアチェンティーニと論争を開始する。円柱とアー

チに対し、ピアチェンティーニその人や、あの円柱、あのアーチを受け入れた者たちの「より貪欲な野心とより厚かましいご機嫌取り」に対する論争である。人民文化省の認める空間は、パガーノにとって、そして雑誌にとって、より一段と狭められつつあり、そして彼は自分自身の周囲に、理想を持ち、彼への「共感」へと向かう少数の者たちを集め、彼らはその立場を、全体的ではないながらも、広範囲に分け合うことになる。「失われた機会」を紹介しつつ、彼は次のように書いている。

しかし精神はその雪辱を保っている。少なくとも紙面の上だけでも、そして論争の最中に、敗北の栄誉のなかに保持しているのである。この回復を要求する望みのために、当時の様々なコンペティションで落とされてしまった素晴らしいプロジェクトのなかのいくつかをここに掲載したい。われわれが共感するものと審査委員諸氏の共感するものとの違いが全体的に見えるように、そしてイタリアの建築家たちの全てが間抜けなわけではないことがわかるように……。[*34]

掲載されたプロジェクトのなかには、ローマの建築家たちのものはなく、例外的にヴァッカロのプロジェクトと若手のモナコとルッチケンティのものがあるだけである。掬い上げられたのはミラーノの建築家たちのものだけではあるが、デ・レンツィとの協働において妥協に堕してしまったフィジーニとポッリーニのものは除外される。[*35]外されているのは「転向した」者たちで、そのなかでも筆頭はリベラである。

リベラ「事件」は、E42のなかで群を抜いている。彼の〈レセプションと会議場〉の最終案、この実施されることになる案は、反対と同時に同意をも引き起こす。建物は円柱があることによって断罪されることになる。「近くからは、花崗岩による大建築として、パンテオンの円柱のようであり、それも柱頭を半分取ってしまったもののようである」[36]とレトリック的に表される。一方でリベラは、本質的には、これらは円柱ではないということを常に提示しようと試みる。「これらは装飾的な円柱ではない、なぜなら強大な荷重を支持しているから」であり、または少なくとも「合理主義者によってなされた円柱」であるとする。[37]しかしリベラは「ＥＵＲ《エウル》は、未だにわれわれの敗北の墓場としてみられるところで、誰もが自分のできたはずのことを見失ってしまった」[38]ことも理解することになる。

リベラの建物は、大きな平行六面体で大地に横たえられている。そこに中央会議場のキューブが立ち上がり、四つの角で支持された交差ヴォールトの屋根が架けられる。実際には、そのキューブは平面においても断面においても、平行六面体のなかに沈み込んでいる。このことは最初のアイディアのようで、二つのヴォリュームは相互に貫入する。ベースとなる平行六面体の両端の二つの庭には、二つのアトリウムをおさめるためにヴォリュームが開かれている。ひとつは会議場のロビー、もうひとつはレセプションのもので、レセプションのほうには柱廊がある。どちらの空間も、円柱があるものもないものも、紡錘形の金属製のフレームによって支えられた巨大なガラスによって仕切られる。会議場ゾーンのアトリウムには、リベラの建築にいつも見られるモティーフが現れる。通路としての斜路がX字型に交差しているのである。同じモティーフはレセプションロビーの大きな吹抜けを区切っている下の部位にも見られる。会議場のホールに対応して、屋根の上には野外劇場[図119]がある。二つのホールは互いに独立したものであるが、断面図上ではつながりをもたされている。

全てのさまざまな要素が、当初の形態的なアイデアとの整合を図ることで相互に構成されており、そこには既にそのもの自身のなかに球体のイメージが内包されている。イデア―形態は、可塑的な解法を内包し、それを秩序立て、コントロールし、それらが機能性を持つまでに組織化することをなし得ている。しかもこのことは、リベラが建築をつくる際に常に経ている過程なのである。ここでもう一度識別しておきたいのは、たとえこのような形態と機能の統一にまで達していないとしても、このことは一九三七年の〈パラッツォ・デル・リットリオ〉の第二次コンペティションに提出されたプロジェクトにも明確に表現されているということである。[*39] E42のプロジェクトでは、何かが不足しているようであり、それはたとえ、最初に述べたように、何かが多すぎると多くの者たちが考えたとしてもである。

会議場が建設されている間の一九四〇年代の初めには、リベラは芸術としての建築の仕事[図120]よりも、社会需要としての住居の仕事により多くの時間を割くようになる。それは戦争に起因する仕事の減少によるだけではな

［図119］アダルベルト・リベラ、E42の〈レセプションと会議場〉、ローマ、1938年（写真、Archivio Libera, Roma）

［図120］アダルベルト・リベラとマリオ・デ・レンツィ、インペリアーレ通りに面する〈オーディトリアム〉のコンペティションのためのプロジェクト、ローマ、1935年（写真、Archivio De Renzi, Roma）

い。それよりも彼は、いまや、「合理的」建築の原理を再構築する必要性を認めているのである。住居のテーマを再び取り上げることで、それが『適正住宅』としてまとめられる。これは彼が一九四五年に、ポンティとヴァッカロと共に署名を記した本のタイトルによるもので、この同じ建築家たちによってその二年前に発表されている『住宅憲章』の流れを汲んだものである。[*40] それぞれが、まさにそれぞれにできることを見失ってしまっているのである。

〔原註〕

*1 B.MUSSOLINI, *La proclamazione dell'Impero*, in «Il Popolo d'Italia», 10 maggio 1936. 近著では以下の前掲書所収、*Opera omnia*, vol. XXVII, pp.268-69.

*2 B.MUSSOLINI, *Il piano regolatore della nuova economia italiana*, cit.

*3 この直前はバルセロナ（一九二九年）とブリュッセル（一九三五年）で開催されている。このテーマについては以下を参照のこと。E.GODOLI, *L'E42 e le esposizioni universali*, in *E42. Utopia e scenario del regime*, vol. II, *Urbanistica, architettura, arte e decorazione*, a cura di M.Calvesi, E.Guidoni, S.Lux, Venezia 1987, pp.147-55.

*4 「第一カテゴリーの万国博覧会」がイタリアへと割当てられる経緯と、ボッタイによって発表され、後にムッソリーニに帰属されることになる一九四二年展覧会のプロジェクトとの絡み合いについては以下を参照のこと。I.INSOLERA e L.DI MAJO, *L'Eur e Roma dagli anni trenta al Duemila*, Roma-Bari 1986, pp.8-11 ; V.MARIANI, *E42, un progetto per l'«Ordine Nuovo»*, Milano 1987, pp.7-8 e 13-18 ; E.GUIDONI, *L'E42, città della rappresentazione. Il progetto urbanistico e le polemiche sull'architettura*, in *E42, Utopia e scenario del regime*, cit., vol. II, pp.19-20. ここではボッタイのプロジェクトを、将来のE42事業本部長であるフェデリーコ・ピンナ＝ベルシェに帰属するとしている。

*5 「文明のオリンピック」については以下の前掲書を参照のこと。G.FIORAVANTI, *L'Olimpiade delle Civiltà: programmi, strutture, organizzazione*, in *E42. Utopia e scenario del regime*, vol. I, pp.91-

101.

＊6　以下の前掲書を参照のこと。GUIDONI, *L'E42, città della rappresentazione*, p.34.

＊7　「ローマによる平和」についてムッソリーニは一九三六年五月五日にパラッツォ・ヴェネツィアのバルコニーから発せられた演説の中で話している。そこでアディス・アベバの占領に触れている。以下を参照のこと。B.MUSSOLINI, *L'Etiopia è italiana*, in «Il Popolo d'Italia», XXIII, 6 maggio 1936；近著では以下の前掲書所収。*Opera omnia*, vol. XXVII, pp.265-66.

＊8　B.MUSSOLINI, in «Il Popolo d'Italia», 29 maggio 1936、近著では以下の前掲書、*Opera omnia*, vol. XXVIII, pp.5-8. ヨーロッパの災厄としてのヨーロッパにおける戦争については、前掲の五月五日の演説に既に見受けられる。すなわち「(……) 前にも増して、ヨーロッパの平和をかき乱すということはヨーロッパを崩壊させることになるということに確信を持つものである。」

＊9　博覧会と博物館のために企画された展覧会については以下の前掲書所収の記事を参照のこと。Eugenio Garin, Valerio Castronovo, Emilio Garroni, Pietro Montani, Paolo Galluzzi, in *E42. Utopia e scenario del regime*, vol. I. この巻には「文明のオリンピック」の四都市である、科学都市、芸術都市、様々な都市（本質的にはイタリア文明のもの）、協同体経済都市に振り分けられている様々な展覧会のプログラムも再録されている。

＊10　インペリアーレ通りについては以下を参照のこと。«Architettura», fascicolo speciale su *L'E42 in Roma: stato dei lavori e nuovi progetti. Le sistemazioni urbanistiche connesse: via Imperiale e nuova stazione di Roma Termini*, XVIII, dicembre 1939. 同様の内容に関して以下も参照のこと。*Il piano regolatore di Roma Imperiale*, «Quaderni della Roma di Mussolini», Roma 1939-1943, in particolare i numeri VII, VIII, X, e *Atti del V Congresso nazionale di studi romani*, a cura di C.Galassi Paluzzi, Roma 1941.

＊11　以下の前掲書に再録。INSOLERA-DI MAJO, *L'Eur e Roma dagli anni trenta al Duemila*, pp.30-33.

＊12　同書、p.47.

＊13　PAGANO, *Parliamo un po' di esposizioni*, cit.

＊14　オッポによるメンバーの選定については彼のノートを参照のこと。以下の前掲書に再録されている。*E42. Utopia e scenario del regime*, vol. II, pp.225-26.

＊15　以下の二冊の前掲書を参照のこと。MARIANI, *E42, un progetto per l'«Ordine Nuovo»*, pp.49-72；GUIDONI, *L'E42, città della rappresentazione*, pp.47-52.

＊16　以下を参照のこと。(G.PAGANO), *L'Esposizione universale di Roma 1941-42*, in «Casabella», X, giugno 1937, n.114, pp.4 sgg. 近著では以下の前掲書所収。PAGANO, *Architettura e città*, pp.59-64.

＊17　同書。

＊18　M.PIACENTINI, *Per l'autarchia. Politica dell'architettura: I. Bilancio del razionalismo ; II. Nuova rinascita ; III. Riforme concrete*, in «Il

Giornale d'Italia», 13, 15, 17 luglio 1938.

＊19 G.PAGANO, *Variazioni sull'autarchia architettonica*, in «Casabella-Costruzioni», XII, settembre 1938, n.129, p.2. 近著では前掲書、G.PAGANO, *Architettura e città*, pp.86-90.

＊20 G.PAGANO, *Variazioni sull'autarchia architettonica (II)*, in «Casabel-la-Costruzioni», XII, ottobre 1938, n.130, p.2. 近著では前掲書、G.PAGANO, *Architettura e città*, pp.91-97.

＊21 特に、レセプションおよび会議場（一次：一九三七年六〜九月、二次：一九三七年一一月〜一九三八年二月）、イタリア文明館（一九三七年七月〜一九三八年三月）、インペリアーレ広場（一九三七年一〇月〜一九三八年二月）、軍事館（一次：一九三七年一一月〜一九三八年三月、二次：一九三八年三〜六月）については以下の前掲書を参照のこと。*E42. Utopia e scenario del regime*, vol. II, le specifiche «schede descrittive».

＊22 コンペティションについては以下を参照のこと。«Architettura», numero speciale dedicato a *L'Esposizione Universale di Roma*, XVII, dicembre 1938.

＊23 以下を参照のこと。*Esposizione Universale di Roma MCMXLII - Anno XX E.F.*, a cura del Commissariato generale, Roma 1939, p.52.

＊24 BBPRのプロジェクトは、一九三五年の提案に始まる長期間にわたるスタディの決着点となるものである。それは博覧会開催決定の前からのもので、そのため前提のひとつとなる。以下の前掲書を参照のこと。E.GUIDONI, *L'E42, città della rappresentazione*, pp.20-22.

＊25 以下を参照のこと。*Giorgio Ciucci intervista Ludovico Quaroni*, in «Casabella», XLIX, luglio-agosto 1985, n.515, pp.32-34.

＊26 以下の前掲書を参照のこと。MARIANI, *E42, un progetto per l'«Ordine Nuovo»*, p.125. テッラーニの見解は、一九三八年一月に画家のアキッレ・フーニに宛てた手紙に含まれている。

＊27 BONFANTI-PORTA, *Città, museo, architettura*, cit., p.68.

＊28 以下を参照のこと。G.L.BANFI, L.B.BELGIOJOSO, E.PERESSUTTI, E.N.ROGERS, G.CIOCCA, *Relazione sul progetto architettonico per il Palazzo della Civiltà Italiana*, ACS, EUR SG f. 23.7 «Concorso palazzo civiltà italiana»；部分的に以下に再録、«Costruzioni-Casabella», XIV, febbraio 1941, n.158, p.16.

＊29 以下を参照のこと。G.A.DELL'ACQUA, *Una torre*, in «Casabella», VIII, giugno 1935, n.90, pp.28-35；G.R., *Della torre e del completamento della Piazza del Duomo a Milano*, in «Rassegna di architettura», VII, 1935, pp.265-73.

＊30 C.CATTANEO, P.LINGERI, G.TERRAGNI, *Relazione al concorso di secondo grado per il Palazzo dei Ricevimenti e delle Feste all'E42 a Roma*, cit.

＊31 以下を参照のこと。G.TERRAGNI, *Caro guardiano*, in «La Tribuna», 23 marzo 1931. この草稿は以下の前掲書に所収、MANTERO, *Giuseppe Terragni*, pp.94-101.

＊32 C.CATTANEO, P.LINGERI, G.TERRAGNI, *Relazione al concorso*, cit.

＊33 G.TERRAGNI, *Lettera a Luigi Piccinato*, 5 gennaio 1938；近著では

以下の前掲書所収、MANTERO, *Giuseppe Terragni*, p.147.

＊34 G.PAGANO, *Occasioni perdute*, in «Casabella-Costruzioni», XIV, febbraio 1941, n.158, p.7.

＊35 パガーノによって紹介されたプロジェクトは順に、カッターネオ＝リンジェーリ＝テッラーニ（会議場）、アドリアーニ＝ベッランテ＝ルッチケンティ＝モナコ（同）、アルビーニ＝ガルデッラ＝G・パランティ＝ロマーノ（イタリア文明館）、BBPRとチォッカ（同）、ビアンケッティ＝ペアとラディチェ（同）、ボットーニ＝ムッキ＝プッチ（軍事館）アスナーゴ＝ヴェンデル＝ロマノーニ（同）、ヴァッカロ（同）、アルビーニ＝ガルデッラ＝ミノレッティ＝G・パランティ＝ロマーノ（水と光の博物館）。同誌の以下を参照のこと。

pp.8-23.

＊36 E.GIOVANNETTI, *Il Palazzo dei ricevimenti e dei congressi*, in «Civiltà», I, giugno 1940, n.2, pp.57-64.

＊37 以下を参照のこと。A.LIBERA, *La mia esperienza di architetto*, in «La Casa», s.d.(1960), n.6, pp.171-75.

＊38 同書。

＊39 以下の前掲書を参照のこと。CIUCCI, *Lo stile di Libera*.

＊40 以下を参照のこと。A.LIBERA, G.PONTI, G.VACCARO, *Per tutti, anzi per ciascuno. Appello di tre architetti per la Carta della casa*, in «Il Popolo d'Italia», 15 giugno 1943. 以下に再録、*Per la Carta della Casa*, in «Stile», giugno 1943, n.30, p.12 ; A.LIBERA, G.PONTI, G.VACCARO, *Verso la casa esatta*, Roma 1945.

おわりに

ヴァッレ・ダオスタの都市規制計画、都市計画会議、E42、これらは三つの重要なきっかけであった。これらは数年後には続いて三つの重要な展開をみせる。オリヴェッティの取り組みである「コムニタ」[1]運動の戦後すぐの形成、これには建築家たちによる決定的な貢献が現われることになる。そして、一九四二年の都市計画法、これはローマの都市規制計画と一九三七年の第一回全国都市計画会議によって生み出されたもので、顕著なまでの間口の広さを持ち、全般的内容が見事に位置づけられている法律である。この法律はいまだかつて十全に適用されたことはないながらも、イタリアの建築家と都市計画家たちにとって常に参照されるものとなる。そしてEUR《エウル》地区の実現はE42の完成にあわせて実施がすすめられたが、戦時中には建設は休止されていた。

これら三つの事績が、直接及び間接的に、建築家と都市計画家たちの幻想の証左、そしてファシズムの計画《プラン》による政策の欠如、「純粋な」ファシズムによる搾取の証拠となる。過ぎ去った一〇年に及ぶ論議、地域計画から都市に関するもの、国家の建築から「近代」の建築に関するもの、こうした論議によって特徴づけられる錯綜した結節点自体が、偽物でしかなかったことが明らかになる。それは都市計画政策、地域計画、そして社会の要求がその内部にしまわれていなければならなかった箱、そしていざ開けてみたときには中に何も入っていないことがわかってしまった箱の装飾でしかないもの。こうした箱の中身を信じていた建築家たちは、机上のものでしかない理論的な談義の残骸を見つけ、手の中には必要とされる職能に合致しない職業、決められていた課題には適さない職業を見出すことになる。「文化」と「職業」の間の乖離は、一九二〇年代の終わりには世代間の対立によっても刺激され、深められた。そのあいだにも「文化」は、仮説と理論的作業の中に保持され、もう一方の「職業」には都市の建設が委ねられ、そこで力をつけてきていた建設部門の現実に直面し、自給自足や、そして全くといっていいほど合理的なものではない伝統的な建設業界の生産構造の整備に直面することになる。一方では、ピアチェンティーニが、本質的に表面的な人物で権力のやりとりにあまりにもかまけてしまい、社会にあり得べき職業人のイメージを示すことに成功しなかった。そして一方ではパガーノも、おそらくピアチェンティーニとの妥協が原因で、渇望していた「近代の」職業的道徳性を構築することができなかったのである。

「近代」建築を実現するための合意は、パガーノにとって実践可能な仮説であり、たとえそこにピアチェンティーニとの妥協があったとしても、『クアドランテ』グループとの論争は決して不十分なものではなかった。そしてそれでも、実際には、一九三八年にピアチェンティーニが提案した統合的で歴史的な分析、つまりE42の事業が進行している一〇年間を説明するために提案した分析を強調することができたのである。「払拭と再提議の」前段の後には「研究と試みの」第二段階が続いた。たとえパガーノとピアチェンティーニの間でも、この対照性は、ピアチェンティーニによって提示された結論において、活気に満ちた事実であった。「骨折りの労力の多い尊い」フェーズは、「統合と実現の、そして確信と賞賛の次なる新しい時期への入口が開かれること」へと続くだろう。「それは――ピアチェンティーニは結論づける――新たな再生である」[*1]。この再生については、もはや誰も信じることはない。

「理解していた者」と「転向した者」との乖離は、歴史記述的通釈において不変的なものである。これは戦後になってファシズム期の建築に対して提議されたものであるが、それは建築だけにとどまるものではない。戦争の劇的な推

1　一九四七～六一年のオリヴェッティを中心とした政治活動。文化的に一体性があり経済的に自立する地域による連邦制を理想とした。

移によって生じた乖離によって、再生へのレトリック的賞賛が壊滅させられ、再建の現実の前に建築家たちが引きずり出される。これは物質的なものに限らないだろう。再建の道徳的な空気は建築家たちの世代交代に貢献し、旧い幻想の多くを消し去り、そこに新しい幻想を生み出している。ただ、残念ながら数多くの曖昧さと「転向」、そして二つの大戦間期に付随する多くの矛盾するものを隠蔽してしまう。

しかし、繰り返しておきたいのは、重要なことは、何ものかを断罪することではなく、新たな「転向」を見つけ出すことでもなく、そしてたとえ間違いであったとしても、誰が善き信仰を持ち、または善い建築家であったのかという点で放免することでもない。もしE42の推移のなかで「救い出される」者が少しでもいたとしても、それはこれらの少数の者たちが円柱やアーチを用いなかったからということではなく、もしくは、そのうちの誰かが、もはや支配的となっているレトリックに対抗する術をわかっていたからということでもない。とりわけ、幾人かにとっては、これらの前提が、イタリアの合理的建築に息吹を与え、本質と力を与えたものであり、偉大な幻想、というよりも寛大な幻想であったことを理解していたからである。彼らは、彼ら自身がファシズムの固有性であると考える価値を、形態の合理性によって表明できるという認識を信じていた。古典世界は、彼らにとって、円柱やアーチの世界なのではなく、精神の世界、その再創造を夢見る世界だったのである。彼らこそが、沈黙する形態によって構築された瞑想へと至り、それは円柱やアーチのいかなる言語よりも多くのことを物語るのである。テッラーニの退去と悲劇的結末、[2]パガーノやバンフィ、ジョッリの劇的な最後、リベラの閉塞、生き延びた多くの者たちは、偉大なる幻想の終わりを代表する。

幻想、熱意、論争、皮肉、妥協、生硬さ、そして抽象に振り回されるうちに、二つの大戦間のイタリア建築は浪費されてしまい、第二次世界大戦直後のイタリア文化の資産となるのは数少ない要素である。それは、パガーノが道徳的に教えてくれたこと、マウトハウゼン[3]において反ファシズムの徒としてあがなった劇的な最後。ペルシコの苦悩する人格、そこでは早すぎる死によって危機に陥っている補完主義者としてのカトリシズムが昇華される。*2 オリヴェッティに帰せられる計画の仮説、ここでは協同体主義《コルポラティヴィズモ》への接近が「コムニタ」運動創設によって放免される。本質的な建築というテーマ、パガーノが最初にファシズムのレトリックに対する別の選択肢として個別化したもの。一九三七年のイニャーツィオ・ガルデッラによるアレッサンドリアにある〈結核療養所〉のような反レトリック的建築作品、そこでは合理主義のテーマもしくは近代のテーマは、注意深く洗練された建築の「知識」によって超克される。

　これらの要素の他に、戦後になって、何人かの姿が完全な形で現れる場所を見出すことができる。それは既に一九三〇年代に、グループや傾向に所属してはいながらも、しっかりとした派閥や極化された立場のなかに枠取ることが容易ではない者たちである。このリドルフィ、クァローニ、サモナ、ロジャースらは課題となる言説において、彼らの個人史の一部分が悪しきものとして一括りにされてしまうという不安に囚われることなく、続行し立ち向かうことを知っている。それらはただ彼ら自身の作品を通してだけではなく、顕著で個人的な仕事——例えば、『建築家マニュアル』〔設計資料集成〕、地区のテーマ、ヴェネツィアの建築学校、『カーサベッラ—コンティヌィタ』など——をもたらす計画によっても主張される。これらの建築家たちは失われてしまった職業性の再発見を試みることになる。彼らは、他のものたちと共に、「転向し」た「聖職者」であったことを認識しながら、しかしこの「転向」の不可避性を受容するなかで働いていくだろう。彼らは、この職業性が、文化的、社会的、政治的に困難な選択の問題でもあることを明らかにしたのである。

2　一九四一年にロシア戦線に出征し、四三年に憔悴して帰郷するものの半年後に物故する。

3　ナチス・ドイツによる強制収容所。

〔原註〕

＊1　M.PIACENTINI, *L'urbanistica e l'architettura*, in «Architettura», numero speciale dedicato a *L'Esposizione Universale di Roma 1942*, cit., p.726.

＊2　ペルシコの人物像に対する総評については以下の前掲書に掲載。C.DE SETA, *Il destino dell'architettura. Persico Pagano Giolli.*

訳者あとがき

本書は、Giorgio Ciucci, *Gli architetti e il fascismo - Architettura e città 1922-1944*, Einaudi, 1989(1st edition), 2002(2nd edition).の全訳である。第二版は初版よりも版型が少し大きくなっているものの特に内容は更新されていないようなので、訳出する際、基本的には初版を底本としている。二〇世紀に入り、イタリアの建築家や都市計画家たちが、社会情勢や政治体制の大きな変動に直面し、そして「近代建築」を受容し発展させようという流れのなかで、どのように考え、行動していったかをまとめた本である。その概要ならびに成立の経緯については、著者自身により「緒言」の前段で簡潔にまとめられているので、まずはそちらをお読みいただきたい。

私事になるが、筆者が留学のためにヴェネツィアに到着したのは一九九〇年のことで、まだ出版されて間もなかった本書を建築大学内の書店の棚に見つけた時には、イタリア近代建築黎明期の流れを簡潔に押さえることのできる素晴らしいものに出会えたと興奮したことを憶えている。図版が数多くあることにも助けられ、早速読み始めてはみたものの、実はそれほど容易に読みこなせるようなものではなかった。それもそのはずで、著者が多くの既往研究をあたり、膨大な資料を博捜し、一〇年にも及ぶ研究の成果を詰め込んだものなのである。当然ながら本書は評判を呼び、基礎的文献として各地の大学の参考図書に取り上げられ、増刷されることがとても珍しいイタリアで版を重ねるなど、最初の出版から四半世紀を経た現在でも安定した評価を得ていると言えるだろう。

原書を手に取った方は、おそらくイタリアという国の様子を多少なりともご存じだと思う。しかしながら蛇足となってしまうことを承知で、また、もしかすると不案内な読者のために本書の背景となる基本的な歴史的枠組を簡単に紹介しておきたい。

イタリア半島が都市国家ローマによって統一されたのは紀元前三世紀のことである。その後のキリスト生誕の頃、つまり西暦の紀元が始まる時期を挟む頃に、この都市国家は帝国への組織改革を成し遂げ、最盛期には西アジアから北アフリカ、ヨーロッパの大半を支配下に治める栄光の巨大帝国を築き上げる。ムッソリーニが折に触れて立ち戻ろうとするのがこのローマ帝国のイメージである。五世紀になってこの帝国が崩壊した後（ただし、東半分は一五世紀まで存続する）は、しばらくして各地に都市国家が成立し、半島における覇権を競って鎬《しのぎ》を削ることになる。この時期になると各地方がそれぞれ独特の文化を発展させ（言葉も違った）、いわゆるカンパネリズモ（郷土主義）の土壌を準備した。詩聖ダンテは一三〜一四世紀に活躍した人である。当時の文章はラテン語で書かれることが多かったなかで、彼はトスカーナ地方の俗語で『神曲』を著し、それが後のイタリア語の形成に大きな影響を与えた。その後、一四〜一五世紀のルネサンス期になると文化的な成熟度は最高潮に達し、多くの文化人を輩出し、イタリア半島の統一が模索される。ただし結局のところ都市国家規模の政治体制では、周辺の国々で成立しつつあった絶対主義王権の国力には勝てるはずもなく、半島は数世紀にわたって、オーストリア（ハプスブルグ家）やフランス（ブルボン家）、スペイン（アラゴン家）などによる分割支配を受けることになった。一七八九年にフランスで起こった市民革命を経て、イタリア方面に派遣されてきたナポレオンによる支配の後、ようやく近代独立国家として半島が統一される（この統一運動をリソルジメントという）のは一八六一年のことになる。このとき統一の母体となったのが、半島の付け根の西側、現在のフランスとの国境付近を挟んで版図を保持していたサルデーニャ王国（サヴォイア家）で、この頃の首都はトリーノに置かれていた。そしてこのサヴォイア王家がそのままイタリア王家に横滑りする。この近代国家の形成期に、イタリアがヨーロッパ諸国に追いつこうとするなかで、同様に近代化が遅れていながらもイタリアに一歩先んじていたドイツ（プロイセン）が良いお手本になっていた。その辺りの様子は本書でも触れられている。

一九〇〇年には国王がアナーキストに暗殺されるなど、国政は必ずしも安定しない。そうしたなかで前衛的な芸術活動として現れたのが未来派である。まず一九〇九年二月にイタリア各地の新聞にマリネッティによる「宣言」が掲載されるのであるが、続いてこれがパリの『ル・フィガロ』紙にも掲載されたことで世界的な評判を勝ち取る。一九世紀のブルジョア的な秩序を揶揄し、機械や速度、戦争を賛美し、閉塞した伝統を破壊しようという言葉に惹かれ、賛同した若者たちも多かったに違いない。しかしながら、彼らは世界で初めての国家による総力戦となった第一次世界大戦の戦場に駆り出されてしまう。戦争は、それまでの職業軍人による特殊なものから、徴兵制によって誰もが巻き込まれてしまう一般的なものへと大きく転換したのである。辛うじて運良く帰郷できた者たちも、戦争に勝ったはずなのに得たものは少なく、仕事も失い、残ったものは不満ばかりであった。

こうしたエネルギーをうまく利用したのがムッソリーニである。第一次世界大戦終結直前にロシアで起きた共産主義革命がイタリアへと波及してくることへの恐怖感に訴え、各地で起こる（起こした）小競り合いを制していくなかでメディアを通して支持を集めていく。そして一九二二年一〇月に、全国の支持者を首都ローマに集結させる（ローマ進軍）ことで、政府に脅しをかけるのである。これが効奏し、おそれをなした国王からムッソリーニは首相に任命され、合法的な「革命」が成立する。この後二〇年以上続くファシズム政権の誕生である。

副題によると、本書ではこの一九二二年から一九四四年までを取り扱うことが示唆されている。

この政権の前半の一〇年間は若い革命国家として若者たちの支持を集め、国力を増強するための思い切った施策や当初の和平外交など、同時代の英国の政治家たちを含めて評価をしている向きもあるようだが、少なくとも独裁政権が確立され、植民地獲得に乗り出し、世界的な大恐慌の余波を被った後の後半の一〇年間については、良い評価を受けることはないように思われる。このファシズム・イタリアは、一九四〇年に同盟国であるナチス・ドイツと張り合うかたちで、前年に始まっていた第二次世界大戦に参戦する。ただし、直ぐにも国力のなさを露呈し、バルカン半島や北アフリカでの苦戦が続き、四三年七月には、ついに連合軍がシチリア島に上陸したこともあって、ムッソリーニは失脚、幽閉される。ところがその九月には、ナチス特殊部隊による劇的な救出作戦が敢行され、北イタリアにムッソリーニを首班とする傀儡政権が樹立された。南部に避難していたイタリア政府は連合国側としてあらためて宣戦布告を行い、イタリア半島は北部の枢軸側政権に対するレジスタンス活動（パルチザン）も含めた内戦状態になってしまう。さて一九四四年には、多くの犠牲を払ってローマが連合国側に解放されるものの、イタリアはまだまだ戦時下にあった。本書に登場する建築家たちがナチスの強制収容所に送られるのはこの時期のことである。

一九四五年五月にはナチス・ドイツの崩壊と共に戦争も終局を迎え、ムッソリーニがパルチザンに処刑されることでイタリアの戦争も終わる。戦後の翌四六年には国民投票により王制が廃止され、共和国となったイタリアが現在に続いているのであるが、それはまた本書の後の話である（ちなみに同じエイナウディ社から、続編ともいうべき本が出されている。九〇年代半ばまでのイタリアの都市と建築を扱ったもので著者はタフーリである）。

さて、本書は、まず第Ⅰ章で、二〇世紀に入って求められた近代的な新しい建築家像の成立事情を紹介するところから説き起こされている。単体の建築に従事するだけでなく都市計画も視野に入れた建築家＝都市計画家のイメージである。それに伴って、イタリアにおける近代都市計画の考え方の展開が述べられ、科学的な観点と芸術的な視点を併せ持つこと、そして歴史的な街区の固有性を認め、そのことと都市の成長との関係に対する考え方が示される。第Ⅱ〜Ⅳ章は、当時の主要都市であったトリーノ、ミラーノ、ローマの順に、それぞれの都市で「近代」というものが受け入れられていく土壌の違いの概観が描かれる。トリーノは、自動車産業に代表される大企業が成長した、イタリアで最も近代的な都市であり、その一方で旧体制の王家の首都であったヨーロッパ（アルプスの向こう側）的な部分を色濃く残している。トリーノは、こうした貴族的な会社経営者による労働者管理、生産管理のための生産「合理性」の追究から発展して、近代的な生活を受容する過程で、その建築的な実験を行う都市となったことが示される。第Ⅲ章は、ミラーノの都市の成り立ちに沿った最初の都市計画の話題と、その同時期に再開発が進んだ建築のデザイン的な面について語られる。この一九世紀の折衷主義的な「おどろおどろしい」デザインが、未来派の登場などもあって新古典的なものへと整理されていく。そこへ、ル・コルビュジエの影響を受けた若者たちが現れ、より純化された「真の」古典主義としての近代建築への移行を主張する。これがいわゆる合理主義の始まりとなる。第Ⅳ章で扱われるローマでは、建築と都市デザインとしては、ルネサンス〜マニエリスム期に続きバロック期にも隆盛をみたものの、その後、近代に入るまで都市としての大きな発展は見られない。都市計画的な点では、ようやく二〇世紀になって、イギリス由来の田園都市の考え方が限定された郊外地区というかたちで試されることになる。建築としては、「偉大な」バロックを継承したデザインをベースにするものの、次第に古典的要素を抽象的に扱いつつ形象化するデザインへと進むことが示される。

このように、近代を受容する際のそれぞれの地方性や社会に根ざした方向性の違いが、具体的な事例を伴いながら整理される。続く後半は、この違いがひとつの「近代」というかたちでまとめられ得るものなのかどうか、そしてそのかたちとはどのようなものなのか、ということを建築家たちが追究した闘いの記録である。第Ⅴ章は、「近代」を合理的建築（合理「主義」ではない点にご注意いただきたい）の展覧会というかたちを取ることでひとつにまとめようと努力した若者たちの話。第Ⅵ章は、「近代」的かつ革命的であることを主張しつつ、一方で芸術を統制しようと乗り出してきた政治体制との確執、そこにおける言葉の問題、定義の問題が示される。第Ⅶ章では、そこから発展した具体的な建築の事例（いくつかのコンペティションや〈ローマ大学都市〉）が紹介される。次の第Ⅷ章になると、政治体制自体の志向が変化を見せ始め、最早、近代というもののイメージがずれ始める危機の予兆がトリエンナーレの事例などを通して示される。第Ⅸ章は再び都市計画の話題に戻り、第Ⅰ章で示された方向性が、戦後になって法制度として結実していく様子が描かれる。そして、最終章である第Ⅹ章では、全体主義国家による表象を目的とする力の前にあっては、「近代」の探求など全く無力な別次元の話になってしまった、ということがローマのＥＵＲ地区の例を通して語られる。

このように、もちろん時系列としての大きな流れのなかで全体が構成されているものの、読者の興味にあわせて、それぞれ好きな章から読むこともできる巧みな構成が本書の魅力のひとつと思われる。

当時のイタリアの建築家たちは、建築のなかに時代や社会を反映する装置としての役割の重要性を見ており、逆にそこにあまりにも囚われてしまったために、議論が空転し、当の建築家たち、ひいてはイタリアの建築そのものが疲弊してしまった、ということが本書で語られていることのひとつであろう。翻って、現在の著名な建築家による「作品」を見ていると、あまりにも個人的なイメージや刹那的なアイディアを前面に押し出しているものが多いように感じられる。そろそろこの辺りで、あらためて建築の持つ社会的な意味や、そのかたちの持つべき時代性などを吟味することに立ち戻り、じっくりと議論のできる状況が生まれることを心待ちにしているのは筆者に限らないと思われる。

ここであらためて、本書のテーマのひとつともいえる合理主義とは何か、という著者の言葉を簡潔に紹介しておきたい。次に引くのは一九九九年に制作されたＲＡＩ（イタリア国営放送局）の教育番組で語られていたものである。もし仮にファシズムの理想や国家の威信などというものと絡み合うことがなければ、より一層の輝きを放ち得たかもしれない。「近代性へと向かう大きな運動のことで、この合理主義はイタリアに特有のものである。機能性だけではなく、建築を構築する上で合理性を活用すること、そして同時に、合理主義者たちは、形の上のことではなく、精神的に古典主義者であろうとした」。

本書は、建築や都市計画の事象に留まることなく、政治的、社会的、経済的な背景などもさまざまに書き込まれ、一〇〇年近く前の文献からの引用も頻出するひと筋縄ではいかない書物である。あらためていろいろな資料を読み、いろいろな方々に示唆をいただくことで何とかまとめられたようなものである。なかでもイタリア語については、イタリア人である平野絵里奈さん、フランス語についてはマニュエル・タルディッツさんに多くのことをご教示いただいた。ありがとうございました。ただし、もし間違いがあればそれはもちろん筆者に帰するところのもので、実際何度も読み返すなかで修正を繰り返している始末である。まだ思いがけない勘違いなどもありそうなので読者諸賢のご教示を待ちたい。

また本書には数多くの具体的な事例が登場する。図版を追加してよりわかりやすい書物とすることも検討した。しかし昨今のインターネット環境はとても充実しているので、例えば、建築家の名前を索引にあるイタリア語で入れて「画像」検索をかけるだけで、多彩な写真や図面などを見ることもできる。ぜひお試しいただきたい。

最後に今回編集の労を執っていただき、長い時間をかけてお付き合い下さった川尻大介さんと渡辺奈美さんにお礼を申し上げたい。筆者のわがままにもいろいろと耳を傾けていただいた。例えばイタリア語の日本語表記に関しても既に慣例となっているものの見直しも含め、なるべく原語に近い形となるように工夫させていただいた。本当にありがとうございました。

末筆になるが、ほぼ三年にわたり周囲には苦しさも見せずに闘病を続け、ついにこの五月に力尽きた亡父の勇気に感謝したい。

二〇一四年七月

鹿野正樹

索　引

あ

い

う

え

お

アスキエーリ・グループ　Gruppo Aschieri……51, 77, 126, 301
　− ブレシア都市規制計画コンペティションプロジェクト 51
　− EURレセプションと会議場コンペティション 301
アスキエーリ、ピエトロ　Aschieri, Pietro……143, 144, 146, 147, 151, 163, 213, 215, 216, 292, 301
　− 戦傷視覚障碍者住宅 143
　− リベルタ広場のデ・サルヴィ住宅 143
　− トレント広場の集合住宅 143
　− パンタネッラ・パスタ店 143
　− 手工業者地区のコンペティション最優秀賞 143
アスナーゴ、マリオ　Asnago, Mario……126, 315
アドリアーニ　Adriani……315
アニアンテ、アントニオ　Aniante, Antonio……125
アニェッリ、エドアルド　Agnelli, Edoardo……71, 93
アニェッリ、ジョヴァンニ　Agnelli, Giovanni……71, 93
アルガン、ジュリオ・カルロ　Argan, Giulio Carlo……92
アルディ、シルヴィオ　Ardy, Silvio……30, 173, 211
アルパーゴ・ノヴェッロ、アルベルト　Alpago Novello, Alberto……103, 106, 107, 116, 126, 164
アルビーニ、カルラ　Albini, Carla……266
アルビーニ、フランコ　Albini, Franco……12, 125, 247, 252, 258, 261, 266, 269, 271, 284, 300, 305, 306, 315
　− 第6回ミラーノ・トリエンナーレ、居住展 261
　− 「ミラーノ・ヴェルデ」計画 271
アルベルティーニ、チェーザレ　Albertini, Cesare……100, 102, 104, 124
アレアーティ、エンリコ　Aleati, Enrico……274
アロイージオ、オットリーノ　Aloisio, Ottorino……88, 91, 172, 229, 247, 258
　− ローマ通り再整備プロジェクト 88, 91
アングル、ジャン＝ドミニク　Ingres, Jean-Dominique……166
アンジョレッティ、ジョヴァンニ・バッティスタ　Angioletti, Giovanni Battista……197
アンジレッラ、ガエターノ　Angilella, Gaetano……284
アントニチェッリ、フランコ　Antonicelli, Franco……92
アンドレアーニ、アルド　Andreani, Aldo……115
　− ソーラ＝ブスカ田園住宅地区計画 115

イェディケ、ユルゲン　Joedicke, Jurgen……10
イオファン、ボリス　Jofan, Boris……229
イタリア近代建築家同盟 → RAMI
イタリアにおける合理的建築のための運動 → MIAR

ヴァッカロ、ジュゼッペ　Vaccaro, Giuseppe……211, 220, 221, 243, 258, 309, 312, 315
　− ナポリの郵便局 221
　− パラッツォ・デル・リットリオコンペティション入賞案 243
ヴァッレ、チェーザレ　Valle, Cesare……44, 63, 285
ヴァレンテ、アントニオ　Valente, Antonio……196
　− ファシズム革命展、殉教者記念室 196
ヴィエッティ、ルイジ　Vietti, Luigi……175, 226, 227, 232, 235, 243, 244, 247, 253, 275, 297, 299
　− パラッツォ・デル・リットリオ、Aプロジェクト 235
ヴィオラ、グイド　Viola, Guido……302
ヴィッティンク、ジュゼッペ　Wittinch, Giuseppe……143
　− 手工業者地区のコンペティション最優秀賞 143
ヴィットリーニ、エリオ　Vittorini, Elio……113
ヴィティック、アーノルド　Wittich, Arnold……9
ヴェトゥリアーニ、コスタンティーノ　Vetriani, Costantino……143, 229
　− 手工業者地区のコンペティション最優秀賞 143
　− パラッツォ・デル・リットリオコンペティションのプロジェクト 229
ヴェロネージ、ジュリア　Veronesi, Giulia……12, 118, 128, 206, 267
ヴェンデル、クラウディオ　Vender, Claudio……126, 315
ヴェントゥーリ、ギーノ　Venturi, Ghino……146, 147
ヴェントゥーリ、リオネッロ　Venturi, Lionello……68, 69, 80, 92
ウゴロッティ　Ugolotti……152
　− テルミニ駅の改築計画 152

エイナウディ、ジュリオ　Einaudi, Giulio……91
エッレラ　Errera……243
　− パラッツォ・デル・リットリオコンペティション入賞案 243

オイエッティ、ウーゴ　Ojetti, Ugo……211, 218-220, 227, 241, 249, 305
オザンファン、アメデ　Ozenfant, Amédée……166
オッポ、チプリアーノ・エフィシオ　Oppo, Cipriano Efisio……125, 296, 313
オリヴェッティ、アドリアーノ　Olivetti, Adriano……22, 224, 274, 277, 280, 283, 316, 317, 319

– ヴァッレ・ダオスタ都市規制計画コーディネーション 22
– ヴァッレ・ダオスタ都市規制計画全体統括 279
オルテッリ、オスカル　Ortelli, Oscar……247
オルラン、マック　Orlan, Mac……125

か

カイザー、ゲオルグ　Kaiser, Georg……125
カスタニョーリ、ウバルド　Castagnoli, Ubaldo……126
カゾラーティ、フェリーチェ　Casorati, Felice……68, 72, 74, 75, 77, 78, 80, 83, 86, 93, 94, 247
– グァリーノ邸入口 74
– 第3回モンツァ・トリエンナーレ、精肉店 78
– ヴァレンティーノ公園戦勝10周年記念博覧会、織物のパヴィリオンとスニア・ヴィスコーザ社スタンド、ミーラ・ランツァ社スタンド 83
カッターネオ、チェーザレ　Cattaneo, Cesare……278, 307, 315
– E42レセプションと会議場第二次コンペティション 307, 315
カッファレッリ、ジュセッペ　Caffarelli, Giuseppe……173
カッポーニ、ジーノ　Capponi, Gino……155
– 第1回合理的建築イタリア展、タバコ工場 155
カッポーニ、ジュセッペ　Capponi, Giuseppe……213, 216, 217, 241
– ローマ大学都市、植物学・製薬化学研究棟 216
カッラ、カルロ　Carrà, Carlo……10, 76, 241
カッリ、コッラード　Cagli, Corrado……228
ガッローネ、ディーノ　Garrone, Dino……176
ガドーラ、アンブロージォ　Gadola, Ambrogio……103
カネッラ、グイド　Canella, Guido……12
カビアーティ、オッタヴィオ　Cabiati, Ottavio……103, 104, 106, 107, 126
カフィエーロ　Cafiero……229, 243
– パラッツォ・デル・リットリオコンペティション入賞案 243
カムス、レナート　Camus, Renato……126, 247, 252, 261, 266, 269, 284
– 第6回ミラーノ・トリエンナーレ、居住展 261
カラブレーゼ、オマール　Calabrese, Omar……14
ガランテ、ニコラ　Galante, Nicola……68, 80
– グルッポ・デイ・セイ 80
カルダレッリ、ヴィンチェンツォ　Cardarelli, Vincenzo……105
カルツァ・ビーニ、アルベルト　Calza Bini, Alberto……28, 77, 126, 136, 155, 158, 160, 163, 164, 168, 169, 173, 210, 211, 221, 240, 243, 255
カルツァ・ビーニ、ジョルジョ　Calza Bini, Giorgio……214, 216
– ローマ大学都市、学生寮 214, 216
ガルデッラ、イニャーツィオ　Gardella, Ignazio……12, 125, 261, 271, 300, 306, 315, 319
ガルニエ、トニ　Garnier, Tony……85
カルボーニ、エルベルト　Carboni, Erberto……266
カルミナーティ、アントニオ　Carminati, Antonio……226, 227, 232, 243
カルリ、エンツォ　Carli, Enzo……264
カンチェロッティ、ジーノ　Cancellotti, Gino……44, 63, 223, 224, 299
– EURインペリアーレ広場の科学館 299
– サバウディアのコンペティション最優秀賞 223
カンディンスキー、ワシリー　Kandinskij, Vasiij Vasil'evic……185, 187, 205
カンパニーレ、アキッレ　Campanile, Achille……125
カンピーリ、マッシモ　Campigli, Massimo……247
ガンベリーニ、イタロ　Gamberini, Italo……191, 220
カンボ　Kambo……229
– パラッツォ・デル・リットリオコンペティションのプロジェクト 229

き

キエリチ、ジーノ　Chierici, Gino……240
キッダー・スミス　Kidder Smith, G.E.……10
ギリンゲッリ、ヴィルジリォ　Ghiringhelli, Virgilio……207
ギンズブルグ、レオーネ　Ginzburg, Leone……91
近代建築国際会議 → CIAM

く

グァリーノ、リッカルド　Gualino, Riccardo 22, 68-75, 81, 84, 87, 92-94
グァルニエーリ、サッレ　Guarnieri, Sarre……191, 220
クァローニ、ルドヴィーコ　Quaroni, Ludovico……299, 300, 303, 319
– EUR古代美術館 300
– EUR近代美術館 300
– EURインペラトーレ広場コンペティション最優秀賞 299
グエッリーニ、ジョヴァンニ　Guerrini, Giovanni……300, 302
– EURイタリア文明館 302
クッツィ、ウンベルト　Cuzzi, Umberto……75, 83, 86, 88, 96, 155, 230, 247
– ヴァレンティーノ公園戦勝10周年記念博覧会、貴金属のパヴィリオン 96
– ローマ通りの再整備プロジェクト 88
– パラッツォ・デル・リットリオコンペティションのプロジェクト 230
クラウゼッティ、パオロ　Clausetti, Paolo……261, 266
– 第6回ミラーノ・トリエンナーレ居住展 261
グラムシ、アントニオ　Gramsci, Antonio……67, 69, 92, 99
グリッフィーニ、エンリコ　Griffini, Enrico……200, 247, 248, 250, 271

け

こ

さ

し

GUR　Gruppo Urbanisti Romani → ローマ都市計画家グループ
グルッポ7　Gruppo 7……9, 11, 14, 77, 115-119, 126, 127, 155, 157, 167, 174, 182, 183, 197, 202, 205, 206, 239, 246, 304
- 第4回ミラーノ・トリエンナーレ、電化住宅 197
グルッポ・テッラーニ　Gruppo Terragni……232, 234-237, 243, 306
- パラッツォ・デル・リットリオコンペティション入賞案 232, 234-237, 243
グルッポ・デイ・セイ　Gruppo dei sei……80, 89, 94
グルッポ・ラ・ブルベーラ　Gruppo la Burbera……146-148, 151, 159, 163, 173
- 1909年ローマ都市規制計画の一般変更計画プロジェクト 146-148
グレゴッティ、ヴィットリオ　Gregotti, Vittorio……12
グレッピ、ジョヴァンニ　Greppi, Giovanni……106, 107
クレモネージ、フィリッポ　Cremonesi, Filippo……138
クローチェ、ベネデット　Croce, Benedetto……67

ケッサ、ジジ　Chessa, Gigi……73, 76-78, 80, 82, 83, 86, 94, 96, 155, 163
- 第3回モンツァ・ビエンナーレ、薬局 77, 78
- ヴァレンティーノ公園戦勝10周年記念博覧会、写真家のパヴィリオンと化学のパビリオン 82, 83, 85, 96
- スクリーベ劇場 73
- グルッポ・デイ・セイ 80
建築愛好家芸術協会……35, 39, 103, 138, 139

コクトー、ジャン　Cocteau, Jean……206
コストフ、スピロ　Kostof, Spiro……13
コセンツァ、ルイジ　Cosenza, Luigi……229
- パラッツォ・デル・リットリオコンペティションのプロジェクト 229
コッペデ、ジーノ　Coppedè, Gino……152
- ローマ・テルミニ駅の改築 152
ゴベッティ、ピエロ　Gobetti, Piero……59, 67, 69, 99
ゴメス・デ・ラ・セルナ、アルヴァロ　Gómez de la Serna, Alvaro……125
ゴル、イヴァン　Goll, Ivan……125
ゴルラ、ジュゼッペ　Gorla, Giuseppe……268
コロンボ　Colombo……61
コンティ、アンジェロ　Conti, Angelo……125

サヴィーニョ、アルベルト　Savinio, Alberto……107, 109
サッバティーニ、インノチェンツォ　Sabbatini, Innocenzo……77, 141, 142, 150, 155, 157, 163
- ICPによる郊外退避所 141

- 練兵広場の集合住宅 141
- トリオンファーレのICP庶民住宅 141
ザニーニ、ジジョッティ　Zanini, Gigiotti……107-109, 247
- アッフォリの庶民住宅 107
- ドゥーゼ広場の集合住宅 107
ザニーニ、ピエトロ　Zanini, Pietro……250
- 飛行士の住宅 250
サモナ、ジュゼッペ　Samonà, Giuseppe……222, 227, 229, 243, 271, 302, 319
- アッピオの郵便局コンペティションのプロジェクト 222
- パラッツォ・デル・リットリオコンペティション入賞案 243
サラティーノ、パオロ　Salatino, Paolo……243
サリーヴァ、エルネスト　Saliva, Ernesto……226, 227, 232, 243
サリエッティ、アルベルト　Salietti, Alberto……247, 248
サルトリス、アルベルト　Sartoris, Alberto……68, 70, 74, 75, 77, 78, 80, 82, 83, 85, 86, 88, 93, 96, 97, 126, 155, 157, 163, 166, 169, 170, 183, 203, 208, 239, 245
- 第3回モンツァ・ビエンナーレ、精肉店 77, 78
- ヴァレンティーノ公園戦勝10周年記念博覧会、鍛鉄のパヴィリオンと木の芸術のパヴィリオン 83, 96
- ジャン=サラダン・ヴォン・ベルケムの別荘=スタジオ 166, 239
- グアリーノ邸の劇場 74
サルファッティ、マルゲリータ　Sarfatti, Margherita……111, 114, 122, 123, 211
ザンジ、エミリオ　Zanzi, Emilio……73
サンジュスト・ディ・テウラーダ、エドモンド　Sanjust di Teulada, Edmondo……131, 138
- 1908-09年ローマ都市規制計画 131
サンタンブロージョ、ディエゴ　Santambrogio, Diego……266
サンテリア、アントニオ　Sant'Elia, Antonio……10, 11, 77

CIAM……13, 21, 201, 203, 279, 285
ジーラ、ジュゼッペ　Gyra, Giuseppe……83, 96, 155
- ヴァレンティーノ公園戦勝10周年記念博覧会、貴金属のパヴィリオン 96
ジゥッサーニ、ガブリエーレ　Giussani, Gabriele……207, 247
シェヴァリエ、ジョヴァンニ　Chevalley, Giovanni……71, 75, 91, 93
- マッテオッティ通りのエドアルド・アニェッリ邸改修プロジェクト 71
- ジャコーザ通りのジョヴァンニ・アニェッリ邸改修プロジェクト 71

ジェンティーレ、ジョヴァンニ　Gentile, Giovanni……180
ジォッベ、ジャコモ　Giobbe, Giacomo……146, 147
ジスモンディ、イタロ　Gismondi, Italo……142-144
ジッテ、カミロ　Sitte, Camillo……32, 33
ジョイス、ジェイムス　Joyce, James……125
ジョヴァンノーニ、グスターヴォ　Giovannoni, Gustavo……7, 26-28, 32-38, 40, 41, 52, 53, 136-138, 140, 146, 147, 151, 154, 158, 160, 173, 211, 213, 221, 240, 272
　– モンテ・サクロおよびガルバテッラ田園都市地区 140
　– ローマ「市民コミュニケーションのための計画」 138
ジョッリ、ラッファエッロ　Giolli, Raffaello……13, 76, 94, 306, 318
ジョベルティ、ヴィンチェンツォ　Gioberti, Vincenzo……198, 199, 265
シローニ、マリオ　Sironi, Mario……77, 114, 120-122, 128, 155, 164, 195, 196, 216, 226, 227, 232, 247-250, 252, 253, 255
　– ローマ大学都市学長棟大教室フレスコ画 216
　– パラッツォ・デル・リットリオコンペティションのプロジェクトへの協働 121, 227
　– カーサ・デル・ファッショ第一案への協働 121
　– ダンテウムへの協働 121
　– ファシズム革命展、束桿のギャラリー、栄誉の大展示室 196
　– 第4回モンツァ・トリエンナーレ、グラフィックアート・ギャラリー 121
　– バルセロナ印刷博覧会、ジャーナリズムと本の展示室 121

す

ズヴェテアミッヒ、レナート　Zveteremich, Renato……224, 279
　– ヴァッレ・ダオスタ都市規制計画 279
スーポー、フィリップ　Soupault Philippe……125
スカルペッリ、アルフレード　Scalpelli, Alfredo 44, 63, 223, 224, 299
　– EURインペリアーレ広場の科学館 299
　– サバウディアコンペティション最優秀賞 223
スキアーヴィ、アレッサンドロ　Schiavi, Alessandro……32
スコッチマッロ　Scoccimarro……250
　– 飛行士の住宅 250
スジーニ 、アルフィオ　Susini, Alfio……77
スタラーチェ、アキッレ　Starace, Achille……243
ズッコリ、ルイジ　Zuccoli, Luigi……126, 128, 244
スパイーニ、アルベルト　Spaini, Alberto……125
スパーダ・ポテンツィアーニ、ルドヴィーコ　Spada Potenziani, Ludovico……138
スパッカレッリ、アッティリオ　Spaccarelli, Attilio……292
スファェロス、クリスティアン　Sfaellos, Christian……10
スプリアーノ、パオロ　Spriano, Paolo……98

せ

セヴェリーニ　Severini……10
ゼーヴィ、ブルーノ　Zevi, Bruno……9, 10, 128, 129, 223
ゼーリ、フェデリーコ　Zeri, Federico……6
セッラ、クィンティーノ　Sella, Quintino……132
セメンツァ、マルコ　Semenza, Marco……100
　– ミラーノ都市規制計画コンペティション最優秀賞 100

そ

ソットサス、エットレ　Sottosass, Ettore……88, 247
　– ローマ通り再整備プロジェクト 88
ソッフィチ、アルデンゴ　Soffici, Ardengo……59
ソブレーロ、エミリオ　Sobrero, Emilio……75, 77, 79, 247
　– 第3回モンツァ・ビエンナーレ、バール・ノヴェチェント 77
ソラーリ、ピエトロ　Solari, Pietro……125
ソルダーティ、マリオ　Soldati, Mario……94
ソルディエーロ　Soldiero……96
　– ヴァレンティーノ公園戦勝10周年記念博覧会
　– 建築家の住宅 96
ソルマーノ、イラリオ　Sormano, Ilario……260
　– ローマ通りの聖ヴィンチェンツォ街区ブロック 260
ソレル、ジョルジュ　Sorel, Georges……93
ソンチーニ、エウジェニオ　Soncini, Eugenio……260
　– トゥラーティ通りのモンテカティーニ事務所ビルヂング 260

た

ダニエル、グアルニエーロ　Daniel, Guarniero……261, 263, 264
　– 第6回ミラーノ・トリエンナーレ、地方建築展 261, 263, 264
ダヌーゾ、アルトゥーロ　Danuso, Arturo……227, 232
ダネージ、シルヴィア　Danesi, Silvia……13
ダネリ、ルイジ・カルロ　Daneri, Luigi Carlo……247, 250
　– 鉄骨造の住宅 250
タフーリ、マンフレード　Tafuri, Manfredo……13, 244
ダル・コー、フランチェスコ　Dal Co, Francesco……13
ダロンコ、ロベルト（ライモンド?）　D'Aronco, Roberto (Raimondo?)……86
ダンテ・アリギエーリ　Dante Alighieri……235

ち

チアーノ、ガレアッツォ　Ciano, Galeazzo……290
チアーノ、コスタンツォ　Ciano, Costanzo……221
チァッロッキ、ルイジ　Ciarrocchi, Luigi……143, 144, 175

– アンドレア・ドーリア通りのICPによる
総督府職員住宅 143, 144
– 手工業者地区のためのコンペティション最優秀賞
143
チーニ、ヴィットリオ　Cini, Vittorio……294, 297
チェッキ、アルベルト　Cecchi, Alberto……125
チェッキ、エミリオ　Cecchi, Emilio……125
チェッケッリ、カルロ　Cecchelli, Carlo……240
チェレギーニ、マリオ　Cereghini, Mario……125, 199, 247, 256
チェンナーモ、ミケーレ　Cennamo, Michele……13
チォッカ、ガエターノ　Ciocca, Gaetano……273, 300, 305, 315
– イタリア文明館コンペティション第二席 300

て

デ・アバテ、テオネスト　De Abate, Teonesto……75, 77, 83, 96
– 第3回モンツァ・ビエンナーレ、スティーペル店舗 77
– ヴァレンティーノ公園戦勝10周年記念博覧会、
陶芸家とガラス作家のパヴィリオンと祝祭とモードのパヴィリオン 83, 96
ディゥルゲロフ、ニコライ　Diulgheroff, Nicolaj……68, 83
– ヴァレンティーノ公園戦勝10周年記念博覧会、
未来派のパヴィリオン 83
ディオタッレーヴィ、イレーニオ　Diotallevi, Irenio……126, 271, 272
–「水平都市」プロジェクト 271
デ・キリコ、ジョルジョ　De Chirico, Giorgio……107, 187, 203, 247, 249
デ・グラーダ、ラッファエーレ　De Grada, Raffaele……247
テスタ、ヴィルジリオ　Testa, Virgilio……158, 173, 282
デ・セータ、チェーザレ　De Seta, Cesare……13, 92
デッズーティ、マリオ　Dezzuti, Mario……91, 96
– ヴァレンティーノ公園戦勝10周年記念博覧会、
建築家の住宅 96
テッラーニ、ジュセッペ　Terragni, Giuseppe…… 9, 10, 12, 13, 25, 111, 114, 118-122, 125, 126, 128, 129, 155, 163, 165, 166, 170, 171, 180, 189, 190, 192, 193, 195, 196, 201, 204, 206, 207, 214, 226, 227, 230-238, 240, 243, 244, 247, 250, 252, 304-308, 314, 315, 318
– カーサ・デル・ファッショ 11, 121, 166, 170, 180, 236
– 芸術家のための湖畔住宅 250
– ルスティチ集合住宅 119
– ノヴォコムン 128, 171
– パラッツォ・デル・リットリオコンペティションの
プロジェクト 121, 226, 234, 243
– E42レセプションと会議場第二次コンペティションの
プロジェクト 238, 305
– ミラーノの病院コンペティションのプロジェクト 122
– ダンテウム 121, 234, 308
– 第1回合理的建築イタリア展、ガス工場 155
– ピロヴァノ墓廟 122
– ステッキーニ墓廟 122, 128, 238
デッリ・サンティ、ドメニコ　Delli Santi, Domenico……173
デッルアックァ、アドルフォ　Dell'Acqua, Adolfo……126, 247
テデスキ　Tedeschi……229
– パラッツォ・デル・リットリオコンペティションの
プロジェクト 229
テデスコ・ロッカ、アッリーゴ　Tedesco Rocca, Arrigo……91, 230
デ・フィネッティ、ジュセッペ　De Finetti, Giuseppe……76, 103, 104, 107-110, 115, 124
– ツーリング・ホテル 109
– 日時計の住宅 109
– ホテル〈イック・マネビムス・オプティメ〉 108, 109
デ・フェリーチェ、レンツォ　De Felice, Renzo……20
デペーロ、フォルトゥナート　Depero, Fortunato……76, 94, 247
– 第3回モンツァ・ビエンナーレ、本のパヴィリオン 76, 94
デル・ジュディチェ、ブレンノ　Del Giudice, Brenno……77, 94, 243
– パラッツォ・デル・リットリオコンペティション入賞案
243
デル・デッビオ、エンリコ　Del Debbio, Enrico……145-147, 221, 227, 229, 243, 257
– フォロ・ムッソリーニ 145
– パラッツォ・デル・リットリオコンペティション入賞案
229
デル・ブファーロ、エドモンド　Del Bufalo, Edmondo……243
デ・レージェ、マウリツィオ　De Rege, Maurizio 96
– ヴァレンティーノ公園戦勝10周年記念博覧会、
建築家の住宅 96
デ・レンツィ、マリオ　De Renzi, Mario……143-145, 175, 193-195, 223, 227, 229, 243, 251, 299, 303, 309, 311
– 4月21日大通りのフェデリーチ社による
公社協約住宅 144
– アンドレア・ドーリア通りの総督府職員のための住宅
144
– ファシズム革命展、エントランス・ファサード 194, 251
– 1935年ブリュッセル万国博覧会、
リットリオ・パヴィリオン 194, 223

– パラッツォ・デル・リットリオコンペティション入賞案 229
– 手工業者地区のコンペティション最優秀賞 143
– 軍事館コンペティション同点首位案 299, 303

と
トゥッミネッリ、カロージェロ　Tumminelli, Calogero……240
トゥファローリ、モイゼ　Tufaroli, Moisè……77, 94
トゥラーティ、アウグスト　Turati, Augusto……51, 52, 63
ドーディ、ルイジ　Dodi, Luigi……261
トーニ、ジュリオ　Togni, Giulio……52
都市計画家倶楽部……103, 104, 126
– ミラーノ都市規制計画コンペティション第二席 103, 104
トスカーナ・グループ　Gruppo Toscano……191, 214, 219-221, 223
– 聖マリア・ノヴェッラ駅 191, 219-221
トッレス、ドゥイリオ　Torres, Duilio……77, 172, 243
– パラッツォ・デル・リットリオコンペティション入賞案 243
トリアッティ、パルミロ　Togliatti, Palmiro……18, 19, 42
トルニエッリ、ヴィットリオ　Tornielli, Vittorio……72

な
ナーヴァ、チェーザレ　Nava, Cesare……27, 61
ナータン、エルネスト　Nathan, Ernesto……131, 132
ナトリ、ファウスト　Natoli, Fausto……261, 284

に
ニヴォラ、コスタンティーノ　Nivola, Costantino……266
ニコロージ、ジュゼッペ　Nicolosi, Giuseppe……63, 157
– 第1回合理的建築イタリア展、ローマの庶民住宅タイプ 157
ニッツォーリ、マルチェッロ　Nizzoli, Marcello……12, 195, 207, 226, 227, 232, 252, 261, 262, 263, 306
– 第6回ミラーノ・トリエンナーレ、勝利の展示室 261
– 1934年イタリア航空展、金メダルの展示室 252, 262

ね
ネグリ、エドガルド　Negri, Edgardo……240
ネルヴィ、ピエール・ルイジ　Nervi, Pier Luigi……10

の
ノーリ、フェリーチェ　Nori, Felice……146, 147
ノックリン、リンダ　Nochlin, Linda……13

は
パイェッタ、ジャンカルロ　Pajetta, Giancarlo……91
パヴェーゼ、チェーザレ　Pavese, Cesare……91
パヴォリーニ、コッラード　Pavolini, Corrado……241
パウルッチ、エンリコ　Paulucci, Enrico……68, 80, 81, 94, 164, 195
– グルッポ・デイ・セイ 80
パガーノ、アントニオ　Pagano Pogatschnig, Antonio……95, 96
– ヴァレンティーノ公園戦勝10周年記念博覧会
– ガンチァ・パヴィリオン 95, 96
パガーノ、ジュゼッペ　Pagano Pogatschnig, Giuseppe……8, 9, 12, 13, 20, 22, 25, 68, 72, 73, 75, 80, 82-89, 91, 95-97, 119, 121, 128, 155, 162, 163, 165, 167, 169-171, 174-176, 188, 189, 193, 198-201, 207, 211, 213-217, 221, 225, 228-234, 236, 239, 243, 247, 250-257, 260, 261, 263-268, 270-272, 275, 281, 285, 295-298, 300, 308, 309, 315, 317-319
– 鉄骨造の住宅 250
– ローマ大学都市、物理学研究棟 215
– 第6回ミラーノ・トリエンナーレ、施工システムと建物の素材展 261
– 同、地方建築展 261
– ヴァレンティーノ公園戦勝10周年記念博覧会、植民地パヴィリオンと化学パヴィリオン、祝祭とモードのパヴィリオン、鉱業と窯業のパヴィリオン、陸軍・海軍・空軍のパヴィリオン、ガンチァ社パヴィリオン 82, 83, 84, 95
– リエージュ博覧会イタリア館 167
– グァリーノ事務所ビルヂング 72
– E42全体計画 296
– ポルトスクーゾ都市規制計画
– 水平都市プロジェクト 271
– ミラーノ・ヴェルデ計画 271
– ローマ通り再整備プロジェクト 88
– 1934年イタリア航空展、イカロスの展示室と10周年の十字の展示室 252
パスクァーリ　Pasquali……261
パスコレッティ、チェーザレ　Pascoletti, Cesare……301
バチォッキ、マリオ　Baciocchi, Mario……229
– パラッツォ・デル・リットリオ・コンペティションのためのプロジェクト 229
パッサンティ、マリオ　Passanti, Mario……75, 91, 96
– ヴァレンティーノ公園戦勝10周年記念博覧会、建築家の住宅 96
バッツァーニ、チェーザレ　Bazzani, Cesare……220, 227, 243
パッラーディオ、アンドレア　Palladio, Andrea……87, 106
バッリオ・モルプルゴ、ヴィットリオ　Ballio Morpurgo, Vittorio…… 227, 229, 243, 292
– パラッツォ・デル・リットリオコンペティション入賞案 229
パテッタ、ルチアーノ　Patetta, Luciano……13
パニコーニ、マリオ　Paniconi, Mario……250, 301

パピーニ、ロベルト　Papini, Roberto……40, 76, 241
ハムリン、タルボット　Hamlin, Talbot……10
パラッツェスキ、アルド　Palazzeschi, Aldo……241
パランティ、ジャンカルロ　Palanti, Giancarlo……126, 175, 229, 243, 247, 248, 252, 261, 262, 266, 269, 271, 284, 300, 306, 315
– 第6回ミラーノ・トリエンナーレ居住展 261
– ミラーノ・ヴェルデ計画 271
– パラッツォ・デル・リットリオコンペティション入賞案 243
– 第6回ミラーノ・トリエンナーレ、勝利の展示室 261
バリッリ、ブルーノ　Barilli, Bruno……125
バルディ、ピエル・マリア　Bardi, Pier Maria……87, 97, 161-163, 167-170, 172, 175, 176, 178, 179, 189, 190, 192, 198, 201, 206, 207, 229, 231, 233
バルデッサーリ、ルチアーノ　Baldessari, Luciano…… 12, 155, 247, 258, 259, 266
– チーマ工場施設 258
パルンボ、ピエトロ　Palumbo, Pietro……103
バレッラ、ジュリオ　Barella, Giulio……267, 285
バローニ、ネッロ　Baroni, Nello……191, 220
バンハム、レイナー　Banham, Reyner……12
バンフィ、アルナルド　Banfi, Alnardo……285
バンフィ、ジャン・ルイジ　Banfi, Gian Luigi……11, 126, 170, 190, 200, 224, 226, 230, 232, 233, 273, 274, 276, 279, 280, 305, 318
– アオスタ都市規制計画 279
– ヴァッレ・ダオスタ都市規制計画 274
– ピーラ高地観光整備計画 279

ひ

ピアチェンティーニ、マルチェッロ　Piacentini, Marcello……11, 12, 14, 22, 23, 25, 36-39, 41, 42, 45, 51-54, 56-64, 76, 85-87, 91, 103, 135-139, 148, 151, 152, 157, 159-161, 167, 168, 181, 182, 184, 186, 193, 211-219, 221, 225, 227, 228, 231, 240, 241, 243, 252, 253, 255-257, 259, 260, 272, 275, 285, 292, 296-298, 300, 305, 309, 317
– ローマ大学都市プロジェクト、学長棟、同大教室 213
– ローマ通り計画編纂顧問 91
– ブレシア都市規制計画ならびに顧問 51
– ミッソーリ広場の社会保険信用金庫ビル 86, 167
– 大ローマ計画 137
– 1931年ローマ都市計画 58, 139, 159, 242
– ベルガモ都市規制計画コンペティションのプロジェクト 39
– E42プロジェクト 8, 58, 296
– ローマ都市規制計画提案(1916年) 137
– 全国労働銀行本社 259
ビアンケッティ、アンジェロ　Bianchetti, Angelo……261, 306, 315
BBPR……10, 126, 247, 250, 252, 261, 266, 285, 300, 303, 305, 314, 315
ピーカ、アニョロ・ドメニコ　Pica, Agnolo Domenico……230, 246, 248, 254-256
– 第6回ミラーノ・トリエンナーレ、イタリア建築展 254
– パラッツォ・デル・リットリオコンペティションのプロジェクト 230
ピーター、ジョン　Peters, John……10
ピエルマリーニ、ジュセッペ　Piermarini, Giuseppe……104
ピッチオ、ピエル・ルッジェーロ　Piccio, Pier Ruggero……285
ヒッチコック、ヘンリー＝ラッセル　Hitchcock, Henry-Russell……10
ピッチナート、ルイジ　Piccinato, Luigi……36, 37, 43-45, 48, 63, 136, 155, 158, 159, 173, 211, 221, 223, 224, 227-229, 247, 250, 253, 258, 272, 275, 278, 296, 299, 300
– 植民地住宅 250
– フォッジア都市規制計画 45
– パドヴァ都市規制計画 43
– 第1回合理的建築イタリア展、鉄道乗換駅プロジェクト 155
– サバウディアコンペティション最優秀賞 223
– パラッツォ・デル・リットリオコンペティションのプロジェクト 229
ピッティーニ、エットレ　Pittini, Ettore……83, 85, 96
– ヴァレンティーノ公園戦勝10周年記念博覧会、植民地のパヴィリオン 、食糧のパヴィリオン、陸軍・海軍・空軍のパヴィリオン96
ピッフェリPifferi……230
– パラッツォ・デル・リットリオコンペティションのプロジェクト 230
ヒトラー、アドルフ　Hitler, Adolf……290, 293
ビラーギ　Biraghi……61
ピラネージ、ジョヴァンニ・バッティスタ　Piranesi, Giovanni Battista……142
ピントーリ、ジョヴァンニ　Pintori, Giovanni……266
ピンナ=ベルシェ、フェデリーコ　Pinna-Berchet, Federico……312

ふ

ファゾロ、ヴィンチェンツォ　Fasolo, Vincenzo……146, 147, 243
– パラッツォ・デル・リットリオコンペティション入選案 243
ファッブリ、フランコ　Fabbri, Franco……269
ファリエッロ、フランチェスコ　Fariello, Francesco……214, 216, 299, 300
– ローマ大学都市、学生寮 216
– EUR古代美術館 300
– EUR近代美術館 300

へ

ほ

ま

マッツォーニ　Mazzoni……10
マッツォッキ、マウリーツィオ　Mazzocchi, Maurizio……269, 274
マッツォレーニ、ジュセッペ　Mazzoleni, Giuseppe……247, 261
　– 第4回ミラーノ・トリエンナーレ、居住展 261
マッテオッティ、ジャコモ　Matteotti, Giacomo……21
マッテ・トゥルッコ、ジャコモ　Mattè Trucco, Giacomo……10, 71, 155, 163
　– FIATリンゴット工場 71
マトリカルディ、F　Matricardi, F.……175
マライーニ、アントニオ　Maraini, Antonio……285
マラパルテ、クルツィオ　Malaparte, Curzio (Curzio Erich Suckert)……67, 111, 191, 197
マランゴーニ、グイド　Marangoni, Guido……77, 174
マリネッティ、フィリッポ・トンマーゾ　Marinetti, Filippo Tommaso……10, 42, 99, 219
マリノッティ、フランコ　Marinotti, Franco……269
マルキ、マリオ　Marchi, Mario……143
　– 手工業者地区のコンペティション最優秀賞 143
マルケリウス、ズヴェン　Marckelius, Sven……239
　– ヘルシンボリのコンサート・ホール 239
マルコーニ、プリニオ　Marconi, Plinio……302
マルティーニ、アルトゥーロ　Martini, Arturo……216, 247, 266
マルティネッリ、ジョヴァンニ　Martinelli, Giovanni……243
マレスコッティ、フランコ　Marescotti, Franco……126, 271, 272
　– 水平都市プロジェクト 271
マレッリ、ミケーレ　Marelli, Michele……103, 126
マロイ、ランフランコ　Maroi, Lanfranco……148
マンスッティ、フランチェスコ　Mansutti, Francesco……256
マンテーロ、エンリコ　Mantero, Enrico……13
マンテーロ、ジョヴァンニ　Mantero, Giovanni……247
マンフレーディ、マンフレード　Manfredi, Manfredo……61

み

MIAR(Movimento italiano per l'architettura razionale)……13, 90, 161, 162, 167-169, 172, 175, 185, 214, 244, 297
ミース・ファン・デル・ローエ、ルートヴィッヒ　Mies van der Rohe, Ludwig…… 83, 155
ミーラ、マッシモ　Mila, Massimo……91
ミオッツィ、エウジェニオ　Miozzi, Eugenio……258
　– ピアッツァーレ・ローマの駐車場 258
ミオッツォ、ジーノ　Miozzo, Gino……256
　– バリッラ全国施策本部 256
ミケルッチ、ジョヴァンニ　Michelucci, Giovanni……10, 191, 213, 215, 216, 220, 241, 255, 301
　– ローマ大学都市、一般生理学研究棟と鉱物学鉱物学・地質学研究棟 213
　– 聖マリア・ノヴェッラ駅 220
ミダーナ、アルトゥーロ　Midana, Arturo……75, 96, 250
　– ヴァレンティーノ公園戦勝10周年記念博覧会、建築家の住宅 96
　– 飛行士の住宅 250
ミナーリ、アントニオ　Minali, Antonio……103
ミノレッティ、ジュリオ　Minoletti, Giulio……247, 261, 269, 271, 300, 315
　– 第6回ミラーノ・トリエンナーレ、居住展 261
　– ミラーノ・ヴェルデ計画 271
ミロン、ヘンリー　Millon, Henry……13
ミンヌッチ、ガエターノ　Minnucci, Gaetano……63, 136, 154, 168, 175, 182, 213, 214, 257, 297

む

ムツィオ、ジョヴァンニ　Muzio, Giovanni……76, 103-107, 110, 114, 116, 118-122, 128, 171, 211, 240, 247-251, 301
　– モスコヴァ通りのカ・ブルッタ 105
　– カトリック大学施設 110
　– 第4回モンツァ・トリエンナーレ、グラフィックアート・ギャラリー 121
　– 第6回ミラーノ・トリエンナーレ、パラッツォ・デルアルテ 247
　– 1928年ケルン印刷博覧会と1929年バルセロナ印刷博覧会、ジャーナリズムと本の展示室 121
ムッキ、ガブリエーレ　Mucchi, Gabriele……261, 315
　– 第6回ミラーノ・トリエンナーレ、居住展 261
ムッソリーニ、ベニート　Mussolini, Benito……8, 13, 20-24, 46-48, 50, 54, 56, 67, 90, 93, 97, 99, 111, 123-125, 131-133, 138, 139, 145-148, 151, 154, 161, 162, 167, 168, 175, 178-180, 185, 186, 196, 200, 203, 225, 226, 236, 238, 249, 250, 253, 272, 273, 281, 286-291, 293, 294, 296, 304, 312, 313
ムニョス、アントニオ　Muñoz, Antonio……243
ムラトーリ、サヴェリオ　Muratori, Saverio……214, 216, 227, 229, 281, 299, 300, 303
　– ローマ大学都市、学生寮 214
　– EUR古代美術館 300
　– EUR近代美術館 300
　– EURインペリアーレ広場コンペティション最優秀賞 299
　– パラッツォ・デル・リットリオコンペティションのプロジェクト 229

め

メーリニコフ、コンスタンティン・ステパノヴィッチ　Mel'nikov, Konstantin Stepanovic……196
　– ルサコフ労働者クラブ 196
メディン、ガストーネ　Medin, Gastone……96

メリス、アルマンド　Melis, Armando……91, 282
メレンディ、ラッファエーレ　Merendi, Raffaele……260
　－ サン・バビラ広場のトーロ保険会社ビルヂング 260
メンツィオ、フランチェスコ　Menzio, Francesco……75, 77, 79, 80, 94
　－ 第3回モンツァ・ビエンナーレ、菓子店 77
　－ グルッポ・デイ・セイ 80

も

モッリ、サンドロ　Molli, Sandro……96
　－ ヴァレンティーノ公園戦勝10周年記念博覧会、建築家の住宅 96
モッリーノ、エウジェニオ　Mollino, Eugenio……75
モナコ、ヴィンチェンツォ　Monaco, Vincenzo……309, 315
モレッティ、ルイジ　Moretti, Luigi……227, 237-239, 243, 250, 299, 300
　－ フォロ・ムッソリーニのフェンシング・アカデミー 238
　－ 研究者のための田園住宅 250
　－ E42インペリアーレ広場の帝国劇場 300
　－ パラッツォ・デル・リットリオコンペティション入賞案 243
モレッリ、ドメニコ　Morelli, Domenico……96, 247
　－ ヴァレンティーノ公園戦勝10周年記念博覧会、建築家の住宅 96
モローネ、アルベルト　Morone, Alberto……284
モロトフ、パウル　Mouratoff, Paul……125
モンダイーニ、ジアチ　Mondaini, Giaci……266
モンティ、アウグスト　Monti, Augusto……67, 91
モントゥオーリ、エウジェニオ　Montuori, Eugenio……63, 214, 216, 221, 223, 224, 228, 229, 241, 299
　－ ローマ大学都市コーディネーション 214
　－ パラッツォ・デル・リットリオコンペティションのプロジェクト 229
　－ EURインペリアーレ広場の科学館 299
　－ サバウディアコンペティション最優秀賞 223

ら

ラーヴァ 、カルロ・エンリコ　Rava, Carlo Enrico……70, 80, 93, 125-127, 163, 174, 176, 183
　－ オムスのホテル 174
　－ トリポリの凱旋門 174
　－ スアニ＝ベン＝アデムの教会 174
　－ トリポリの見本市、エリトレアとソマリアのパヴィリオン 174
　－ ポルトフィーノのヴィッラ 174
RAMI (Raggruppamento architetti moderni italiani)……169, 175
ラヴァニーノ、エミリオ　Lavagnino, Emilio……44, 63
ラウレンチン、マリ　Laurencin, Marie……80
ラウロ、イタロ　Lauro, Italo……224, 279
　－ ヴァッレ・ダオスタ都市規制計画 279
ラディチェ、マリオ　Radice, Mario……207, 306, 315
ラ・パドゥーラ、エルネスト　La Padula, Ernesto B.……229, 243, 300, 302
　－ パラッツォ・デル・リットリオコンペティション入賞案 243
　－ イタリア文明館 302
ラピサルディ、ガエターノ　Rapisardi, Gaetano……213, 215, 243
　－ ローマ大学都市、法学部棟、文学部棟 215
　－ パラッツォ・デル・リットリオコンペティション入賞案 243
ラルコ、セバスティアーノ　Larco, Sebastiano……126, 163, 174, 176
　－ オムスのホテル 174
　－ ポルトフィーノのヴィッラ 174
ランチア、エミリオ　Lancia, Emilio……103, 106, 107, 126, 164, 259, 260
　－ カーサ・ラシーニ 259

り

リゴッティ、アンニバーレ　Rigotti, Annibale……75, 91, 260
リッチ　Ricci……61
リッチ、コッラード　Ricci, Corrado……243
リッチ、ジョヴァンニ・バッティスタ　Ricci, Giovanni Battista……96
　－ ヴァレンティーノ公園戦勝10周年記念博覧会、建築家の住宅 96
リッチ、ベルト　Ricci, Berto……241
リディス、マリエッテ　Lydis, Mariette……125
リドルフィ、マリオ　Ridolfi, Mario……156, 222, 223, 227, 229, 230, 243, 303, 319
　－ ノメンターノの郵便局コンペティションプロジェクト 223
　－ パラッツォ・デル・リットリオコンペティション入賞案 243
リベラ、アダルベルト　Libera, Adalberto……11, 67, 77, 118, 126, 127, 154-158, 164, 168, 172, 182, 193-196, 206, 211, 214, 221, 222, 224, 227-229, 243, 251, 297, 299, 302, 304, 305, 309-311, 318
　－ 山間部の小ホテル 156
　－ ファシズム革命展、エントランス・ファサード 193
　－ 1935年ブリュッセル万国博覧会リットリオ・パヴィリオン 194
　－ 第1回合理的建築イタリア展、鉱水のパヴィリオンとエステンシオール社パヴィリオン、1万人のための映画館、大エントランスの構造、海水浴場のための海に面するテラス 156
　－ アプリーリアコンペティションのプロジェクト 224
　－ アヴェンティーノの郵便局コンペティションのプロジェクト 222

– パラッツォ・デル・リットリオコンペティション入賞案 243
– EURレセプションと会議場第二次コンペティション最優秀賞 310
– ファシズム革命展、殉教者記念室 195
リモンジェッリ、アレッサンドロ　Limongelli, Alessandro……141-143, 146, 147, 151
– ペリン・デル・ヴァーガ広場の庶民住宅 141
– 第2回海洋芸術展、栄誉の大展示室 142
リンジェーリ、ピエトロ　Lingeri, Pietro……119-121, 171, 200, 226, 227, 232, 234, 243, 247, 307, 308, 315
– ルスティチ集合住宅 119
– E42レセプションと会議場第二次コンペティションのプロジェクト 307
– ダンテウム 121, 234

る

ルオー、ジョルジュ　Rouault, Georges……80
ル・コルビュジエ　Le Corbusier (Charles-Edouard Jeanneret Gris)……21, 116, 173, 201-204, 208, 226, 285
ルザンナ、レオナルド　Lusanna, Leonardo……191, 220
ルッチケンティ、アメデオ　Luccichenti, Amedeo……309, 315

れ

レヴィーリオ、ナターレ　Reviglio, Natale……96
– ヴァレンティーノ公園戦勝10周年記念博覧会、建築家の住宅 96
レーヴィ、カルロ　Levi, Carlo……80, 81
– グルッポ・デイ・セイ 80
レーヴィ・モンタルチーニ、ジーノ　Levi Montalcini, Gino……72, 73, 75, 83-85, 88, 96, 163, 165, 174, 230, 247
– ヴァレンティーノ公園戦勝10周年記念博覧会、食糧のパヴィリオンと祝祭とモードのパヴィリオン、陸軍・海軍・空軍のパヴィリオン 83, 84, 96
– グァリーノ事務所ビルヂング 72
– ローマ通りの再整備プロジェクト 88
– パラッツォ・デル・リットリオコンペティションのプロジェクト 229
レッジォーリ、フェルディナンド　Reggiori, Ferdinando……78, 103
レンツィ、ルイジ　Lenzi, Luigi……44, 63

ろ

ロース、アドルフ　Loos, Adolf……109
ロー=スピッツ、ミシェル　Roux-Spitz, Michel……85
ローマ都市計画家グループ(GUR)……43, 44, 51, 53, 126, 152, 155, 159, 160, 173, 223
– 1929年ローマ都市計画 159
– ブレシア都市規制計画コンペティションのプロジェクト 51
– フォッジア都市規制計画コンペティションのプロジェクト 43
– パドヴァ都市規制計画コンペティションのプロジェクト 43
ロザーイ、オットーネ　Rosai, Ottone……59, 64, 125, 241
ロジャース、エルネスト・ナータン　Rogers, Ernesto Nathan……11, 126, 170, 190, 200, 201, 224, 226, 232, 237, 274, 276, 279, 280, 305, 319
– アオスタ都市規制計画 280
– ヴァッレ・ダオスタ都市規制計画 274
– ピーラ高地観光整備計画 279
ロッシ、エットレ　Rossi, Ettore……229, 243, 253, 275, 297, 299, 301
– パラッツォ・デル・リットリオコンペティション入賞案 243
ロッシ、マルコ　Rossi, Marco……89
ロッソ、ジュゼッペ　Rosso, Giuseppe……96
– ヴァレンティーノ公園戦勝10周年記念博覧会、建築家の住宅 96
ロッソーニ、エドモンド　Rossoni, Edmondo……20
ロマーノ、マリオ　Romano, Mario……261, 271, 300, 302, 306, 315
– 第6回ミラーノ・トリエンナーレ、居住展 261
– EURイタリア文明館 306
– ミラーノ・ヴェルデ計画 271
ロマノーニ　Romanoni……315
ロンガネージ、レオ　Longanesi, Leo……62, 195, 196
– ファシズム革命展、ムッソリーニの展示室 196
ロンバルディ　Lombardi……229
– パラッツォ・デル・リットリオコンペティションのプロジェクト 229

ジョルジョ・チウッチ
CIUCCI, Giorgio

建築史家
1939年ローマ生まれ。ローマ大学卒業。
ヴェネツィア建築大学教授、ローマ第三大学教授として
建築史などを教える。その他客員教授など多数。
15〜20世紀のローマの建築や都市に関する著作、
ならびに20世紀のイタリア建築に関する著作・評論など
数多いなかで、本書の他に次のタイトルがある。
Architettura Italiana del Novecento, con F.Dal Co, 1991.
Giuseppe Terragni Opera completa, a cura di, 1996.
Marcello Piacentini architetto 1881-1960, a cura di, 2012.

鹿野正樹
かの・まさき

建築家
1965年京都生まれ、東京大学工学部建築学科卒業。
イタリア政府給費留学生としてヴェネツィア建築大学等で学ぶ。
槇総合計画事務所、大野建築アトリエ、キジュウロウ ヤハギ等を経て、
2000年、鹿野 都市・建築計画事務所設立。
また現在、長岡造形大学、東京電機大学非常勤講師。
住宅に〈白山通りのいえ〉(協働、2008)、〈湯島のいえ〉(2012)ほか。
著作に『都市のあこがれ』(編著、2009、鹿島出版会)、
『文京ブルーマップ』(共著、2010)ほか。

建築家《けんちくか》とファシズム
イタリアの建築《けんちく》と都市《とし》1922-1944

2014年9月10日　第1刷発行

訳者
鹿野正樹《かのまさき》

発行者
坪内文生

発行所
鹿島出版会
〒104-0028 東京都中央区八重洲2-5-14
電話 03-6202-5200　振替 00160-2-180883

印刷
壮光舎印刷

製本
牧製本

装釘
伊藤滋章

DTP
エムツークリエイト

ISBN 978-4-306-04608-5 C3052

本書の内容に関するご意見・ご感想は下記までお寄せ下さい。
URL: http://www.kajima-publishing.co.jp
e-mail: info@kajima-publishing.co.jp